LIMES

UNESCO UNESCO-WELTERBE

Deutsche Limeskommission · Bad Homburg v. d. H.

2

Andreas Thiel (Hrsg.)

Forschungen zur Funktion des Limes

BEITRÄGE ZUM WELTERBE LIMES

Band 2

3. Fachkolloquium der Deutschen Limeskommission
17./18. Februar 2005 in Weißenburg i. Bay.

2007 Kommissionsverlag · Konrad Theiss Verlag · Stuttgart

Herausgeber: Deutsche Limeskommission
Archäologischer Park Saalburg · Saalburg 1 · 61350 Bad Homburg v. d. H.

Bibliografische Information der Deutschen Nationalbibliothek
Die Deutsche Nationalbibliothek verzeichnet diese Publikation in der Deutschen Nationalbibliografie; detaillierte bibliografische Daten sind im Internet über http://dnb.ddb.de abrufbar.

Gedruckt mit freundlicher Unterstützung der Sparkassen-Kulturstiftung Weißenburg i. Bay.

Gestaltung, Satz und Herstellung
red.sign GbR, Stuttgart: Anette Vogt (Projektleitung), Neslihan Kilic.

Fotos Umschlag
Luftbild: Kastell Ruffenhofen. Bayerisches Landesamt für Denkmalpflege – Luftbildarchäologie;
Foto Klaus Leidorf; Aufnahmedatum 29.7.2003; Archiv-Nr. 6928/074, Dia 8802-23.
Drachenkopf: Bronzenes Feldzeichen in Form eines Drachenkopfes aus Neuwied-Niederbieber.
Landesamt für Denkmalpflege Rheinland Pfalz – Archäologische Denkmalpflege, Amt Koblenz.

Printed in Germany

ISBN 978-3-8062-2117-6

VORWORT

Das im Jahr 2000 begonnene Projekt zur Aufnahme des Obergermanisch-Raetischen Limes in die Welterbeliste der UNESCO erreichte im Jahr 2005 die „Zielgerade". Am 15. Juli um 16:41 Uhr fiel im südafrikanischen Durban die Entscheidung: Die antike römische Grenze zwischen Rhein und Donau wurde Deutschlands 31. Welterbestätte. Gleichzeitig erkannte das Welterbe-Komitee der UNESCO die *Frontiers of the Roman Empire – Grenzen des Römischen Reiches* als zusammengehörendes, multinationales Denkmal an. Hadrian's Wall in Großbritannien, bereits seit 1987 auf der Welterbeliste, und der Obergermanisch-Raetische Limes werden künftig die ersten beiden Teilabschnitte eines gemeinsamen Welterbes bilden, das einmal alle Außengrenzen des ehemaligen Imperium Romanum umfassen soll.

Im Vorfeld dieser wichtigen Entscheidung kamen am 17. und 18. Februar 2005 in Weißenburg i. Bay. über 50 Archäologen und Historiker aus Denkmalämtern, Forschungsinstituten, Museen und Universitäten zu einem zweitägigen Kolloquium zusammen, um Inhalte des Welterbe-Antrags zu diskutieren. Da es zu den Aufgaben der Deutschen Limeskommission gehört, archäologische Forschung und Denkmal-Management stärker miteinander zu verzahnen, diente dieses Fachkolloquium gleichzeitig dem Austausch über aktuelle Projekte an der 550 km langen römischen Reichsgrenze.
Auch nach über 200 Jahren der wissenschaftlichen Erforschung bestehen noch viele offene Fragen zu Deutschlands bekanntestem Bodendenkmal zwischen Rhein und Donau. Im Mittelpunkt der Weißenburger Tagung standen insbesondere die Funktion der antiken Grenzsperren, aber auch aktuelle archäologische Ausgrabungen in den vier Ländern Baden-Württemberg, Bayern, Hessen und Rheinland-Pfalz. Mein herzlicher Dank gilt den Referenten der beiden Tage für ihre Vorträge ebenso wie allen Teilnehmern für die anregenden Diskussionen und wichtigen Hinweise. Ganz besonders möchte ich mich zudem bei den Kollegen bedanken, die ihre Beiträge für den Abdruck in dem nun vorliegenden Kolloquiumsband zur Verfügung stellten. Er erscheint als Band 2 der neu begründeten Schriftenreihe der Deutschen Limeskommission *Berichte zum Welterbe Limes*. In dieser Reihe sollen künftig Themen vorgestellt werden, die mit der archäologischen Erforschung, dem Schutz oder der Präsentation des Obergermanisch-Raetischen Limes in unmittelbarem Zusammenhang stehen. Da sich einzelne Bände dabei durchaus an ein breites Publikum wenden sollen, wurde versucht, der Reihe ein modernes und ansprechendes Äußeres zu geben.

Nach zwei erfolgreichen Veranstaltungen in Frankfurt im Jahr 2000 und in Lich-Arnsburg 2001 war die Tagung in Weißenburg i. Bay. 2005 bereits die dritte ihrer Art. Der Großteil der in Kloster Arnsburg gehaltenen Vorträge konnte in den Saalburg-Schriften, Band 6, 2004 publiziert werden. Dank der großzügigen finanziellen Unterstützung durch die Sparkassen-Kulturstiftung Weißenburg i. Bay. ist es nun möglich, auch die Mehrzahl der Beiträge des Jahres 2005 einem größeren Publikum zugänglich zu machen. Daher möchte ich mich an dieser Stelle herzlich bei der Stadt Weißenburg i. Bay. – namentlich bei Herrn Oberbürgermeister Reinhard Schwirzer – für die Unterstützung sowohl bei der Organisation des Kolloquiums im Wildbadsaal der Stadt als auch bei der Drucklegung als Band 2 der *Berichte zum Welterbe Limes* bedanken. Nicht zuletzt dank des großen Engagements der Stadt für seine Vergangenheit genießt ja gerade Weißenburg einen hervorragenden Ruf als „Römerstadt".

Esslingen im Februar 2007
Andreas Thiel

INHALTSVERZEICHNIS

ZUR FUNKTION DER KLEINKASTELLE AM OBERGERMANISCH-RAETISCHEN LIMES

Von Dietwulf Baatz

In den letzten Jahren ist häufiger über die Funktion der römischen Grenzlinie diskutiert worden. Den Anstoß dafür gab die Vorbereitung auf Anerkennung des Obergermanisch-Raetischen Limes als UNESCO- Weltkulturerbe. Dabei hat die Frage nach der Funktion der Kleinkastelle eine eher untergeordnete Rolle gespielt, was mit dem unzureichenden Kenntnisstand von dieser Denkmalgattung zusammenhängen dürfte.[1] Trotz der ungünstigen Ausgangslage möchte ich versuchen, eine plausible Annahme über die Aufgabe der kleinen Wehrbauten zu begründen. Eine Klärung dieser Frage erscheint mir für das Verständnis des Limes unerlässlich.

Seit dem Beginn der Limesforschung zeigte sich Unsicherheit und bisweilen sogar Verlegenheit bei dem Versuch, die Funktion der Kleinkastelle am Limes zu verstehen (Abb. 1–2). So äußerte E. Fabricius folgende Meinungen: „Sie lagen oft in der Mitte zwischen zwei Limeskastellen und dienten zum Füttern der Pferde der Patrouillen, vielleicht auch als Unterkunft von Wachkommandos, aus denen die Türme besetzt wurden";[2] oder an anderer Stelle: „... den ruhenden Teil der an den Limes beorderten Mannschaft, der nicht gerade in den Türmen Wachdienst hatte, aufzunehmen".[3] Danach hätten die in den Kleinkastellen stationierten Soldaten geruht und gelegentlich Pferde gefüttert. Doch werden auch militärische Aufgaben angesprochen, so an der Odenwaldlinie: „Die fünf kleinen Kastelle haben ihrer Lage nach als Sperrforts gedient".[4] Der Begriff „Sperrfort" aus dem 19. Jahrhundert ist nun wiederum sehr martialisch und passt kaum auf die nur schwach bewehrten, kleinen Militärbauten. Als militärische Aufgaben der Kleinkastelle werden ferner erwähnt „Sperrung von Passsituationen und Übergängen über tiefere Taleinschnitte";[5] überhaupt „deckten sie die Durchgänge alter Wege".[6] Doch war man sich insgesamt bewusst, dass die Kenntnis der Funktion und Chronologie der kleinen Wehrbauten ungenügend war: „sie gehören verschiedenen Zeiten an und haben auch sichtlich verschiedenen Zwekken gedient".[7] Durch neuere Ausgrabungen sind zwar wichtige Informationen hinzugewonnen worden, doch muss der heutige Kenntnisstand noch immer als sehr lückenhaft bezeichnet werden. Besonders aufschlussreich sind diejenigen neueren Untersuchungen, bei denen die gesamten Innenbauten eines Kleinkastells sowie die Bauperioden erfasst worden sind.[8]

Eine Bemerkung zur Terminologie: Die Bezeichnung „Kleinkastell" ist ein wenig glücklicher Pleonasmus, denn das Wort *castellum* ist ein Diminutiv und enthält begrifflich bereits die Kleinheit. Daran hatte schon Ernst Fabricius Anstoß genommen.

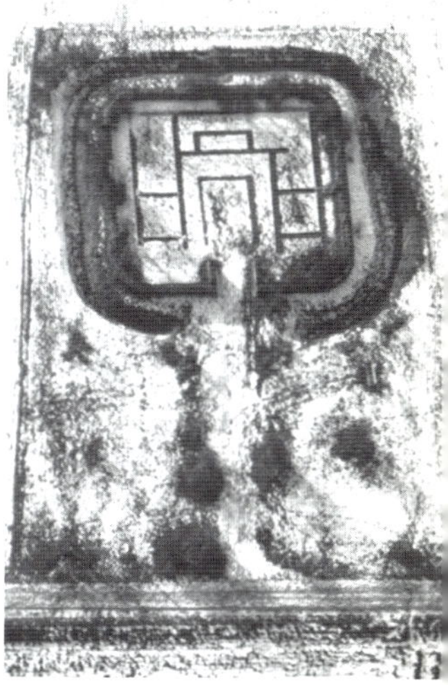

Abb. 2 Kleinkastell Rötelsee bei Welzheim im Winter, mit Markierung der Unterkünfte (vgl. Abb. 4.2).

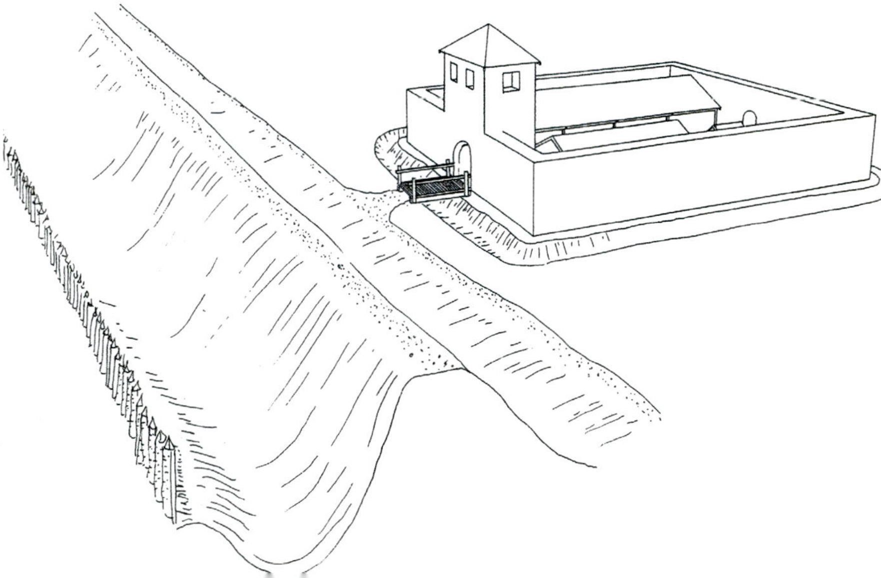

Abb. 1 Rekonstruktion des Kleinkastells im Holzheimer Unterwald (Strecke 4, westlicher Wetteraulimes).

1 Immerhin gibt es einige neuere Untersuchungen zu dem Thema: Thiel, Funktion; Fleer, Typisierung mit weiterer Literatur und einem Katalog der behandelten Kleinkastelle.
2 ORL A I Strecke 2 S. 28.
3 ORL A VII Strecke 14 S. 37–38.
4 ORL A V Strecke 10 S. 30–31.
5 ORL A IV Strecken 7–9 S. 44–47.
6 ORL A I Strecke 1 S. 55-57.
7 ORL A I Strecke 2 S. 28.
8 Es handelt sich um die folgenden Kleinkastelle (von Nord nach Süd): Holzheimer Unterwald am westlichen Wetteraulimes, Degerfeld bei Butzbach, Haselburg bei Walldürn, Rötelsee nördlich von Welzheim.

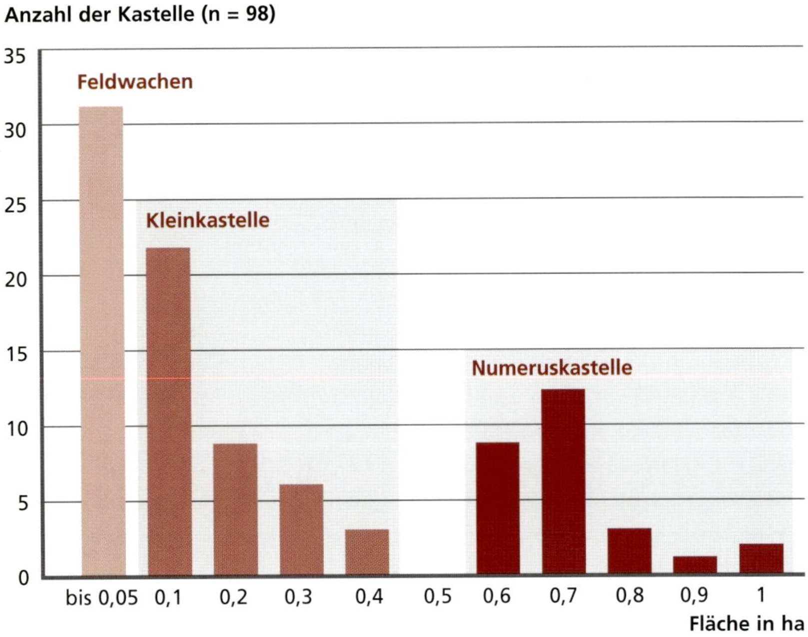

Abb. 3 Feldwachen, Kleinkastelle und Numeruskastelle am Obergermanisch-Raetischen Limes bis 1 ha Fläche; Häufigkeitsverteilung der Flächengrößen.

Er zog es daher vor, von „kleinen Kastellen" zu sprechen".[9] Aber auch das ist ein Pleonasmus und insofern nicht besser. Inzwischen wird die Bezeichnung „Kleinkastell" im Fach seit mehr als einem Jahrhundert verwendet; ihre Bedeutung ist klar und allgemein bekannt, und so werde ich sie hier weiterhin gebrauchen. Ähnlich steht es mit der Bezeichnung „Feldwache" für eine Gruppe kleinerer Bauwerke vor allem am Raetischen Limes. Diesen seit langem in der Limesforschung eingeführten Begriff werde ich trotz gewisser terminologischer Bedenken ebenfalls verwenden.[10]

Um eine Grundlage für die Beurteilung der Kleinkastelle zu gewinnen, werden zunächst die Kastellgrößen und Bautypen betrachtet. Daraus ergeben sich erste Anhaltspunkte für die Bedeutung dieser Bauwerke im Rahmen der Grenzsicherung.

Kastellgrößen

Wie groß waren die Kleinkastelle, und wie grenzten sie sich gegen die von regulären Hilfstruppen belegten Limeskastelle ab? Die Häufigkeitsverteilung der Kastelle mit Flächengrößen bis 1 ha vermittelt einen ungefähren Begriff davon (Abb. 3). Die Flächen wurden als Produkt aus Länge und Breite des jeweiligen Kastells berechnet, wobei die Maße von der Außenfläche der Wehrmauer genommen worden sind.[11]

Wie Abb. 3 zeigt, waren die kleinsten Bauwerke – hier auch als „Feldwachen" bezeichnet – mit über 30 Exemplaren besonders häufig (Flächen bis 500 m²). Bei wachsender Flächengröße nimmt die Anzahl der entsprechenden Kastelle ab: in der nächsten Größenklasse (0,1 ha; 500–1500 m²) sind nur 22 dieser Wehrbauten vertreten. Zur gleichen Größenklasse gehören übrigens auch die Meilenkastelle der Hadriansmauer. Mit der Größenklasse 0,4 ha endet die Häufigkeitsverteilung zunächst; bei 0,5 ha folgt eine Lücke. Darüber – ab 0,6 ha – setzt schlagartig die Gruppe der Numeruskastelle ein.[12] Damit beginnt bereits der Größenbereich der eigentlichen Limeskastelle, in denen Einheiten regulärer Hilfstruppen lagen; sie werden im Folgenden auch „Hauptkastelle" genannt, um sie von den Kleinkastellen zu unterscheiden.

Die bisher bekannte Menge von ungefähr 70 Kleinkastellen am Obergermanisch-Raetischen Limes entspricht allerdings nur dem augenblicklichen Forschungsstand. Wie noch gezeigt werden soll, dürfte ihre einstige Anzahl wesentlich höher gelegen haben. Aber allein aus der bisher bekannten hohen Anzahl dieser Kastelle ergibt sich, dass sie eine wichtige Aufgabe des Grenzschutzes erfüllt haben müssen. Für die Funktion des

9 ORL A I Strecke 1, 55.
10 Eine Diskussion der Terminologie auch bei Fleer, Typisierung, 75 f.
11 Diese Art der Flächenberechnung ist nur ein Behelf. Eigentlich wäre es vorzuziehen, den im Inneren eines Kastells verfügbaren, bebaubaren Raum zu berechnen und bei Vergleichen heranzuziehen. Leider ist eine solche Berechnung bei den meisten Kastellplänen nicht möglich, weil die Innenbauten nur selten bekannt sind. Selbst eine Abschätzung der bebaubaren Fläche ist problematisch, weil die einstige Existenz eines Erddamms hinter der Wehrmauer oder einer *via sagularis* fast immer unbekannt ist. Die hier gewählte Definition der Fläche hat den Vorteil, dass sie eindeutige und vergleichbare Zahlen liefert. Dafür genügt es, dass wenigstens der Grundriss der Umwehrung bekannt ist, wie es zumeist der Fall ist. So bietet die hier verwendete Flächenberechnung immerhin die Möglichkeit, ungefähre Vergleiche anzustellen.
12 Einschränkend ist zu bemerken, dass die Art der Kastellbesatzung nicht bei jedem der Kastelle im Größenintervall von 0,6–1 ha bekannt ist. Das gilt beispielsweise für die Limeskastelle Westernbach und Halheim.

Limes als „überwachte Grenzlinie“ waren sie offenbar unverzichtbar.

Bautypen und Besatzungen

Zur Typologie der Kleinkastelle hat kürzlich Ch. Fleer eine Übersicht gegeben, auf die ich verweisen kann.[13]

Die Auswahl von Kastellgrundrissen (Abb. 4–5) vermittelt einen Eindruck von der Vielfalt der Bautypen: Es gab Umwehrungen in Holzbauweise, vor allem in der Aufbauphase des Limes (Abb. 4.1, 4.3). Später wurden steinerne Umwehrungen errichtet (Abb. 4.2, 4.4). Der Grundriss konnte abgerundete (Abb. 4.1–4) oder scharfe Ecken (Abb. 5.1–3) aufweisen. Der Zugang konnte über ein einziges Tor erfolgen, das zumeist dem Limes zugekehrt war (Abb. 4.1–3, 5.3); es gab jedoch auch Kastelle mit zwei gegenüberliegenden Toren (Abb. 4.4, 5.2) oder einem Tor und gegenüberliegender Schlupfpforte (Abb. 5.1). Die Innenbauten sind nur bei wenigen untersucht worden, meist erst bei neueren Ausgrabungen. Diese Unterkünfte konnten im Grundriss u-förmig angeordnet sein, was für Kastelle mit nur einem Tor wohl die Standardform war. Bei anderen Kastellen lagen die Mannschaftsunterkünfte einander gegenüber, getrennt durch einen Erschließungsweg (Abb. 4.4, 5.1). Die Typenvielfalt dürfte zum Teil durch Unterschiede in der Funktion bzw. Art der Besatzung bestimmt worden sein, zum Teil ist sie wohl auch chronologisch bedingt. Hinreichende Informationen über die Zeitstellung der zahlreichen, bei den älteren Ausgrabungen der Reichs-Limeskommission untersuchten Kleinkastelle liegen allerdings kaum vor. So bleibt uns auch bei vielen der festgestellten Steinkastelle verborgen, ob sie hölzerne Vorgänger hatten.

Zur Art der Besatzungen gibt es nur wenige Informationen. Eine Bauinschrift ist nur vom Kleinkastell Trienz bekannt. Daraus geht hervor, dass der unweit in Neckarburken-Ost stationierte Numerus Brittonum Elantiensium das Bauwerk errichtet hat. Wahrscheinlich hat er auch die Besatzung gestellt, völlig sicher ist das aber nicht. Unter den Funden vom Kleinkastell Fehrbach befindet sich ein Graffito, auf dem die *Cohors VII Raetorum* genannt wird. Diese wohl für den Limesabschnitt zuständige Einheit lag 7 km entfernt hinter dem Limes in Niederberg. Die beiden Inschriften legen die Deutung nahe, dass die Besatzungen von nahe gelegenen Auxiliareinheiten auf Zeit abkommandiert worden sind. Vielleicht gab es aber auch selbstständige kleine Einheiten als Dauerbesatzungen, wohl eher in späteren Phasen des Limes. Auf eine solche deutet der Nachweis von Badegebäuden neben einigen Kleinkastellen hin (Hainhaus an der Nordspitze des Wetteraulimes; Haselheck bei Echzell; Freimühle bei Schwäbisch Gmünd, am Beginn des Raetischen Limes). Auch die Feststellung der Reste eines kleinen Lagerdorfs

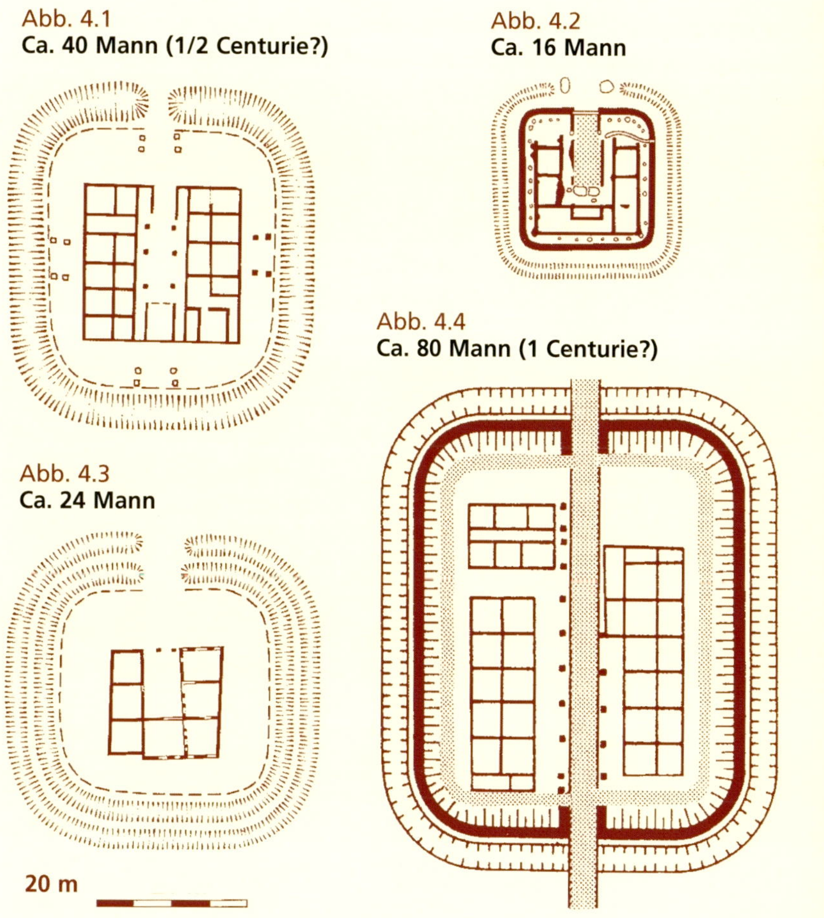

Abb. 4 Beispiele von Kleinkastellen mit bekannter Innenbebauung und Schätzung der Besatzungsstärke. 1 Holzkastell Degerfeld bei Butzbach; 2 Rötelsee bei Welzheim; 3 Holzkastell Pohl bei Kemel (älteres Kastell); 4 Haselburg bei Walldürn.

13 Fleer, Typisierung.

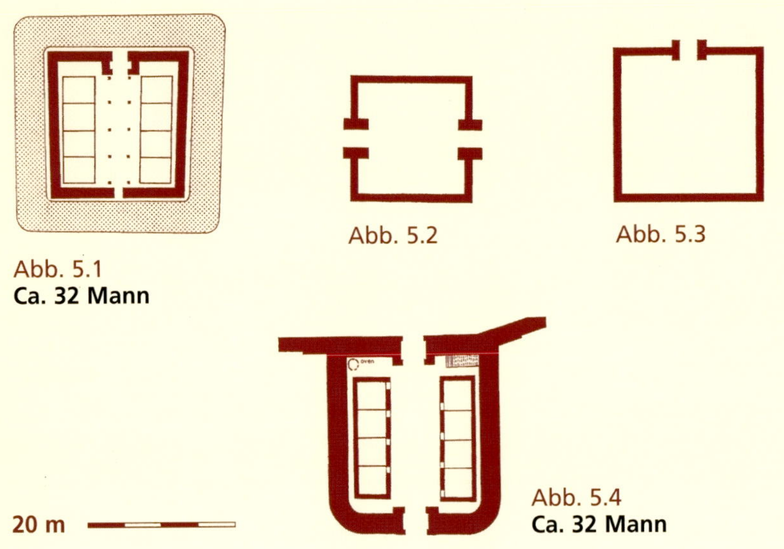

Abb. 5 Beispiele von Kleinkastellen mit Schätzung der Besatzungsstärke. 1 Holzheimer Unterwald am westlichen Wetteraulimes, Bauperiode 1; 2 Güssgraben, Raetischer Limes; 3 Petersbuch, Raetischer Limes; 4 Milecastle 48 Poltross Burn an der Hadriansmauer.

lässt sich als Hinweis auf eine Dauerbesatzung interpretieren (Kleinkastelle Haselburg bei Walldürn und Rinschheim). Schließlich enthält die bekannte Fortuna-Inschrift aus dem Kastellbad Walldürn CIL XIII 6592 den Hinweis auf eine offenbar sehr einfache kleine Truppe, die Brittones dediticii Alexandriani, die etwa als Besatzung eines der nahe gelegenen Kleinkastelle in Betracht kommt.[14]

Soweit die Unterkünfte bekannt sind, besteht die Möglichkeit, die Besatzungsstärke abzuschätzen. Die auf den Abb. 4–5 angegebenen Schätzwerte für die Besatzungen beruhen auf dem Vergleich mit den Centurienbaracken der Hilfstruppen am Limes, deren Sollbelegungsstärke bekannt ist (80 Mann). Danach sind 4–5 m² Flächenbedarf für einen Mann anzusetzen.[15] Legt man dieses Maß zugrunde, so ergeben sich die auf Abb. 4–5 mitgeteilten Schätzungen.[16] Sie bieten gewiss nur einen ungefähren Anhaltspunkt, genügen aber für unseren Zweck. Danach sind bei den besonders häufigen Kleinkastellen und Feldwachen in den Größenklassen bis 0,2 ha Besatzungsstärken im Bereich von etwa 16 bis 40 Mann vorauszusetzen.

Wenn man bedenkt, dass sich Kaiser Trajan sogar mit der Verwendung einzelner Soldaten befasste und die größte Wirtschaftlichkeit bei ihrer Abkommandierung anmahnte,[17] so erscheint es unwahrscheinlich, dass die Besatzungen der zahlreichen Kleinkastelle lediglich „den ruhenden Teil der an den Limes beorderten Mannschaft" darstellten. Ihnen muss vielmehr eine im Rahmen der Grenzsicherung unentbehrliche primär militärische Aufgabe zugekommen sein, denn schließlich handelte es sich um waffengeübte Berufssoldaten.

Wie kann der vermutliche militärische Auftrag ausgesehen haben? Im Alarmfall waren die Besatzungen der kleinen Kastelle zunächst auf sich selbst gestellt, denn sie befanden sich meist kilometerweit von den Hauptkastellen entfernt, sodass Hilfe oder Entsatz nicht sofort zur Stelle sein konnte. Das gilt ganz besonders für jene Limesstrecken, bei denen die Hauptkastelle nicht am Limes selbst, sondern weit hinter dem Limes lagen: etwa am östlichen Abschnitt des Raetischen Limes zwischen Böhming und der Donau oder an der Westerwaldstrecke im Norden des Obergermanischen Limes (vor

14 Baatz, Grenzlinie 94 f.

15 Beispiel: Die Mannschaftstrakte der Baracken in der Praetentura des Limeskastells Künzing waren in jeweils 10 Contubernien eingeteilt. Die Länge eines Mannschaftstrakts betrug rund 39 m, die Breite etwa 9 m (Außenmaße); nach Schönberger, Künzing 27–30; 35–36 Beilagen 5–6. Als Grundfläche des Bauwerks errechnen sich demnach 351 m². Bei einer Sollstärke der Centurie von 80 Mann ergibt sich ein Flächenbedarf von 4,4 m² pro Mann. – Weitere Auxiliarbaracken, die ähnliche Werte für den Flächenbedarf ergeben: Johnson, Kastelle 192 Abb. 129.

16 Beispiel: Abb. 4,1. Im Kastell Holzheimer Unterwald standen in Bauperiode 1 zwei Baracken einander gegenüber; Seitz 1999. Ihre Maße betragen jeweils 15,2 Länge und 4,3 m Breite, was eine Fläche von 65 m² ergibt. Die kleine Baracke ist in vier Räume unterteilt; auf einen Raum entfallen 16,3 m². Darin konnten maximal vier Mann untergebracht werden. Unterstellt man gleich starke Belegung der Räume, so wären in dem Kastell 32 Soldaten stationiert gewesen. Die Besatzungsstärke war eher geringer, weil dem kommandierenden Unteroffizier wohl ein ganzer Raum zur Verfügung stand und die Räume überhaupt mit weniger Leuten belegt gewesen sein können.

17 Die bekannte Korrespondenz des Statthalters Plinius minor mit Kaiser Trajan (Plin. epist. X) enthält insgesamt 121 Briefe, darunter 52 Antworterlasse des Kaisers. Ab Brief 17a schrieb Plinius in seiner Eigenschaft als Statthalter der Provinz Bithynien. Von den dann folgenden Erlassen des Kaisers befassen sich drei, nämlich 20, 22 und 28 mit der Stellung bzw. Abkommandierung von Soldaten. In jedem schärft der Kaiser seinem Statthalter die größte Sparsamkeit bei Abkommandierungen selbst einzelner Soldaten ein. Die Begründung steht in Brief 22: Nobis autem utilitas demum spectanda est et, quantum fieri potest, curandum, ne milites a signis absint ; „Wir müssen jedenfalls auf den Nutzen bedacht sein und – soweit irgend möglich – dafür sorgen, dass die Soldaten nicht ihren Einheiten entzogen werden."

dem Bau des Kastells Niederbieber). Die Belegschaften der benachbarten Wachtürme zählten kaum; ihre Zahl war gering und sie durften ihren Posten wohl auch nicht verlassen. So konnten die Besatzungen der Kleinkastelle ihre Aufgabe nur dann mit Aussicht auf Erfolg durchführen, wenn sie dem zu erwartenden Gegner gewachsen waren. Das bedeutet nach militärischer Erfahrung: Sie mussten dem Gegner mindestens gleich, oder besser zahlenmäßig überlegen sein. Dieser Zusammenhang weist mittelbar auf die Art der germanischen Gegner hin: Diese dürften versucht haben, in kleinen, oftmals sogar sehr kleinen Gruppen den Limes zu überqueren. Das zu verhindern, ist wohl der militärische Auftrag der Kastellbesatzungen gewesen. Ähnliche Verhältnisse haben am pannonischen Donaulimes geherrscht. Von dort ist eine zeitgenössische Äußerung aus dem Ende des 2. Jahrhunderts überliefert, in der die Bedrohung des Limes als „heimliches Eindringen von 'Räuberchen' *(latrunculi)*" beschrieben wird.[18] Einen größeren germanischen Kampfverband hätte man nicht so bezeichnet. Der Hintergrund dieses offenbar häufigen, aus römischer Sicht räuberischen Verhaltens der germanischen Anwohner soll unten in einem besonderen Abschnitt erörtert werden.

Räumliche Verteilung der Kleinkastelle

Weitere Aufschlüsse ergeben sich aus der räumlichen Verteilung der kleinen Kastelle am Limes; Abb. 6 zeigt sie für den Obergermanischen Limes. Schon der erste Blick lässt eine auffällige Ungleichverteilung erkennen: An der Hochtaunusstrecke und am anschließenden Wetteraulimes gibt es eine dichte Reihung von Kleinkastellen. Nach Westen folgt eine Lücke vom Bereich der Idsteiner Senke bis zur Aar. Von dort bis zum Rhein (Limesstrecken 1 und 2) sind Kleinkastelle in größeren, lockeren Abständen aufgereiht. Am vorderen Obergermanischen Limes vom Main hinunter bis zur Rems sind überraschend wenige Kleinkastelle gefunden worden, zwischen denen sich lange Lücken zeigen.

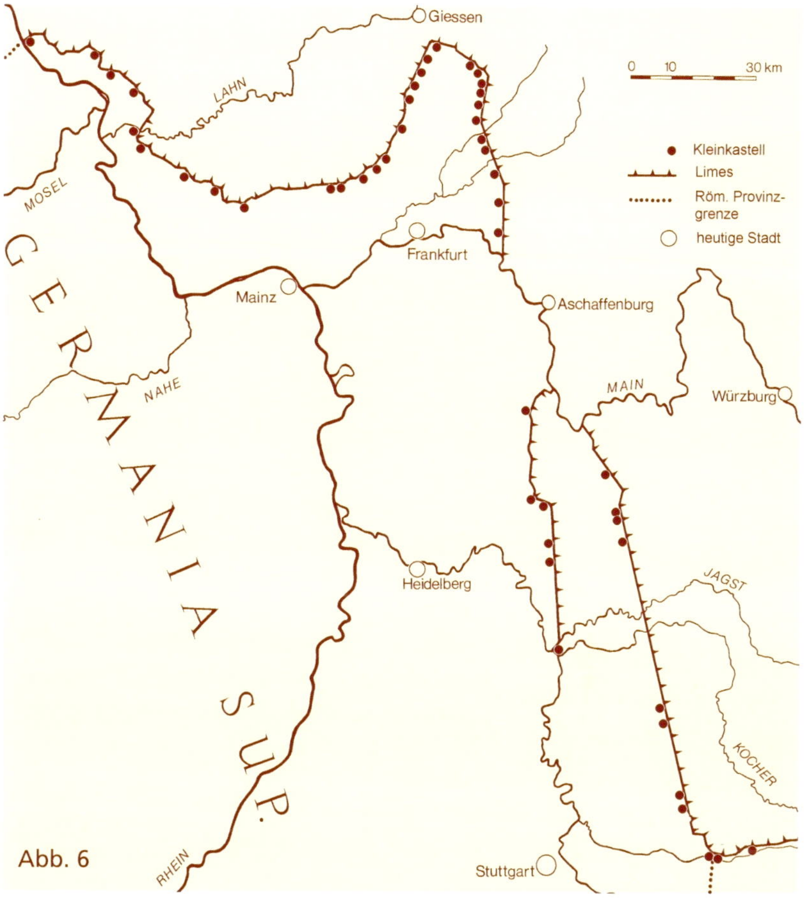

Abb. 6 Verteilung der Kleinkastelle am Obergermanischen Limes.

Abb. 7 Verteilung der Kleinkastelle am Raetischen Limes.

An der Landstrecke des Raetischen Limes von der Rems bis zur Donau (Abb. 7) sind ähnlich wie am vorderen Obergermanischen Limes nur wenige Kleinkastelle bekannt, dazwischen erstrecken sich zum Teil beträchtliche Lücken. Eine dichte Reihung wie im Hochtaunus oder in der Wetterau ist hier nicht zu beobachten. Die Raetische Limes-

18 Bauinschriften RIU 5, 1127–1131; dazu Baatz, Grenzlinie 57 f.

strecke wird durch die Altmühl bei Gunzenhausen in zwei ungefähr gleich lange Abschnitte geteilt. Bemerkenswert erscheint, dass im westlichen Abschnitt (Rems bis Gunzenhausen) nur drei Kleinkastelle nachgewiesen sind, während sich im östlichen Abschnitt (Gunzenhausen bis zur Donau) acht befinden. Damit wird auch hier wie schon am Obergermanischen Limes eine räumliche Ungleichverteilung der kleinen Wehrbauten erkennbar.

Offensichtlich wurde sie besonders von zwei Faktoren verursacht: vom Erhaltungszustand des Limes sowie vom jeweiligen Forschungsstand. Den größten Einfluss hat der Erhaltungszustand. Fast überall dort, wo sich in der räumlichen Verteilung der Kleinkastelle (Abb. 6–7) Lücken zeigen, ist auch vom Limes und seinen Kastellen wenig, zum Teil gar nichts sichtbar erhalten. Dieser Bezug wirkte natürlich auf den Forschungsstand. Denn bei den gut erhaltenen Limesstrecken – diese liegen großenteils im Wald – sind auch die Kleinkastelle oft noch im Gelände sichtbar und boten sich der Forschung zur Untersuchung an. Solche Strekken gibt es im Hochtaunus und in der Wetterau, aber auch in den großen Waldgebieten am östlichen Abschnitt des Raetischen Limes. Andererseits ist es bei den schlecht erhaltenen Limesabschnitten schwierig, ein Kleinkastell überhaupt zu finden; diese Abschnitte liegen vor allem in den landwirtschaftlich intensiver genutzten Gebieten.

Ein weiterer Grund für die Ungleichverteilung liegt im lokalen Forschungsstand, der an den verschiedenen Limesstrecken oft auf unterschiedlichem Niveau liegt: An der Hochtaunusstrecke und am Wetteraulimes hat eine lange und intensive Forschungstradition gewirkt, und genau dort ist auch die dichteste Häufung von Kleinkastellen zu beobachten (Abb. 6). So wird man insgesamt damit rechnen müssen, dass es in der römischen Epoche eine deutlich größere Anzahl von Kleinkastellen gab, als es unserem augenblicklichen Kenntnisstand entspricht.

Eine Einschränkung ist jedoch nötig: Eine genauere Betrachtung erweist, dass die beobachtete Ungleichverteilung der Kleinkastelle nicht nur vom Erhaltungszustand des Limes und von der lokalen Forschungsintensität verursacht wurde. Das zeigt ein Blick auf den nördlichen Abschnitt des Odenwaldlimes (Abb. 8). Er gehört zu den wohlerhaltenen Strecken der römischen Grenze. Durch die Ausgrabungen von Graf Franz I. von Erbach um 1800 wurde schon früh eine gute Forschungstradition begründet. Besonders für den abgebildeten nördlichen Abschnitt von Wörth bis Schlossau darf man daher annehmen, dass fast alle Militärbauten bekannt sind. Aber sie waren keineswegs wie die Wachtürme in einigermaßen regelmäßigen Abständen angeordnet. Vielmehr befand sich in der Mitte der Strecke zwischen den beiden Kleinkastellen Windlücke und Zwing ein beträchtlicher Abstand. Die Entfernung der kleinen Kastelle beträgt längs der Linie gemessen 23 km! Hier könnte allenfalls in der Mitte des Grenzabschnitts zwischen den Kastellen Hainhaus (Vielbrunn) und Eulbach noch ein Kleinkastell gestanden haben, etwa im Bereich des nicht sicher nachgewiesenen Wp. 10/16. Andererseits liegen die Kleinkastelle Zwing und Seitzenbuche nur 2 km voneinander entfernt; das ist nur ein Bruchteil der vorgenannten Entfernung. Dieses Beispiel widerlegt auch die oben erwähnte These von Fabricius, die Kleinkastelle hätten dazu gedient, „den ruhenden Teil der an den Limes beorderten Mannschaft, der nicht gerade in den Türmen Wachdienst hatte, aufzunehmen“. Wenn das der Zweck der kleinen Kastelle gewesen wäre, dann wären sie gleichmäßig längs der Grenzlinie angeordnet worden. Das Beispiel zeigt, dass eine räumliche Ungleichverteilung der Kleinkastelle durchaus zur Organisation des Limes gehören konnte. Wie ist diese Ungleichverteilung am Odenwaldlimes aber zu erklären?

Topografie am Limes: Sicht- und Lagebeziehungen

Der Odenwaldlimes ersteigt im Norden bei Wörth a. M. die Hochfläche des Buntsandsteins und zieht von dort auf einem langgestreckten Höhenzug nach Süden, bis er in der Gegend von Schlossau eine andere Landschaftsform erreicht (Abb. 8). Der Höhenzug bildet eine lange, schmale Hochfläche mit geringen Höhenunterschieden. Dadurch ließen sich die Grenzabschnitte zwischen den Numeruskastellen fast immer gut überblicken. Die Numeruskastelle standen im Odenwald auch verhältnismäßig dicht gereiht, ihre Entfernungen liegen bei 5–6 km. So konnte man beispielsweise den Abschnitt zwischen Eulbach und Würzberg gut von diesen Kastellen aus einsehen. Eventuelle Alarmsignale der Wachposten waren unmittelbar von den Kastellen aus sichtbar und mussten nicht über Zwischenstationen weitergegeben werden. Hierbei bestand stets die Gefahr der falschen Übermittlung des Signals, der Unterbrechung der Meldekette durch Unachtsamkeit oder durch ungünstiges Wetter.[19] Die unmittelbare Sicht von den Kastellen auf die Wachposten erleichterte auch deswegen die Überwachung, weil man die Quelle einer Meldung sehen konnte. Die direkte Sicht erhöhte die Sicherheit, denn sie ermöglichte im Alarmfall eine schnellere und präzisere Aktion.

Nur an wenigen Stellen verengt sich die Hochfläche zu einem schmalen Grat, wo sich mäßig vertiefte Passsituationen herausgebildet hatten. In diese vertieften Passabschnitte konnte man von den benachbarten Numeruskastellen nicht hineinsehen. Genau an diesen Stellen liegen die drei Kleinkastelle Windlücke, Zwing und Seitzenbuche. Wie schon im Limeswerk von Fabricius bemerkt, ist ihre Lage offensichtlich durch die Topografie bestimmt worden. War hier durch die Passlage eine erhöhte Gefährdung der Grenze gegeben, sodass hier ein Kleinkastell errichtet werden musste, wie Fabricius meinte?[20] Denn an diesen Stellen können im Altertum Saumpfade den Höhenzug überquert haben, die besonders zu überwachen waren. Die von Fabricius geäußerte Vermutung kann durchaus zur Platzwahl beigetragen haben.

War das aber der einzige Gesichtspunkt der Platzwahl? Oder waren die Kleinkastelle

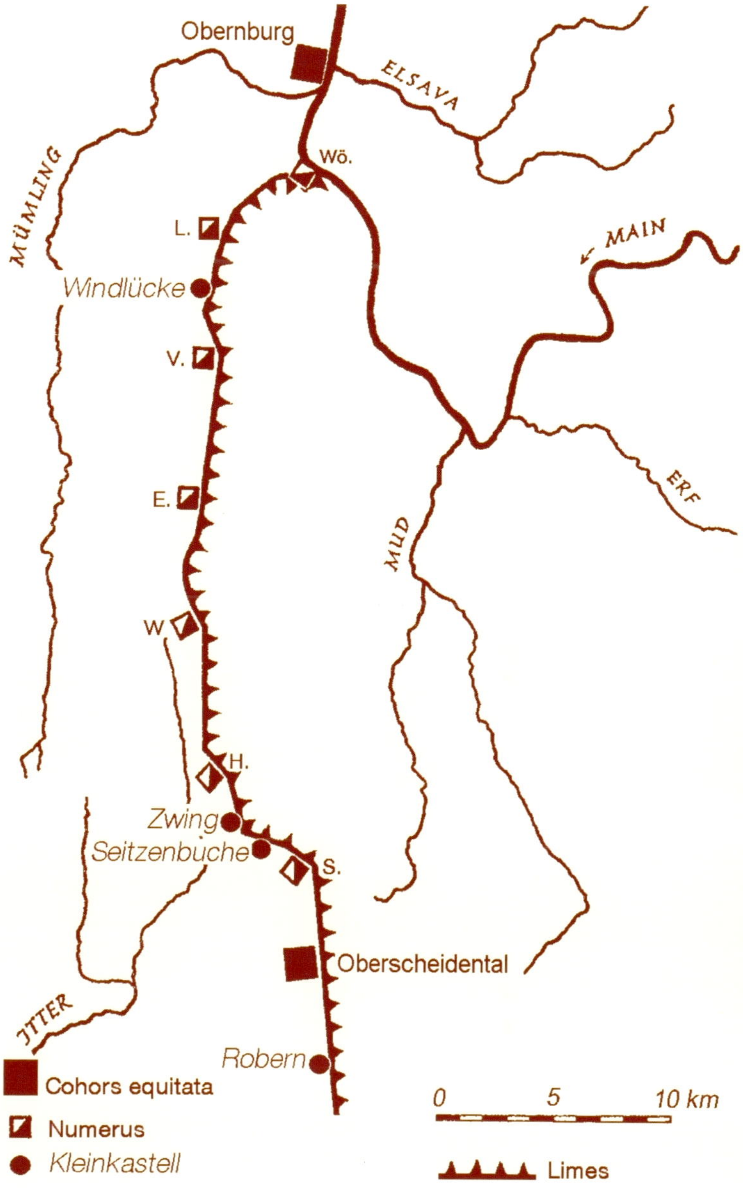

Abb. 8 Verteilung der Kleinkastelle am nördlichen Odenwaldlimes.

Anlaufstellen von Alarmmeldungen jener Wachtürme, die außerhalb des Sichtbereichs der benachbarten Numeruskastelle lagen? Falls das zutreffen sollte, dann musste die Alarmmeldung eines Wachpostens nicht über Zwischenstationen an das nächste Numeruskastell weitergegeben werden, sondern gelangte unmittelbar an das nächste Kleinkastell. Von dort aus erfolgte die

19 Kritische Bemerkung zur Weitergabe der Signale längs des Limes von Wachposten zu Wachposten bei: Woolliscroft, Signalling 110 („lateral signalling"); dazu meine Rezension in: Germania 81, 2003, 648–653.
20 Vgl. Anm. 4.

Gegenaktion, soweit die Stärkeverhältnisse das zuließen. Nur bei größeren Angriffen, die ziemlich selten gewesen sein dürften, musste die Einheit im nächsten Hauptkastell in Aktion treten.

Überwachungsabschnitte

Die nördliche Teilstrecke des Odenwaldlimes So spricht einiges dafür, dass die nördliche Teilstrecke des Odenwaldlimes in Überwachungsabschnitte unterteilt war, die durch die geländebedingten Sichtverhältnisse vorgegeben waren. Maßgebend als Kriterium für die Festlegung der Überwachungsabschnitte war eine kurze und möglichst direkte Sichtverbindung vom jeweiligen Wachposten zum nächsten Kastell. Das Ziel der Alarmmeldung eines Wachpostens war nach Möglichkeit ein Hauptkastell. Oft aber waren Teile der Grenzlinie von den Hauptkastellen aus nicht oder nur schlecht einzusehen, sei es dass Höhenunterschiede des Geländes die Sicht nicht erlaubten, dass die Sichtlinie durch eine Biegung des Limes unterbrochen wurde, die Hauptkastelle zu weit auseinander oder nicht unmittelbar am Limes lagen. In diesen Fällen wurden an den nicht einsehbaren Abschnitten der Grenze Kleinkastelle eingefügt. So entstanden relativ kurze und gut überschaubare Überwachungsabschnitte. In jedem Überwachungsabschnitt gab es demnach ein Kastell, entweder ein Hauptkastell oder ein Kleinkastell. Dieses bzw. der jeweilige Kommandeur war für den zugehörigen Überwachungsabschnitt verantwortlich.

An der nördlichen Teilstrecke des Odenwaldlimes lassen sich von Nord nach Süd vorläufig folgende Überwachungsabschnitte erkennen:[21]

1) Limesanfang am Main bis Wp. 10/5; mit Kastell Wörth (ORL Nr. 36). Der genaue Verlauf dieser etwa 3,2 km langen Strecke konnte bisher nicht ermittelt werden; die dort zu vermutenden Wachposten sind bis auf Wp. 10/5 unbekannt.
2) Wp. 10/6 bis Wp. 10/8; mit Numeruskastell Lützelbach (ORL Nr. 46)
3) Wp. 10/9 bis Wp. 10/11; mit Kleinkastell Windlücke
4) Wp. 10/12 bis Wp. 10/16; mit Numeruskastell Hainhaus, Vielbrunn (ORL Nr. 47)
5) Wp. 10/17 bis Wp. 10/24; mit Numeruskastell Eulbach (ORL Nr. 48)
6) Wp. 10/25 bis Wp. 10/28; mit Numeruskastell Würzberg (ORL Nr. 49)
7) Wp. 10/29 bis Wp. 10/32; mit Numeruskastell Hesselbach (ORL Nr. 50)
8) Wp. 10/33 bis Wp. 10/34; mit Kleinkastell Zwing
9) Wp. 10/35 bis Wp. 10/37; mit Kleinkastell Seitzenbuche
10) Wp. 10/38 bis Wp. 10/40; mit Numeruskastell Schlossau (ORL Nr. 51).

Die Gesamtlänge der zehn Überwachungsabschnitte beträgt 36,8 km. Die durchschnittliche Länge eines Abschnitts beläuft sich demnach auf 3,7 km; der kürzeste (Zwing) misst 1,3 km, der längste (Eulbach) 7,2 km.

Die Chronologie der einzelnen Militärbauten ist oft nur unzureichend aufgeklärt worden; es gibt beträchtliche Forschungslücken. Die gesamte Zeitspanne des Odenwaldlimes ist zwar ungefähr bekannt; sie dürfte sich von ca. 100–160 n. Chr. erstrekken. Einen Anhaltspunkt liefert die Datierung der gleichartig gebauten, steinernen Wachtürme, von denen einige datierte Bauinschriften trugen. Sie sind in den Jahren 145/146 errichtet worden (Türme bei Wp. 10/19, 10/29, 10/33 und 10/35). Dieses Datum darf wohl auch auf die Steinbauphasen der Kastellumwehrungen einschließlich der Kleinkastelle übertragen werden. Die vorangegangenen älteren Holzbauphasen sind zwar für die meisten Wachposten, sonst aber nur für das Numeruskastell Hesselbach bekannt. Vor allem gibt es keine Information über mögliche Holzbauphasen der Kleinkastelle. Es bleibt daher vorerst unklar, ob

21 Die Sichtverhältnisse können heute im Gelände wegen der Bewaldung nur selten unmittelbar überprüft werden. Deswegen wurden senkrechte Geländeschnitte verwendet, wie sie schon in den Streckenbänden des Limeswerks (ORL) abgedruckt sind. Brauchbarer sind Geländeschnitte mit stärkerer Überhöhung, wie man sie bei Beck u. Planck, Südwestdeutschland für die dort behandelte Limesstrecke durchgehend findet. Geländeschnitte können auch mithilfe der TK 1 : 50 000 erstellt werden; besonders dafür geeignet ist die neue, digitale Kartenserie TOP 50 auf CD, herausgegeben von der Landesvermessung der jeweiligen Bundesländer.

die oben versuchte Unterteilung in Überwachungsabschnitte schon zu Beginn des Limes um 100 n. Chr. eingerichtet worden ist; vorerst lässt sie sich nur für die Zeitspanne von ca. 145–160 n. Chr. plausibel machen.

Die südliche Teilstrecke des Odenwaldlimes von Schlossau bis zum Neckar ist weit weniger gut erhalten als die nördliche. Von den insgesamt 42 Wachposten, die im ORL angenommen worden sind, konnten nur 14 durch Ausgrabungen tatsächlich nachgewiesen werden, also nur ein Drittel! Daher sind gewiss nicht alle einst vorhandenen Kleinkastelle bekannt. Das gilt besonders für den südlichen Abschnitt der Stecke zwischen Neckarburken und dem Neckar. Daher ist es für die Strecke von Schlossau bis zum Neckar vorerst schwierig, Überwachungsabschnitte auszumachen. Immerhin liegen die nachgewiesenen Kleinkastelle Robern und Trienz in tief eingeschnittenen Bachtälern, die von den Hauptkastellen Oberscheidental und Neckarburken nicht eingesehen werden konnten; sie werden jeweils für einen Überwachungsabschnitt zuständig gewesen sein. Das nur im Luftbild dokumentierte Kleinkastell bei Bad Friedrichshall-Kochendorf hatte eine besondere Lage in dem kleinen, von Jagst, Neckar und Kocher eingeschlossenen Grenzabschnitt, von dessen genauem Verlauf jedoch erst wenig bekannt ist.

Der westliche Wetteraulimes

Als weiteres Beispiel kann der westliche Wetteraulimes dienen. Er bildet eine schnurgerade Strecke, die im Süden bei Wp. 4/33 einsetzt und im Norden bei Wp. 4/49 endet; dort biegt der Limes nach Osten um (Abb. 9). Durch ihre Geradlinigkeit unterscheidet sich die Strecke von der nördlichen Teilstrecke des Odenwaldlimes, die mehr dem Gelände angepasst war. Der Limes ist am westlichen Wetteraulimes recht gut erhalten. Die Forschung setzte schon im 17. Jahrhundert ein, sodass die Militärbauten vor allem in ihrem späteren Bauzustand (steinerne Umwehrungen) bekannt sind. In dem abgebildeten Kartenausschnitt liegen vier Kleinkastelle: Degerfeld, Dicker Wald, Holzheimer Unterwald und Hainhaus. Von zwei dieser Kleinkastelle sind sogar die Innenbauten bekannt (Degerfeld Holzkastell und Holzheimer Unterwald), ein Ergebnis der intensiven Forschung an dieser Strecke.

Jedes Kleinkastell liegt im mittleren Bereich eines Grenzabschnitts, der durch die Sichtverhältnisse bestimmt wird und damit jeweils einen Überwachungsabschnitt bildet. Die bewegte Geländeform bewirkt, dass man von Degerfeld nach Süden nicht über die Höhe am Schrenzer bei Wp. 4/33, nach Norden nicht über die Geländekante bei Wp. 4/37 hinausschauen kann. Das Gleiche gilt für die Sicht vom Kleinkastell Dicker Wald nach Süden; auch hier bildet Wp. 4/37 die Sichtgrenze. Wp. 4/45 ist auf einer flachen Kuppe errichtet worden, die zugleich die höchste Stelle der Limesstrecke bildet. Sie sperrt die Sicht von beiden Seiten. Am Überwachungsabschnitt des Kleinkastells Holzheimer Unterwald liegt die nördliche Sichtgrenze bei Wp. 4/48a (abfallendes Gelände und dann folgende Limesbiegung). Die Gesamtlänge der vier Überwachungsabschnitte beträgt 13 km. Die durchschnittli-

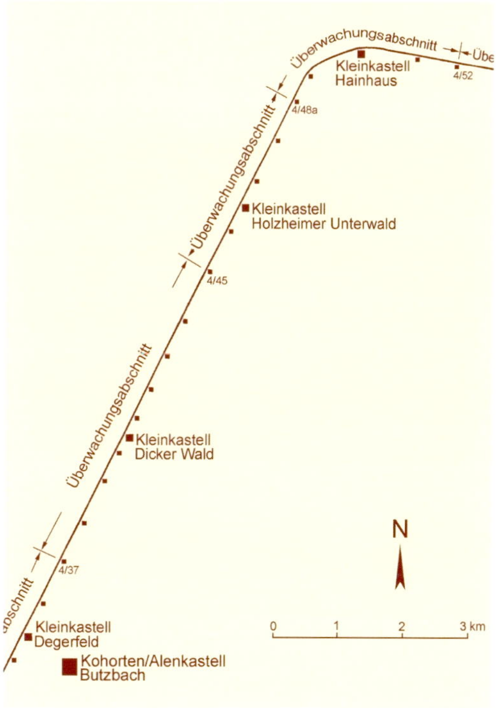

Abb. 9 Überwachungsabschnitte am westlichen Wetteraulimes.

che Länge eines Abschnitts liegt bei 3,3 km, was ungefähr dem am Odenwaldlimes festgestellten Maß entspricht.

Die Kenntnis der Chronologie und der Bauphasen ist ähnlich wie am Odenwaldlimes lückenhaft. Der auf Abb. 9 wiedergegebene Zustand der Limesstrecke ist nicht der ursprüngliche, sondern gehört einer späteren Bauphase an. Bei der anfänglichen Trassierung ist der Limes nicht geradlinig geführt worden, er war vielmehr kurvig dem Gelände angepasst. Davon zeugt der Fund der älteren Holzturmstellen Wp. 4/37*, Wp. 4/39* und Wp. 4/40*, die nicht auf der abgebildeten geraden Strecke liegen, sondern bis zu 300 m von ihr entfernt sind. Bei Wp. 4/40* befand sich ein Kleinkastell in Holzbauweise. Das deutet darauf hin, dass schon diese ältere Limesstrecke in Überwachungsabschnitte mit Kleinkastellen organisiert gewesen sein kann. Dafür spricht auch der Nachweis einer frühen Holzbauphase bei dem Kleinkastell Degerfeld in Butzbach (Abb. 4.1), die zu Beginn des Limes um 100 n. Chr. entstanden ist.[22] Später wurde das Kleinkastell vergrößert und mit einer steinernen Wehrmauer versehen; das geschah bald nach der Mitte des 2. Jahrhunderts.[23] Bei dem Kleinkastell Holzheimer Unterwald ist dagegen kein hölzerner Vorgängerbau beobachtet worden.[24] Es ist daher wohl erst bei der geradlinigen Neutrassierung des westlichen Wetteraulimes errichtet worden, als bereits die Steinbauweise üblich war. Falls ein Zusammenhang dieser Trassierung mit der Errichtung des Steinkastells Degerfeld besteht, wäre die gerade Limesstrecke um die Mitte des 2. Jahrhunderts abgesteckt und erbaut worden. Das wäre etwa die gleiche Zeit, in der die 80 km lange, gerade Strecke des vorderen Obergermanischen Limes entstanden ist. So lässt sich zusammenfassend sagen, dass der auf Abb. 9 wiedergegebene Zustand des Limes vermutlich um 150 begann und bis zum Ende des Limes bestanden hat.

Das Kastell Degerfeld war nicht nur für die Überwachung seines Limesabschnitts zuständig. Es ist dem Kohorten- bzw. Alenkastell Butzbach um etwa 600 m vorgelagert. Die von Friedberg aus der Wetterau kommende römische Straße zog am Kastell Butzbach vorüber und führte zum Grenzübergang am Kleinkastell Degerfeld, das daher auch den wichtigen Limesdurchgang in die Germania Magna zu überwachen hatte. Hier fand eine Kontrolle des Grenzverkehrs statt, etwa auf Waffenbesitz; ebenso wird die Einnahme von Zoll zu den Aufgaben der Besatzung gehört haben.[25] Das dürfte Einfluss auf die Zusammensetzung der Besatzung gehabt haben, von der wenigstens ein Teil schriftkundig sein musste. Eine entsprechende Lage hatten z. B. die Kleinkastelle Bad Ems „Auf der Schanz" oder Mainhardt-Ost. Besondere Aufgaben kamen sicherlich auch jenen Kleinkastellen zu, die dicht an einer Schnittstelle des Limes mit einer Provinzgrenze errichtet worden sind: Rheinbrohl am nördlichen Ende des Obergermanischen Limes sowie Klein-Deinbach und Freimühle an der Grenze zwischen Obergermanien und Raetien. Wie diese Beispiele zeigen, kamen den Kleinkastellen gelegentlich außer der Überwachung eines Limesabschnitts nach Bedarf Aufgaben zu, die im administrativen Bereich lagen.

Der Limes im Hochtaunus

Die Hochtaunusstrecke folgt ungefähr dem Kamm des Mittelgebirges. Für die Trassierung und Organisation des Limes ergaben sich daraus andere Bedingungen als im Hohen Odenwald oder in der Wetterau. Die Strecke gehört zu den am besten erhaltenen am Obergermanischen Limes. Sie ist vor allem durch die Aktivität des Saalburgmuseums intensiv erforscht worden, sodass die Militärbauten des Limes ihrer Lage nach weitgehend bekannt sein dürften. Offene Fragen und Forschungslücken ergeben sich hier vor allem bei der Chronologie. Abb. 10

22 Simon, Degerfeld 7 datierte den Beginn des Holzkastells in frühtrajanische Zeit.
23 Das Ende des Holzkastells und damit der Beginn des Steinkastells werden von Simon, Degerfeld 16 „nach 150, wahrscheinlich bis nach 160" datiert.
24 Seitz, Holzheimer Unterwald.
25 Antike Schriftquellen dazu: Baatz, Grenzlinie 56 Nr. 1–2.

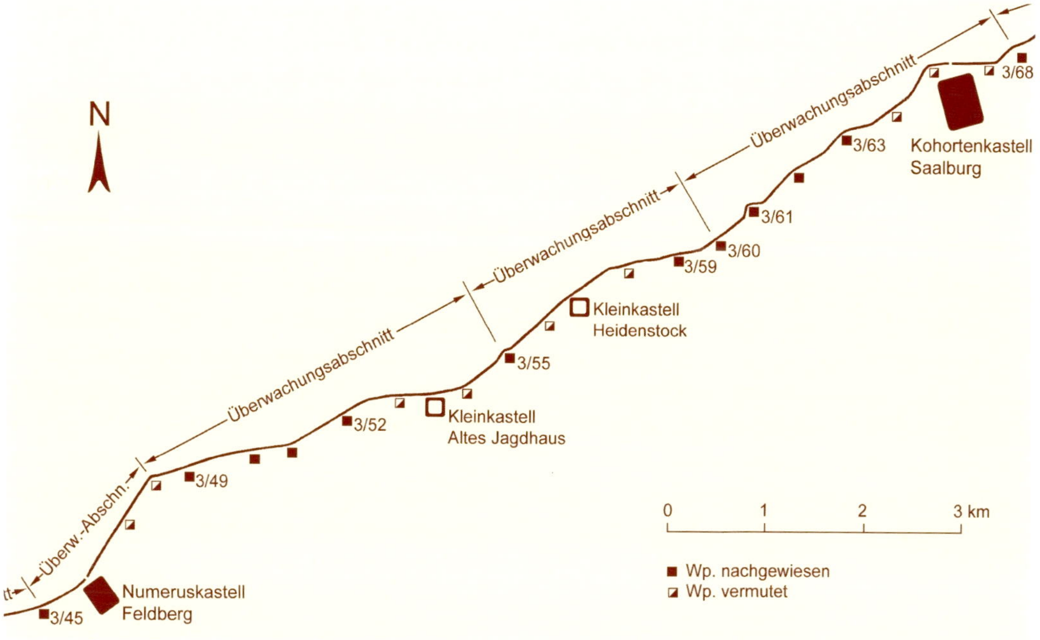

Abb. 10 Überwachungsabschnitte am Limes im Hochtaunus.

zeigt den mittleren und damit am höchsten gelegenen Abschnitt des Taunuslimes zwischen Saalburg und Feldbergkastell in dem Zustand etwa um 200 n. Chr. oder etwas später.

Die Strecke ist bereits gegen Ende des 1. Jahrhunderts beim Beginn des Limesausbaus festgelegt worden.[26] Dabei wurde die Grenzlinie dem schwierigen Gelände im Mittelgebirge angepasst. Aus dieser frühen Phase stammen die älteren hölzernen Wachtürme. Hölzerne Kleinkastelle sind an der Hochtaunusstrecke bisher nicht beobachtet worden, wenn man von den beiden kleinen Schanzen A und B an der Saalburg absieht, die als erste römische Bauwerke am Saalburgpass aber nur kurze Zeit bestanden haben.[27] Hölzerne Kleinkastelle sind jedoch von den benachbarten Strecken des Taunuslimes bekannt, so das kleine Kastell am Eichkopf südlich Langenhain oder das Holzkastell Ockstädter Wald, das wohl bei der Errichtung der Kapersburg aufgegeben wurde. Mit der Existenz weiterer hölzerner Kleinkastelle ist während der Frühphase der Taunusstrecke zu rechnen, sodass es vermutlich schon damals Überwachungsabschnitte gab.

Später sind die Militärbauten und Besatzungen der Hochtaunuslinie mehrmals geändert worden. So ist das Numeruskastell am Feldberg erst nach der Mitte des 2. Jahrhunderts entstanden. Ob an seiner Stelle vorher ein Kleinkastell stand, ist nicht ganz auszuschließen, nachgewiesen wurde jedoch nichts. Die beiden Kleinkastelle Altes Jagdhaus und Heidenstock sind mit steinernen Wehrmauern versehen. Von ihrer Chronologie und den möglichen Bauphasen ist nichts bekannt; unklar bleibt auch, ob sie hölzerne Vorgänger hatten. Das Kohortenkastell Saalburg ist erst unter Kaiser Hadrian erbaut worden. An seiner Stelle stand vorher ein kleineres Holzkastell von der Größe eines Numeruskastells (0,7 ha Fläche); auf die beiden kleinen Schanzen A und B wurde schon hingewiesen.[28]

Die Limesstrecke selbst ist an zwei Stellen verlegt worden. Etwa von Wp. 3/51 an westwärts ist die ursprüngliche, dem Gelände stärker angepasste Linienführung geringfügig vorverlegt worden; das geschah in der Mitte des 2. Jahrhunderts. Dadurch erhielt die neue Limeslinie gerade Streckenabschnitte, die sich besser überwachen ließen. Gleichzeitig sind an der gesamten Hochtau-

26 Tac. Germ. 29,3; Strobel, Chattenkrieg.
27 Schallmayer, Kastelle 106-109.
28 Saalburg, Numeruskastell: Schallmayer, Kastelle 109–111.

nuslinie die hölzernen Wachtürme durch Steintürme ersetzt worden. Auch die beiden Kleinkastelle dürften in dieser Zeit mit ihren steinernen Umwehrungen entstanden sein. Die zweite, spätere Streckenverlegung betraf nur den kurzen Abschnitt nordöstlich vom Feldbergkastell, wo eine Verdoppelung des Pfahlgrabens erscheint. Genauso wie bei der ersten Verlegung ist hier ein leicht gebogener, mehr dem Gelände angepasster Abschnitt aufgegeben und durch einen geraden Abschnitt ersetzt worden, was hier ebenfalls durch Vorverlegung geschah. Die geringfügige Korrektur ist unternommen worden, als der Limes bereits mit Wall und Graben versehen war, also etwa um 200. Diese Bauphase der Limesstrecke ist auf Abb. 10 wiedergegeben.

In dieser Phase war jedes Kastell der Hochtaunusstrecke für einen Überwachungsabschnitt zuständig, der sich durch die geländebedingten Sichtverhältnisse ergab. Die Sicht vom Feldbergkastell nach Westen reichte nur bis zur Geländekante bei Wp. 4/45, wo die steile Flanke des Emstals beginnt. Nach Osten wird sie durch den Limesknick am Abhang des Großen Feldbergs westlich von Wp. 3/49 begrenzt; Fabricius hat hier einen Wp. 3/48 vermutet. Hier beginnt der Überwachungsabschnitt des Kleinkastells Altes Jagdhaus, das ein wenig oberhalb des Sandplackenpasses errichtet wurde. Die Sicht des Kleinkastells nach Nordosten wird durch die Höhe des Klingenkopfs begrenzt, auf dem Wp. 3/55 steht. Es folgt der Überwachungsabschnitt des Heidenstocks. Seine Sicht nach Nordosten reichte bis zur Höhe des Rosskopfs (Wp. 3/59). Die nächste Höhe „Kieshübel“ mit Wp. 3/61 hatte schon Sicht zur Saalburg. Der etwa auf der Mitte zwischen beiden Höhen gelegene Steinturm Wp. 3/60 „Einsiedel“ ist erst nachträglich eingefügt worden; er hatte keine Sicht über die beiden Höhen hinaus. Ein von Wp. 3/60 ausgelöstes Alarmsignal hätte also von den benachbarten Türmen übernommen und weitergegeben werden müssen. Der Überwachungsabschnitt der Saalburg reichte, wie schon gesagt, von Wp. 3/61 (bzw. 3/60) im Südwesten bis über den Saalburgpass hinweg nach Wp. 3/68 am Hang des Fröhlichemannskopfs. Hier endete die Sicht von der Saalburg aus und zugleich begann der nächste Überwachungsabschnitt mit dem Kleinkastell Lochmühle, das im Grund des Köpperner Tals liegt. Die vier Abschnitte im Hochtaunus sind insgesamt 12 km lang.

Abb. 11 Überwachungsabschnitte am Raetischen Limes, Strecke 15.

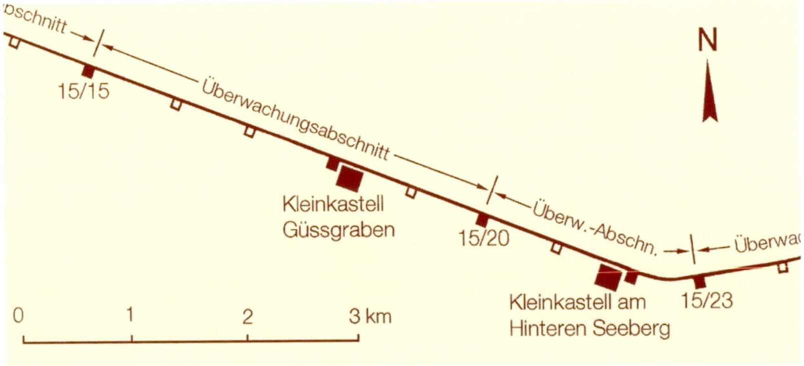

Eine Teilstrecke des Raetischen Limes

Als Beispiel vom Raetischen Limes wird die Teilstrecke von Wp. 15/15 bis Wp. 15/23 vorgestellt (Abb. 11). Sie verläuft am Südrand der Fränkischen Alb und ist gut erhalten, was am Raetischen Limes nicht häufig vorkommt. Die Strecke gehört zum östlichen Abschnitt des Limes zwischen Kipfenberg und der Donau und liegt einsam im Norden des großen Köschinger Forsts; das hatte ihre gute Erhaltung zur Folge. An der Teilstrecke sind zwei Kleinkastelle festgestellt worden: am Hinteren Seeberg und Güssgraben. Das nächste Hauptkastell, das Alenkastell Kösching, war mit 11,5 km Abstand weit vom Limes entfernt. Umso mehr lag die Last der Überwachung und Abwehr bei den Kleinkastellen, die auf sich selbst gestellt in ihrem Abschnitt autonom reagieren mussten. Im Limeswerk wurde zwar vermutet, dass in Sandersdorf, etwa 3 km östlich vom Hinteren Seeberg, ein Numeruskastell gelegen haben könnte; gefunden wurde bisher nichts.

Die beiden Kleinkastelle waren jeweils für einen Überwachungsabschnitt zuständig. Die westliche Sichtgrenze vom Kleinkastell

Güssgraben aus gesehen wird durch den Fuchsberg oberhalb Zandt gebildet, auf dem Wp. 15/15 liegt. Nach Osten sperrt der Öchselberg die Sicht; auf seiner Höhe befindet sich Wp. 15/20 Öchselberg-Mitte. Der Öch-selberg sperrt zugleich die Sicht nach Westen für das Kleinkastell Hinterer Seeberg. Blickte man von diesem Kastell nach Osten, reichte die Sicht nur bis zur Höhe des Hinteren Seebergs, auf dem Wp. 15/23 stand. Das Kleinkastell ist in einem Sattel zwischen Öchselberg und Seeberg errichtet worden, durch den heute ein Passweg in Nord-Süd-Richtung führt. Ob es hier einen Limesdurchgang gab, ist unbekannt. Immerhin kann die Überwachung dieser besonderen Position zu den Aufgaben des Kleinkastells gehört haben. Auffällig ist, dass unweit von jedem der beiden Kleinkastelle ein Wachturm stand; die Entfernung von Wp. 15/18 zum Kleinkastell Güssgraben beträgt ca. 100 m, zwischen Wp. 15/22 und dem Kleinkastell am Hinteren Seeberg sind es ca. 65 m. Die Länge der beiden Überwachungsabschnitte beträgt 5,7 km (Güssgraben) sowie 2 km (am Hinteren Seeberg) und liegt damit im üblichen Bereich.

Über die Chronologie der Streckenbauten weiß man wenig. Immerhin sind bei Wp. 15/15, Wp. 15/20 und Wp. 15/23 die hölzernen Vorgänger der Steintürme untersucht worden; ihre Spuren sind auch heute noch sichtbar. Zu möglichen Bauphasen der Kleinkastelle und zur Frage, ob diese ebenfalls hölzerne Vorgänger besaßen, gibt es keine Information. Die Nähe der beiden Turmstellen Wp. 15/18 und Wp. 15/22 zu den Kleinkastellen kann zur Vermutung führen, die Kleinkastelle seien erst nachträglich an dem bereits bestehenden Limes errichtet worden. Denkbar ist aber auch, dass der Funktionsunterschied von Wachturm und Kleinkastell zu einer voneinander unabhängigen Lagebestimmung führte. Der auf Abb. 11 wiedergegebene Zustand der Grenzstrecke (Raetische Mauer, Steintürme, Kleinkastelle mit steinerner Umwehrung) dürfte der Zeit um 180 n. Chr. und danach angehören.

Die germanische Seite

Die anhaltende Bedrohung der Grenzprovinzen durch Überfälle kleiner Barbarengruppen musste eine Antwort des Imperiums hervorrufen. Die Reaktion Roms war der Bau des Limes mit der hier vermuteten Organisation in Überwachungsabschnitte. Die Bedrohung blieb lange Zeit bestehen, sonst wäre der Limes nicht in dieser Form über eineinhalb Jahrhunderte bis zu seinem Ende aufrechterhalten worden. Was aber löste die Überfälle aus, und warum gab es sie jahrhundertelang?

Sie waren eine Auswirkung der lockeren, archaischen Sozialstruktur der Stämme, die sich im Vorfeld des Limes während der römischen Epoche auch kaum änderte. Als Eigenart der Stammesverfassung kann das Fehlen einer zentralen Gewalt gelten, die beispielsweise das Einhalten eines Vertrages mit Rom zuverlässig und für alle Stammesmitglieder verbindlich garantieren konnte. Eine besondere Rolle spielte das Gefolgschaftswesen;[29] seine Auswirkung kann hier nur skizziert werden. Die Mitglieder der Oberschicht – von Tacitus als *principes* bezeichnet – waren zugleich Gefolgschaftsherren. Sie standen unter dem dauernden sozialen Druck, ihre Gefolgschaft *(comitatus)* durch Freigebigkeit *(munificentia)* zufriedenzustellen; denn die Stellung der Herren wurde durch Größe, Ansehen und Pracht der Gefolgschaft sowie das Draufgängertum ihrer Mitglieder definiert. In dieser Hinsicht konkurrierten die *principes* miteinander.[30] Die primitive Subsistenzwirtschaft der Germanen reichte zwar für die Grundbedürfnisse aus, konnte aber kaum solche Überschüsse erzielen, aus denen die besonderen Wün-

29 Artikel „Gefolgschaft" in RGA 10, 1998; insbesondere D. Timpe, § 2 Historisches 537–546 und H. Steuer, § 3 Archäologisches 546–554; v. Carnap-Bornheim, Gefolgschaft.
30 Tac. Germ. 13, 2: gradus quin etiam ipse comitatus habet iudicio eius, quem sectantur, magnaque et comitum aemulatio, quibus primus apud principem suum locus, et principum, cui plurimi et acerrimi comites; „Die Gefolgschaft kennt sogar Rangstufen je nach Bewertung des Gefolgsherren, und der Ehrgeiz der Gefolgsleute ist groß, wer bei seinem Herrn den ersten Platz einnimmt; ebenso konkurrieren die Gefolgsherren darin, wer die meisten und verwegensten Gefolgsleute hat."
31 Zur germanischen Subsistenzwirtschaft: Kreuz, Umbruch.

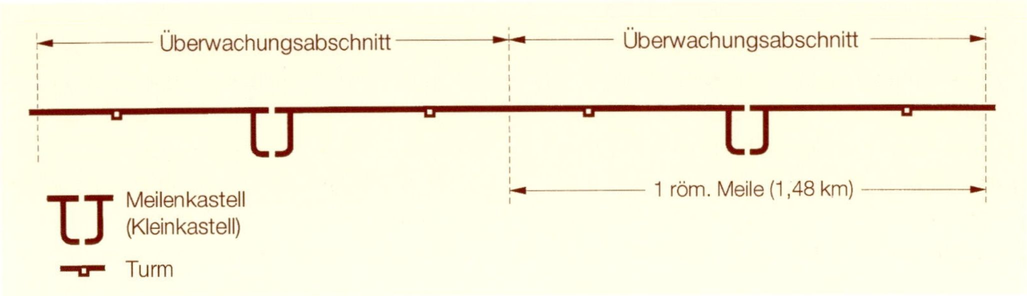

Abb. 12 Schema der Überwachungsabschnitte an der Hadriansmauer (unmaßstäblich).

sche der Gefolgsleute befriedigt werden konnten. Bemerkenswert ist, dass sich die Wirtschaftsweise der Germanen während der Dauer des Limes nicht änderte und sie keine Anregungen aus der überlegenen römischen Landwirtschaft übernahm.[31] So mussten die Gaben der munificentia durch bella et raptus – Kriegsbeute und Überfälle – außerhalb des Stammesgebiets erworben werden, wie es u. a. Caesar und Tacitus überliefert haben.[32] Die Überfälle in das Gebiet der römischen Grenzprovinzen waren eine Folge dieses sozialen Zwangs. Die Kopfzahl der Gefolgschaften war gering, auch aus Gründen der germanischen Subsistenzwirtschaft. H. Steuer hat versucht, ihre Anzahl aufgrund von Grabfunden abzuschätzen und kommt auf einen Umfang in der Größenordnung um zehn Mann.[33] Diese bildeten dann den Kern einer Unternehmung, dem sich eventuell einige weitere Stammesmitglieder anschließen konnten.[34] Die Gesamtzahl dürfte gering geblieben sein. Dem entsprach die römische Reaktion, in den Kleinkastellen mindestens so viele Soldaten bereitzuhalten.

Eine andere Reaktion Roms konnte darin bestehen, den Druck auf die Grenze durch Subsidienzahlungen oder wertvolle Geschenke an die germanische Oberschicht zu entschärfen. In einer konkreten historischen Situation konnte das billiger sein als die Kosten eines hohen Heeresaufgebots an der Grenze. Als Dauerlösung eigneten sich solche Maßnahmen aber nicht.

Überwachungsabschnitte an der Hadriansmauer?

In der ersten Bauphase (122–124 n. Chr.) war die Hadriansmauer nur mit Kleinkastellen (milecastles) und Wachtürmen besetzt.[35] Die größeren Auxiliareinheiten lagen zunächst nicht an der Mauer, sondern in Kastellen am Stanegate, einer römischen Militärstraße, die in geringer Entfernung (etwa 0,5–4 km) hinter der Mauer verlief. Zwischen den Kleinkastellen, die im Abstand von einer römischen Meile längs der Mauer aufgereiht waren, standen jeweils zwei Wachtürme, sodass die Abstände der Wachposten voneinander und von den Kleinkastellen stets etwa 500 m betrugen. Es erscheint naheliegend, einen Abschnitt der Hadriansmauer mit jeweils einem Meilenkastell und den zwei benachbarten Wachtürmen als einen Überwachungsabschnitt zu interpretieren, analog zur besprochenen Organisation des Obergermanischen Limes (Abb. 12). Für die Meilenkastelle der Hadriansmauer wäre dann eine ähnliche Funktion zu vermuten wie für die Kleinkastelle am Obergermanischen Limes.

Vielleicht gibt es sogar einen unmittelbaren Zusammenhang zwischen beiden Limites. Hadrian hatte sich schon vor seiner Erhebung zum Kaiser in Obergermanien aufgehalten, und zwar als Militärtribun der 22. Legion in Mainz (97/98 n. Chr.). Der im Aufbau begriffene Limes kann ihm in dieser Position nicht unbekannt geblieben sein,

32 Tac. Germ. 14,2–3: epulae et quamquam incompti, largi tamen apparatus pro stipendio cedunt. materia munificentiae per bella et raptus; „Festliche Gelage mit wohl schlichtem, aber doch reichlichem Aufwand dienen ihnen (den Gefolgsleuten) als Sold. Die Mittel für die Freigebigkeit werden durch Kriege und Raubzüge gewonnen"; Caes. Gall. 6,23,6: latrocinia nullam habent infamiam, quae extra fines cuiusque civitatis fiunt; (Die Germanen) „halten Raubüberfälle für keine Schande, wenn sie nur außerhalb des Stammesgebiets geschehen".
33 H. Steuer, RGA 10, 551.
34 Einen solchen Vorgang berichtet Caes. Gall. 23,7–8.
35 Breeze u. Dobson, Hadrian's Wall 26 f.

vielleicht hat er sich sogar besonders für dieses damals neuartige Projekt interessiert. Jedenfalls befasste er sich schon kurz nach dem Regierungsantritt mit den Reichsgrenzen, u. a. auch mit dem Obergermanischen Limes. Er ordnete nämlich für bestimmte Limesstrecken den Bau eines Palisadenzauns an, „um die Barbaren vom Reichsgebiet zu trennen".[36] Tatsächlich ist eine solche Limespalisade damals am Obergermanischen Limes errichtet worden. Eine neue dendrochronologische Auswertung von Palisadenhölzern ergab, dass Hadrian den Bau der Palisade spätestens 119 n. Chr. befohlen hat, also bald nach seiner Erhebung zum Kaiser.[37] Nur wenige Jahre darauf trat er seine große Reise durch die Provinzen des Imperiums an (121–125 n. Chr.). Sie führte zunächst nach Gallien (121/22). Von dort bereiste er die germanischen Provinzen und inspizierte intensiv die Grenztruppen.[38] Bei dieser Gelegenheit hat er sich wieder in Obergermanien aufgehalten und sicherlich dort auch den Limes und die neue Palisade in Augenschein genommen (122, erste Jahreshälfte).

Noch im gleichen Jahr 122 setzte der Kaiser mit Truppenbegleitung nach Britannien über und begab sich in die nördliche Grenzregion. Er fühlte sich wohl dazu verpflichtet, denn hier war es wenige Jahre zuvor, zur Zeit seines Regierungsantritts, zu Übergriffen der noch nicht unterworfenen Stämme Nordbritanniens gekommen.[39] Um den Norden der Insel endlich dauerhaft gegen solche Überfälle zu sichern, ließ er in diesem Jahr den Bau der gewaltigen Sperrmauer beginnen, von der sein später Biograf berichtet: „er ließ als erster eine Mauer über 80 Meilen errichten, die die Barbaren von den Römern trennen sollte".[40] Sie wurde nach der ursprünglichen Planung zunächst 3 m mächtig gebaut, was für ihren Zweck viel zu aufwendig war. Wollte der Kaiser sich damit ein Denkmal setzen oder die Bewohner Nordbritanniens mit der übergroßen bautechnischen Leistung einschüchtern? Ungewöhnlich ist auch der rigoros schematische Plan des Bauwerks, der nicht auf lokale Besonderheiten des Geländes eingeht. So lag z. B. unmittelbar vor dem Nordtor von MC 35 ein steil abfallender Felshang, sodass man es nie benutzen konnte. Die englische Forschung hat daher vermutet, der Kaiser selbst habe in die Planung eingegriffen: „this smacks of oversystematic planning, probably by Hadrian himself, with little attention to local topography".[41] Falls das zutrifft, dann hatte der Kaiser wohl das kolossale Idealbild einer trennenden Grenzscheide vor Augen, eine Architekturfantasie, die tatsächlich zu bauen er die Macht und die Mittel besaß. Auch anderwärts hat er eigene Architekturphantasien mit großem Aufwand realisiert. Berühmt dafür ist seine Villa bei Tivoli, die im Jahr 122 bereits im Bau war. Für die Organisation der Hadriansmauer in Überwachungsabschnitte könnte ihm der Obergermanische Limes als Muster gedient haben, so bescheiden er damals auch ausgestattet war.

Noch im Jahr 122 setzte der Kaiser seine große Reise fort. Die Hadriansmauer aber wurde schon kurz darauf während der noch laufenden Bauarbeiten von der Wirklichkeit eingeholt. Es zeigte sich, dass sie ihrer Aufgabe nur zum Teil gerecht wurde. Bedeutende bauliche Änderungen waren erforderlich, um das Bauwerk den tatsächlichen Bedingungen im Norden Britanniens anzupassen.[42]

Die überwachte Grenzlinie

Wenn die Vermutung über die Funktion der Kleinkastelle zutrifft, kam ihnen bei der Organisation des Obergermanisch-Raetischen Limes in Überwachungsabschnitte eine wesentliche Rolle zu. Wie das Zusam-

36 SHA Hadr. 12,6.
37 Bender, Palisadenfunde.
38 SHA Hadr. 10,2-11.
39 SHA Hadr. 5,2: bei Regierungsbeginn Hadrians „Britanni teneri sub Romana dicione non poterant".
40 SHA Hadr. 11,2.
41 Breeze u. Dobson, Hadrian's Wall 40.
42 Schon zwei Jahre nach Baubeginn wurde damit begonnen, die Auxiliarkastelle vom Stanegate direkt an die Mauer vorzuverlegen; dabei wurden einige bereits vorhandene Wachtürme und Meilenkastelle überbaut. Fast gleichzeitig oder nur wenig später entstand hinter der gesamten Länge der Mauer ein Erdwerk als Annäherungshindernis, das Vallum; es schützte die Mauer vor Überfällen von der Rückseite her. Diese Planänderungen waren mit großem Aufwand verbunden und verzögerten die Fertigstellung des gesamten Bauvorhabens. Dazu: Breeze u. Dobson, Hadrian's Wall 47–61.

menwirken mit den Einheiten in den größeren Kastellen im Einzelnen erfolgte, wäre gesondert zu betrachten. Eine wichtige Aufgabe kam der Reiterei zu, die in der Form von *alae, cohortes equitatae* und in Einheiten der *exploratores* am Limes reichlich vertreten war. Ihr Auftrag ist im Patrouillereiten an der Grenzlinie selbst, im Einsatz als Meldereiter und in der Vorfeldaufklärung zu sehen, womit sie die kleinen Einheiten in den Überwachungsabschnitten wesentlich unterstützte. Wurde ein Überfall gemeldet, so konnte eine berittene Einsatztruppe rasch zur Stelle sein.

Der Limes war lediglich eine dünn besetzte, überwachte Grenzlinie, aber kein Wehrbau zur Verteidigung des Reichs. Er bildete auch die Außengrenze der beiden Provinzen und hatte dadurch administrative Funktion, etwa zur Kontrolle des Grenzverkehrs. Nicht für den Krieg, sondern für den Frieden ist er errichtet worden. Die Notwendigkeit, ihn überhaupt zu bauen, erwuchs aus der archaischen Sozialstruktur der angrenzenden Germanenstämme, die sich trotz der Nähe der römischen Provinz auch kaum änderte. Sie führte zu einer andauernden Bedrohung der Provinzen durch Überfälle kleiner Germanengruppen, die nur durch ununterbrochene Wachsamkeit verhindert werden konnten. Der Limes hat seine Aufgabe effektiv erfüllt, sonst wären in seinem Schutz nicht bis in die Nähe der Grenzlinie römische Landgüter entstanden und über lange Zeit bewirtschaftet worden.

Größere Bewegungen und Angriffe germanischer Stämme auf die Provinzen waren selten und hatten andere als die geschilderten Ursachen. Kam es dann zum Krieg, hatte der Limes keine Bedeutung, denn die Kämpfe spielten sich in der Bewegung ab. Die beweglichen Einheiten der Auxiliartruppen – vor allem die Kavallerie – wurden von der Grenze abgezogen und kämpften im Verband mit den Legionen.[43] Diese Art der Grenzverteidigung brach erst zusammen, als in der Mitte des 3. Jahrhunderts Vexillationen des Grenzheeres häufiger und länger in Bürgerkriege und zur Verteidigung ferner Provinzen abgezogen und aufgerieben worden sind.

43 In diesen Zusammenhang gehört die Beobachtung von zwei dicht beieinander liegenden Kastellen („Doppelkastellen") am Limes – wie z. B. in Neckarburken – oder die Belegung eines Limeskastells mit zwei Auxiliareinheiten (z. B. Osterburken). Es scheint so gewesen zu sein, dass die Einheit mit dem niederen Rang für den unmittelbaren Wachdienst am Limes bestimmt war, während die andere in Bereitschaft lag. Sie konnte, falls erforderlich, für Einsätze in oder außerhalb der Provinz abgezogen werden. Die Überwachung des Limes brauchte dann nicht unterbrochen zu werden. Durch diese Einrichtung erhielt das Grenzheer eine höhere Mobilität. Dazu: Baatz, Keeping watch; ders. Grenzlinie, 65.

Prof. Dr. Dietwulf Baatz,
Mühltalstraße 9d, 64297 Darmstadt

Literaturverzeichnis

BAATZ, Keeping watch
D. Baatz, Keeping watch over the Limes. Arch. Aeliana 5. Ser. 25, 1997, 1–20.

BAATZ, Grenzlinie
D. Baatz, Die überwachte Grenzlinie. In: Limes Imperii Romani. Saalburg-Schr. 6 (Bad Homburg 2004) 55–66.

BECK u. PLANCK, Südwestdeutschland
W. Beck/D. Planck, Der Limes in Südwestdeutschland (Stuttgart 1980).

BENDER, Palisadenfunde
S. Bender, Palisadenfunde am Limes bei Hammersbach-Marköbel. HessenArchäologie 2002, 108-111.

BREEZE u. DOBSON, Hadrian's Wall
D.J. Breeze/B. Dobson, Hadrian´s Wall. 4. Auflage (London 2000).

v. CARNAP-BORNHEIM, Gefolgschaft
C. v. Carnap-Bornheim, Die germanische Gefolgschaft. Zur Interpretation der Mooropfer der jüngeren röm. Kaiserzeit in Südskandinavien. Peregrinatio Gothica 3 = Universitetets Oldsaksamlings Skrifter, Nye Rekke 14 (Oslo 1992) 45–52.

FLEER, Typisierung
Ch. Fleer, Typisierung und Funktion der Kleinbauten am Limes. In: Limes Imperii Romani. Saalburg-Schr. 6 (Bad Homburg 2004) 75–92.

JOHNSON, Kastelle
A. Johnson, Römische Kastelle (Mainz 1987).

KREUZ, Umbruch
A. Kreuz, Landwirtschaft im Umbruch. Archäobotanische Untersuchungen zu den Jahrhunderten um Christi Geburt in Hessen und Mainfranken. Ber. RGK 85, 2004 (2005) 97–292.

SCHALLMAYER, Kastelle
E. Schallmayer, Kastelle am Limes. In: E. Schallmayer (Hrsg.), Hundert Jahre Saalburg (Mainz 1997) 106–118.

SCHÖNBERGER, Künzing
H. Schönberger, Kastell Künzing-Quintana. Limesforsch. 13 (Berlin 1975).

SEITZ, Holzheimer Unterwald
G. Seitz, Das Kastell Holzheimer Unterwald. Arch. Denkmäler in Hessen 133 (Wiesbaden 1999).

SIMON, Degerfeld
H.-G. Simon, Das Kleinkastell Degerfeld in Butzbach. Saalburg-Jahrb. 25, 1968, 5–64.

STROBEL, Chattenkrieg
K. Strobel, Der Chattenkrieg Domitians. Historische und politische Aspekte. Germania 65, 1987, 423–452.

THIEL, Funktion
A. Thiel, Zur Funktion der Kleinkastelle am Obergermanischen Limes. Jahrb. Heimat- u. Altver. Heidenheim 10, 2003/2004, 69–77.

WOOLLISCROFT, Signalling
D. J. Woolliscroft, Roman Military Signalling (Stroud 2001).

Abbildungsnachweis

Abb. 1: G. Seitz; Abb. 2: Landesamt f. Denkmalpflege Baden-Württemberg;
Abb. 3–12: D. Baatz.

GRENZSCHUTZ DURCH GELD – SUBSIDIEN ALS INSTRUMENT RÖMISCHER SICHERHEITSPOLITIK

Von Marcus Reuter

Im Jahr 233 n. Chr. fielen germanische Kriegerscharen in das obergermanisch-raetische Limesgebiet ein und zerstörten zahlreiche Kastelle sowie Zivilsiedlungen; ein Ereignis, das zu Recht als eine der großen Zäsuren in der Geschichte der 550 km langen römischen Militärgrenze gilt. Obwohl die erhaltenen antiken Quellen über den Vorgang nur wenige konkrete Informationen enthalten[1] und auch die Archäologie vorläufig nur ein ungefähres Bild vom Ausmaß der Verwüstungen zu zeichnen vermag,[2] so schien der modernen Forschung die Ursache dieser Katastrophe doch zweifelsfrei festzustehen: Übereinstimmend ist in der einschlägigen Fachliteratur zu lesen, dass der feindliche Angriff eine Folge größerer Truppenabzüge am Limes gewesen sei, hervorgerufen durch die Vorbereitungen für den Perserfeldzug des Severus Alexander.[3]

Trifft diese Vermutung zu, dann wäre die über mehrere Generationen hinweg friedlich verlaufene Siedlungsentwicklung in den obergermanisch-raetischen Limesgebieten nur unter dem Schutz einer starken militärischen Grenzsicherung möglich gewesen. Oder anders formuliert: Allein die überlegene Schlagkraft der am Limes stationierten Truppen hielt die Germanen von Einfällen in römische Territorien ab.

Eine solche Sichtweise steht jedoch in deutlichem Gegensatz zu den Erkenntnissen der neueren Limesforschung, die in der römischen Militärgrenze in Südwestdeutschland heute „lediglich eine Demarkationslinie“[4] sieht, deren Hauptaufgabe in der „Abgrenzung sowohl unterschiedlicher Rechtszustände als auch Wirtschaftsräume“[5] bestand. Der Charakter der römischen Grenze zwischen Rhein und Donau wird daher allgemein nicht mehr als waffenstarrende Verteidigungslinie, sondern vielmehr als ein überwachtes Annäherungshindernis eingestuft. Diese Einschätzung beruht u. a. auch auf dem Umstand, dass die entlang dem Limes stationierten Auxiliarverbände personell viel zu schwach waren, um einem größeren auswärtigen Angriff wirkungsvoll begegnen zu können. Durch Außendienste in Wachtürmen und Kleinkastellen, durch Patrouillen, Abkommandierungen, Krankheit usw. war in den Garnisonsorten der Alen und Kohorten auch in Friedenszeiten nur ein sehr kleiner Teil der Truppe tatsächlich präsent. Mit diesen geringen Kräften war die Abwehr oder gar das Einkesseln angreifender germanischer Kriegergruppen, wie sich dies noch die ältere Limesforschung vorstellte, wohl nur in den seltensten Fällen möglich.

Außenpolitik

Wenn aber die militärischen Ressourcen der römischen Seite in der Regel zu kaum mehr als zu einer Überwachung der 550 km lan-

1 Den Schilderungen bei Herodian VI. 7, 2–10 ist lediglich zu entnehmen, dass der Rhein und die Donau von germanischen Angreifern überschritten wurden; eine präzisere Angabe der Örtlichkeit findet sich nicht.

2 Während die ältere Forschung den Schwerpunkt des Angriffes im raetischen Raum lokalisierte, verdichten sich zunehmend die Hinweise auf flächige Zerstörungen in der Wetterau sowie am Mainlimes; vgl. Steidl, Bucinobanten 22 f.

3 Siehe z. B. Braun u. a., Limes 29: „Wann immer die Truppen an der Nordgre nze durch Abkommandierungen zu Feldzügen im Orient oder zu Bürgerkriegen geschwächt waren, nützten die Germanen die Gunst der Stunde.“; Nesselhauf, Umriss 175: „Die Germanen pflegten für ihre Aktionen gegen das Imperium Zeiten auszuwählen, in denen römische Heere anderwärts gebunden und die ihnen gegenüber liegenden Fronttruppen durch den Abzug von Vexillationen geschwächt waren.“ oder Steidl, Wetterau, 108: „Ermöglicht durch Truppenabzüge des Severus Alexander für einen Krieg gegen die Perser hatten germanische Scharen in Obergermanien und Raetien weiträumig den Limes überrannt.“ oder Schönberger, Truppenlager 414: „Diese Schwächung [i. e. der Truppenabzug unter Severus Alexander] nutzten die Alamannen … 233 zu einer Invasion, die zum Teil weit in das Hinterland des Limes führte.“

4 von Schnurbein, Limesforschung 72 oder Thiel, Pfahlgraben 141.

5 Schallmayer u. a., RGA 405.

gen Limesstrecke ausreichten, dann ist zu fragen, wie Rom die Sicherheit seiner Grenzprovinzen über einen langen Zeitraum hinweg so erfolgreich gewährleisten konnte. Die Antwort auf diese Frage ist, wie im Folgenden gezeigt werden soll, weniger im militärischen Sektor als vielmehr in außenpolitischen Aktivitäten Roms zu suchen, zumal das Imperium seit jeher versuchte, sowohl offen als auch verdeckt auf die im Vorfeld des Reiches siedelnden Stämme einzuwirken und dort eigene Interessen durchzusetzen.[6]

Zu dieser Einflussnahme gehörte auch der Einsatz spezieller Verbindungsoffiziere, der sog. *praefecti gentis,* die zu den im Vorfeld der Grenzen siedelnden Stämmen Kontakt hielten, und die wir vor allem vom nordafrikanischen Saharalimes kennen.[7] Von den römischen Militärgrenzen in den nordwestlichen Provinzen sind solche Soldaten epigrafisch bislang nicht bekannt geworden, doch wissen wir, dass auch hier römische Amtsträger im Vorfeld der *limites* politisch aktiv waren.[8] Die Verträge, die man mit einzelnen Stammesführern abschloss, waren allerdings nicht an eine bestimmte Laufzeit, sondern nach germanischer Vorstellung allein an die Person des Häuptlings sowie an die des römischen Kaisers gebunden.[9] Beim Tod eines der Beteiligten erlosch folglich der Kontrakt; er konnte aber von den Rechtsnachfolgern bei gegenseitigem Interesse auch verlängert werden. Für Rom ebenfalls nicht ganz unproblematisch war der Umstand, dass die Entscheidungsgewalt der germanischen Fürsten gegenüber ihrem Volk keineswegs unumschränkt war: Volksversammlungen, aber auch einflussreiche Personenkreise konnten bei internen Interessenkonflikten durchaus ihren Willen gegen den des Stammesführers durchsetzen.[10]

In den Beziehungen Roms zu den im Vorfeld des Imperiums lebenden Barbarenvölkern scheint dagegen die Zahlung von regelmäßigen Jahresgeldern während der frühen Kaiserzeit zunächst noch eine eher untergeordnete Rolle gespielt zu haben. Rom als militärisch überlegene Macht sah damals in Abhängigkeitsverhältnissen, der Stellung von Geiseln, vor allem wohl aber auch im Handel geeignete Instrumente, um im Vorfeld des Imperiums politischen Einfluss zu nehmen. Untersuchungen an der Fundverteilung römischer Exportgüter (Bronzegefäße, Terra Sigillata) im Barbaricum legen nämlich nahe, dass die Ausfuhr römischer Waren keineswegs zu allen Zeiten und an allen Orten denselben staatlichen Rahmenbedingungen unterworfen war. Man darf daher vermuten, dass den Handelsaktivitäten wohl spezielle Abkommen mit den einzelnen Volksgruppen zugrunde lagen, die u. U. regional sehr unterschiedlich gestaltet sein konnten. Im Vorfeld des nördlichen Limesabschnittes der Provinz Germania inferior etwa brach um 200 n. Chr. die Einfuhr römischer Waren fast schlagartig ab, obwohl die germanischen Siedlungen in dem betreffenden Gebiet nachweislich weiter bestanden; ein Phänomen, das mit den Auswirkungen einer veränderten römischen Vorfeldpolitik erklärt wurde.[11]

Subsidienzahlungen

Die Gewährung von regelmäßigen Subsidienzahlungen an die Barbaren scheint, wie bereits erwähnt, in der frühen Kaiserzeit noch den Ausnahmefall dargestellt zu haben. Ein recht charakteristisches Zeugnis römischer Grenzpolitik des 1. Jahrhunderts spiegelt sich in der Tätigkeit des Ti. Plautius Silvanus Aelianus als Statthalter in der Provinz Moesien ab etwa 57 n. Chr. wider. In seiner Grabinschrift heißt es u. a.:

„[…]. In dieser Provinz ließ er mehr als hunderttausend Bewohner von jenseits der Donau, damit sie (künftig) Tribut zahlten, zusammen mit ihren Frauen, Kindern, Stammesfürsten und Königen herüberbringen; als ein Aufstand der Sarmaten entstand, schlug er ihn nieder, obwohl

6 Kehne, Formen 432–451.
7 Leveau, Afrique; Kotula, Principes.
8 Vgl. z. B. die Weihung eines britannischen Statthalters anlässlich einer glücklich beendeten Angelegenheit, die dieser jenseits des Hadrianswalles zu absolvieren hatte. Die Wortwahl *„ob res trans vallum prospere gestas"* (RIB 2034 aus Stanwix) deutet eher auf ein diplomatisches, weniger auf ein militärisches Unternehmen hin.
9 Masur, Verträge 150–153.
10 Beispiele dafür nennt Masur, Verträge 155–161.
11 Erdrich, Barbaren 127.

er einen großen Teil seines Heeres zu einem Feldzug gegen Armenien geschickt hatte; Könige, die vorher dem römischen Volke nicht bekannt oder feindlich gesinnt waren, ließ er an das Ufer (der Donau) führen, das er verteidigte, damit sie den römischen Feldzeichen ihre Anerkennung erwiesen; den Königen der Bastarner und Roxolanen schickte er ihre Söhne, dem der Daker seine Brüder zurück, die er gefangen genommen oder ihren Feinden entrissen hatte; von einigen Königen erhielt er Geiseln; durch diese Maßnahmen stärkte er den Frieden der Provinz [...]."[12]

Der Text nennt nahezu alle Optionen damaliger römischer Vorfeldpolitik:
- die Aufnahme barbarischer Völker in das Imperium Romanum,[13]
- die militärische Besiegung feindlich gesinnter Volksstämme,
- die Demonstration militärischer Stärke auch vor friedlichen Völkerschaften,
- die Gewährung von Gunst- und Gnadenbeweisen an ausgewählte Stämme,
- das Einfordern von Geiseln bestimmter Völker im Vorfeld des Reiches.

Von der Gewährung regelmäßiger Jahresgelder an im Vorfeld siedelnde Volksstämme ist im *cursus* des Plautius bezeichnenderweise (noch?) nicht die Rede und auch sonst finden sich in den schriftlichen Quellen des 1. und 2. Jahrhundert n. Chr. nur verhältnismäßig wenige Belege für römische Subsidienzahlungen:[14] So soll Domitian dem Dakerkönig Decebalus Jahresgelder für übernommenen Grenzschutz gewährt haben;[15] später hat Traian dem König der Roxolanen offenbar eine jährliche Geldsumme für die Flankensicherung Dakiens zukommen lassen, die auch unter seinem Nachfolger Hadrian – allerdings in vermindertem Umfang – weitergezahlt worden sein soll.[16] Unter Commodus flossen dann offenbar erneut größere Finanzmittel an Barbarenstämme nördlich der Donau, wobei es sich jedoch um keine regelmäßigen Zahlungen gehandelt zu haben scheint.[17]

Ab dem ausgehenden 2., spätestens aber im frühen 3. Jahrhundert scheint jedoch die Gewährung von regelmäßigen Subsidien einen immer größeren Umfang angenommen zu haben, denn bereits Caracalla sah sich dem Vorwurf ausgesetzt, dass die Unkosten des römischen Staates für Tributzahlungen an die Barbaren höher seien als die Ausgaben für den eigenen Militärapparat.[18] Zwar mag diesen Zahlungen die Erkenntnis zugrunde gelegen haben, dass das „Kaufen" der barbarischen Oberschichten bei weitem billiger war als die endlosen Grenzstrecken des Imperiums dauerhaft mit starken militärischen Kräften zu sichern, doch war die Gewährung von Subsidien für manche römischen Zeitgenossen nur schwer mit dem Anspruch einer militärischen Weltmacht vereinbar.[19] Andererseits erkannte man in den Zahlungen ein ideales Instrument, um die Barbaren – die man ohnehin als geldgierig einschätzte – im Sinne römischer Interessen zu beeinflussen.[20]

Im 3. und 4. Jahrhundert jedenfalls spielten Jahresgelder in der Vorfeld- und Sicherheitspolitik Roms eine immer größere Rolle. Dazu hat sicher auch die allmähliche Verschiebung der Kräfteverhältnisse zwischen Rom und den Barbaren – hervorgerufen durch das zunehmende militärische Erstarken der im Vorfeld des Imperiums lebenden Völker – beigetragen. Die Gewährung von Jahresgeldern an einzelne Stämme setzte zudem bei den benachbarten Völkern nicht selten Neidgefühle und Begehrlichkeiten frei, sodass diese nun ihrerseits versuchten, mit offenen Kriegsdrohungen von Rom jährliche Subsidienzahlungen zu erpressen.

12 CIL XIV 3608 = ILS 986. Übersetzung nach Freis, Inschriften 16, Nr. 13.
13 Wolfram, Aufnahme; Wolters, Mobilität; Welwei, Ansiedlungspolitik; Stahl, Abgrenzung.
14 Vgl. hierzu vor allem Gordon, Subsidization; ders., Defence oder Saddington, Attitudes.
15 Cassius Dio 68, 6.1.
16 SHA Hadrianus VI. 8.
17 Herodian I. 6, 9 und Cassius Dio 73, 6.1 überliefern, dass der Friedensschluss des Commodus mit den germanischen Stämmen nördlich der Donau durch Geldzahlungen erkauft wurde.
18 Cassius Dio 78, 17. 3. Siehe dazu auch Pekáry, Währungsgeschichte 472 u. 482.
19 Scardigli, Subsidienzahlungen 644–653.
20 Herodian VI.7, 9. („Tribute überzeugen die Germanen am ehesten, sie sind geldgierig und verkaufen den Römern den Frieden für Gold").

Auf diese Weise gelangten etwa die Chauken während der Regierungszeit Caracallas in den Genuss der begehrten römischen Jahresgelder.[21] Manchmal erhielten barbarische Volksstämme die gewünschten Jahrestribute aber erst nach Einfällen in römische Siedlungsgebiete: So erfolgte etwa der Abzug von eingedrungenen Goten aus der Provinz *Moesia inferior* im Jahr 238 n. Chr. erst nach der römischen Zusage, den Angreifern von nun an jährliche Subsidienzahlungen zu leisten[22].

Auch die bereits unter den Severern gewährten jährlichen Tribute Roms an Armenien[23] sind auch unter der Herrschaft des Philippus Arabs weiter gezahlt worden; dies lässt sich jedenfalls aus dem Text der berühmten Felsinschrift Shapur I. erschließen.[24] Ebenso sind für die Regierungszeit des Trebonianus Gallus Zahlungen von Jahresgeldern bezeugt, die die siegreichen Goten nach der römischen Niederlage bei Abrittus erhielten.[25]

Besonders zahlreiche Belege ähnlicher Vorgänge finden sich in der römischen Geschichtsschreibung für die zweite Hälfte des 3. Jahrhunderts, als Rom in einer Phase militärischer Schwäche nur in Ausnahmefällen die Geldforderungen auswärtiger Stämme zurückweisen konnte.[26] In welcher Form solche Zahlungen erfolgten, zeigt das Auftreten einer iuthungischen Gesandtschaft vor Kaiser Aurelian, die bei dem römischen Imperator wegen der Gewährung von Subsidien vorsprach. In diesem Zusammenhang erinnerte der Sprecher der Iuthungen daran, dass bereits in früheren Jahren Zahlungen an seinen Stamm erfolgt seien – und zwar in Form von gemünztem und ungemünztem Gold und Silber.[27]

Trotz der inhaltlich recht knapp gehaltenen Quellen zu den römischen Subsidienzahlungen ist unübersehbar, dass sich der Charakter der Jahresgelder im Verlauf der ersten drei nachchristlichen Jahrhunderte deutlich zuungunsten Roms verändert hat: anfänglich nur an wenige Völker und diesen nur für die Übernahme von konkret definierten (Schutz-)Leistungen für das Imperium gewährt, wandelten sich die Zahlungen immer mehr zu einer allgemein gezahlten, einseitigen Jahresgabe, bei deren Ausbleiben die barbarischen Völker Rom umgehend mit kriegerischen Einfällen drohten.

Der Germaneneinfall 233 n. Chr.

Kehren wir nach diesen Ausführungen wieder an den Obergermanisch-Raetischen Limes und zur Frage nach den Ursachen des Germaneneinfalls im Jahr 233 n. Chr. zurück. Ob die vorübergehende Schwächung des römischen Grenzheeres tatsächlich Auslöser für die damaligen kriegerischen Ereignisse war, ist zwar denkbar, zwingend erscheint diese Möglichkeit jedoch nicht. Hätten nämlich die germanischen Angreifer tatsächlich nur „die Gunst der Stunde“ genutzt, so ist zu fragen, warum es nicht schon in früheren Jahren zu Plünderungszügen in das Limesgebiet gekommen ist. Die Situation einer vorübergehend militärisch geschwächten Grenzprovinz war im Jahr 233 n. Chr. jedenfalls nicht grundsätzlich neu: Vexillationen aus Obergermanien oder Raetien fochten im 2. und 3. Jahrhundert immer wieder auf verschiedenen Kriegsschauplätzen außerhalb ihrer Heimatprovinzen,[28] ohne dass es sofort zu Einfällen durch barbarische Volksstämme kam – ganz offensichtlich existierten hier längerfristige vertragliche Abkommen mit den im Vorfeld des Limes siedelnden Personengruppen. Wie diese Vereinbarungen konkret aussahen, wis-

21 Cassius Dio 77, 14.3.
22 Petrus Patricius Frag. 8.
23 Cassius Dio 79, 27.4.
24 Dodgeon u. Lieu, Persian Wars 45 mit 358, Nr. 27.
25 Zosimus I 24, 2.
26 Vgl. z. B. Zosimus I 30.3 (Germanenverträge des Gallienus) oder Dexippos Frag. 7 und SHA Aurelianus 22.2 (Germanenverträge des Aurelian).
27 Dexippos Frag. 6. Zu dieser Stelle siehe auch Stickler, Iuthungi 244. Auch Herodian VI. 7.9 (vgl. Anm. 20) spricht von Gold, das an die Barbaren gezahlt werde; vgl. ferner auch Tacitus, Germ. XV, 2 u. XLII, 8 sowie ders., Ann. XI, 16.3.
28 Unter Antoninus Pius etwa nahmen obergermanische Soldaten an der Niederschlagung eines sich länger hinziehenden Maurenaufstandes in Nordafrika teil, während sich ungefähr zur selben Zeit auch in Britannien Abordnungen aufhielten; unter Marc Aurel kämpften größere Detachements im Markomannenkrieg und auch unter Septimius Severus wurden wiederholt starke Vexillationen aus den Provinzarmeen für auswärtige Kriegseinsätze abkommandiert.

sen wir leider nicht. Analog zu den im nördlichen Niedergermanien gemachten Beobachtungen darf man aber vermuten, dass es im Limesvorfeld eine Anzahl von verschiedenen Verträgen und Abkommen mit kleineren Siedlungsgruppen gegeben hat. Besonders ab dem 3. Jahrhundert könnten auch am Obergermanisch-Raetischen Limes, vor dem Hintergrund der allgemeinen Entwicklung bei den Subsidien, Geldzahlungen eine immer größere Rolle gespielt haben. Könnten hier die Ursachen des verheerenden Einfalls von 233 n. Chr. zu suchen sein? Die Möglichkeit, dass vertraglich vereinbarte Leistungen – sei es finanzieller oder auch anderer Art – von der römischen Seite gegenüber einzelnen barbarischen Stämmen nicht eingehalten wurden, kann wohl ebenso viel Wahrscheinlichkeit beanspruchen wie die Annahme, dass die Truppenabzüge des Severus Alexander unmittelbarer Auslöser des Einfalls gewesen seien.

Aber auch noch eine dritte Möglichkeit scheint denkbar: Da wir über die geografische Herkunft der germanischen Angreifer bislang keine konkreten Informationen besitzen, ist es durchaus möglich, dass die Invasoren nicht aus dem unmittelbaren Vorfeld des Limes,[29] sondern eventuell auch von weiter entfernten Siedlungsräumen stammten. Dies war etwa bei den Markomannenkriegen unter Marc Aurel der Fall.[30] Tatsächlich scheinen ab dem frühen 3. Jahrhundert zunehmend elbgermanische Siedler in einzelne Regionen des Limesvorfeldes eingewandert zu sein, die bis zu diesem Zeitpunkt ausschließlich von rhein-weser-germanischen Personengruppen bewohnt wurden. Über das Verhältnis der alteingesessenen Bevölkerung zu den Neuankömmlingen wissen wir leider nichts. Welche Haltung Rom zu den sicher nicht unbemerkt gebliebenen Veränderungen im näheren Vorfeld seiner Grenzen einnahm, bleibt ebenso unbekannt. Es erscheint jedoch schwer vorstellbar, dass die Sesshaftwerdung kleinerer elbgermanischer Gruppen im Vorfeld des Limes unmittelbarer Auslöser des Germaneneinfalls von 233 n. Chr. war.

Wie bereits erwähnt, kann derzeit nicht ausgeschlossen werden, dass der Angriff von Germanen aus weiter östlich gelegenen Siedlungsgebieten erfolgte, mit denen möglicherweise keine vertraglichen Abkommen bestanden haben. Sollten jedoch auch germanische Krieger aus dem näheren Limesvorfeld an den Raubzügen beteiligt gewesen sein – worauf auch der geografische Verlauf des späteren römischen Rachefeldzuges unter Maximinus Thrax hindeuten könnte – dann müsste als Auslöser des Einfalls auch ein Vertragsbruch der römischen Seite in Betracht gezogen werden. In diesem Fall hätte das diplomatische Sicherheitssystem, das Rom im Vorfeld seiner *limites* aufgebaut hatte (E. Kornemann prägte vor vielen Jahren den treffenden Begriff der „unsichtbaren Grenzen des römischen Kaiserreiches“[31]), versagt.

Dr. Marcus Reuter, Archäologischer Park,
Trajanstraße 4, 46509 Xanten

29 Kiechle, Translimitana; neuere Befunde einer germanischen Besiedlung des Limesvorlandes finden sich bei Schallmayer u. Fischer, Usingen und Schunk-Larrabee u. Schunk, Butzbach.
30 Kehne, Ursachen 41: „Für erste Störungen des Provinzialfriedens sorgten nicht die alten Randvölker, sondern Volksgruppen, die zuvor im Innern Germaniens ansässig waren. Die Quellen nennen u. a. Langobarden, Obier, Astingen, Lakringen, Halani, Kotiner, Viktualen und Kostoboken. [...]. Die Neuankömmlinge sind daher als auslösende Momente einer Krise einzustufen, die ihr gefährliches Ausmaß erst durch die direkte Konfrontation mit den Randstämmen erreichte.“
31 E. Kornemann, Die unsichtbaren Grenzen des römischen Kaiserreiches. In: ders., Staaten, Völker, Männer (Leipzig 1934) 96–116.

Literaturverzeichnis

BRAUN u. a., Limes
R. Braun/Th. Fischer/J. Garbsch, Der römische Limes in Bayern. 100 Jahre Limesforschung. Ausstellungskat. Prähist. Staatssammlung München 22 (München 1992).

DODGEON u. LIEU, Persian Wars
M. H. Dodgeon u. S. M. C. Lieu, The Roman Eastern Frontier and the Persian Wars (AD 226–363) (London, New York 1991).

ERDRICH, Barbaren
M. Erdrich, Rom und die Barbaren. Das Verhältnis zwischen dem Imperium Romanum und den germanischen Stämmen vor seiner Nordwestgrenze von der späten römischen Republik bis zum Gallischen Sonderreich. Röm.-Germ. Forsch. 58 (Mainz 2001).

FREIS, Inschriften
H. Freis, Historische Inschriften zur römischen Kaiserzeit (Darmstadt 1984).

GORDON, Defence
C. D. Gordon, Subsidies in Roman Imperial Defence. Phoenix 3, 1949, 60–69.

GORDON , Subsidization
C. D. Gordon, The Subsidization of Border Peoples as a Roman Policy in Imperial Defence (Diss. Univ. Michigan 1948).

KEHNE, Formen
P. Kehne, Formen römischer Außenpolitik in der Kaiserzeit. Die auswärtige Praxis im Nordgrenzenbereich auf das Vorfeld (Diss. [Microfilm] Hannover 1989).

KEHNE, Ursachen
P. Kehne, Das Instrumentarium kaiserzeitlicher Außenpolitik und die Ursachen der Markomannenkriege. In: H. Friesinger, J. Tejral u. A. Stuppner (Hrsg.), Markomannenkriege. Ursache und Wirkungen (Brno 1994) 39–50.

KIECHLE, Translimitana
F. Kiechle, Das Giessener Gräberfeld und die Rolle der regio Translimitana in der römischen Kaiserzeit. Historia 11, 1950, 171–191.

KOTULA, Principes
T. Kotula, Les Principes gentis et les Principes civitatis en Afrique romaine. Eos 55, 1965, 347–365.

LEVEAU, Afrique
P. Leveau, L'aile II des Thraces, la tribu des Mazices et les praefecti gentis en Afrique du Nord. Ant. Africaines 7, 1973, 153–192.

MASUR, Verträge
I. Masur, Die Verträge der germanischen Stämme (Diss. Berlin 1952).

NESSELHAUF, Umriss
H. Nesselhauf, Umriss einer Geschichte des obergermanischen Heeres. Jahrbuch RGZM 7, 1960.

PEKÁRY, Währungsgeschichte
Th. Pekáry, Studien zur römischen Währungs- und Finanzgeschichte von 161–235 n. Chr. Historia 8, 1959, 443–489.

SADDINGTON, Attitudes
D. B. Saddington, Roman Attitudes to the Externae Gentes of the North. Acta Classica 4, 1961, 90–102.

SCARDIGLI, Subsidienzahlungen
B. Scardigli, Subsidienzahlungen in der antiken Geschichtsschreibung. In: P. Kneissl u. V. Losemann (Hrsg.), Imperium Romanum. Studien zu Geschichte und Rezeption. Festschrift für Karl Christ zum 75. Geb. (Stuttgart 1998).

SCHALLMAYER u. a., RGA
E. Schallmayer/M. Becker/W. Schmidt, Limes. In: Reallexikon der Germanischen Altertumskunde Bd. 18 (Berlin, New York 2001) 403–442.

SCHALLMAYER u. FISCHER, Usingen
E. Schallmayer u. N. Fischer, Usingen „Auf der Beund" – Germanisches Grubenhaus und karolingischer Herrenhof. Hessenarchäologie 2002 (Stuttgart 2003), 95–99.

SCHÖNBERGER, Truppenlager
H. Schönberger, Die römischen Truppenlager der frühen und mittleren Kaiserzeit zwischen Nordsee und Inn. Ber. RGK 66, 1985, 321–497.

SCHUNK-LARRABEE u. SCHUNK, Butzbach
G. Schunk-Larrabee u. W. Schunk, Eine rhein-weser-germanische Siedlung bei Butzbach-Kirch-Göns. Hessenarchäologie 2001 (Stuttgart 2002), 118f.

STAHL, Abgrenzung
M. Stahl, Zwischen Abgrenzung und Integration: Die Verträge der Kaiser Marc Aurel und Commodus mit den Völkern jenseits der Donau. Chiron 19, 1989, 289–317.

STEIDL, Bucinobanten
B. Steidl, Vom römischen Provinzterritorium zum Siedlungsgebiet der alamannischen Bucinobanten. Die Wetterau im 3. Jahrhundert n. Chr. In: E. Schallmayer (Hrsg.), Niederbieber, Postumus und der Limesfall. Stationen eines politischen Prozesses. Saalburg-Schriften 3 (Bad Homburg 1996) 22–30.

STEIDL, Wetterau
B. Steidl, Die Wetterau vom 3. bis 5. Jahrhundert (Wiesbaden 2000).

STICKLER, Iuthungi
T. Stickler, Iuthungi sive Semnones. Zur Rolle der Iuthungen bei den römisch-germanischen Auseinandersetzungen am Raetischen Limes in der Zeit zwischen Gallienus und Aurelian. Bayer. Vorgeschbl. 60, 1995, 231–249.

THIEL, Pfahlgraben
A. Thiel, Pfahlgraben und Teufelsmauer. In: Imperium Romanum. Roms Provinzen an Neckar, Rhein und Donau. Begleitband zur Großen Landesausstellung Baden-Württemberg 2005 (Stuttgart 2005) 134–141.

VON SCHNURBEIN, Limesforschung
S. v. Schnurbein, Perspektiven der Limesforschung. In: Der römische Limes in Deutschland. Archäologie in Deutschland – Sonderheft 1992 (Stuttgart 1992) 71–88.

WELWEI, Ansiedlungspolitik
K. W. Welwei, Zur Ansiedlungspolitik Mark Aurels. Bonner Jahrb. 186, 1986, 285–290.

WOLFRAM, Aufnahme
H. Wolfram, Die Aufnahme germanischer Völker ins Römerreich: Aspekte und Konsequenzen. In: Popoli e paesi nelle cultura altomedievale (Spoleto 1983) 85–117.

WOLTERS, Mobilität
R. Wolters, Germanische Mobilität und römische Ansiedlungspolitik: Voraussetzungen und Strukturen germanischer Siedlungsbewegungen im römischen Grenzland. In: Th. Grünewald (Hrsg.), Germania inferior. Besiedlung, Gesellschaft und Wirtschaft an der Grenze der römisch-germanischen Welt. RGA-Ergänzungsband 28 (Berlin, New York 2001) 146–168.

DER BLICK ÜBER DEN »ZAUN«: DIE GERMANEN IM VORFELD DES LIMES FREUNDE – FEINDE – IGNORANTEN?

Von Bernd Steidl

Es ist eine alte Gewohnheit, die Behandlung der Geschichte Obergermaniens und Raetiens auf die jeweiligen römischen Provinzterritorien zu beschränken. Selbst die Beschäftigung mit dem engeren Limesgebiet und den dort befindlichen militärischen und zivilen Einrichtungen unmittelbar an der Grenze ist erstaunlicherweise kaum jemals mit einem Blick über die Demarkationslinie hinweg in die benachbarten Siedlungsgebiete der Germanen verbunden. Dies ist umso verwunderlicher, wenn man bedenkt, dass die Einrichtung des Limes mit seiner für Rom kostspieligen Überwachung zu keinem anderen Zweck diente, als eben jene Germanen von den Provinzen zu trennen. Man wird behaupten können, dass die Entwicklungsgeschichte der beiden Grenzprovinzen ohne die Kenntnis des Geschehens auf germanischer Seite, die wirtschaftlichen Verflechtungen, Abhängigkeiten und Wechselwirkungen nur unvollständig verstanden werden kann. Das berühmte antike Zitat aus der Historia Augusta, v. Hadr. 12,6 *„per ea tempora et alias frequenter in plurimis locis, in quibus barbari non fluminibus sed limitibus dividuntur, stipitibus magnis in modum muralis saepis funditus iactis atque conexis barbaros separavit“* („Um diese Zeit wie auch sonst öfter, schied er in sehr vielen Gegenden, in denen die Barbaren nicht durch Flüsse, sondern durch Grenzwege von uns getrennt sind, die Barbaren durch ein System großer Pfähle, die in der Art einer Mauer tief in die Erde gerammt und dicht miteinander verbunden waren.“) allein setzt voraus, dass schon frühzeitig Kontakte irgendwelcher Art zwischen beiden Seiten bestanden haben müssen, die Hadrian mit dem Bau der Palisade einzuschränken gedachte. Der Limes als Kanalisierungsinstrument für Bewegungen an der Grenze und nicht als strenge Völkerscheide ist in dieser Funktion längst erkannt. Schon die zahlreichen von Rom militärisch überwachten Übergangsstellen legen ein klares Zeugnis hierfür ab. Weder endeten Roms Interessen am Limes, noch beschränkten sich die Aktivitäten der Germanen auf das Land jenseits davon. Die erhaltenen literarischen Quellen indes schweigen sich über Details des Verhältnisses beider Gesellschaften zueinander fast vollständig aus. Das gilt besonders für die Bestehenszeit des Obergermanischen und Raetischen Limes. Erst die kriegerischen Übergriffe von germanischer Seite ab der zweiten Hälfte des 2. Jahrhunderts und die römischen Gegenschläge spiegeln sich in der einen oder anderen Erwähnung, ohne allerdings auch nur annähernd ein vollständiges Bild zu vermitteln.[1]

Römisch-germanische Interaktionen

Schon die vorlimeszeitlichen Verhältnisse des 1. Jahrhunderts in den Schilderungen der Germania des Tacitus lassen vereinzelt Auswirkungen der kulturellen Dominanz Roms bei den Germanen – insbesondere der grenznahen Regionen – erkennen, so beispielsweise im Konsum von Wein, der Akzeptanz bestimmter Silbermünzen oder im militärischen Drill bei den Chatten.[2]

Will man aber den Charakter und Umfang römisch-germanischer Interaktionen der Limeszeit im Umfeld Obergermaniens und Raetiens näher erfassen und beschreiben, ist man weitestgehend auf die archäologischen Quellen angewiesen. Sie können Einblicke in den Handel und die Mobilität von Menschen, in technologische

1 Zusammenstellungen bei Riese, Literatur; Dirlmeier u. Gottlieb, Quellen.
2 Tacitus, Germ. 5; 23; 30.

und landwirtschaftliche Informationstransfers und in Wandlungsprozesse geben, die direkt oder indirekt durch die Verhältnisse auf der anderen Seite bedingt sind.

Dies in der Germania für einen größeren Raum im Winkel zwischen dem Obergermanischen und dem Raetischen Limes zu untersuchen, war Ziel eines Teilprojektes innerhalb des DFG-Schwerpunktprogramms „Romanisierung" in den Jahren 1994–1998.[3] Die Arbeiten werden derzeit im Rahmen des Projektes „Corpus der römischen Funde im mitteleuropäischen Barbaricum" fortgesetzt und ergänzt. Betrachtungsgebiet ist hierbei und auch in den folgenden Ausführungen der Raum zwischen Spessart und Steigerwald, also jene seit langem bekannte germanische Siedlungskammer um das Maindreieck, die durch vergleichsweise günstige klimatische Bedingungen und gute bis sehr gute landwirtschaftliche Voraussetzungen geprägt ist. Zugleich handelt es sich um die bedeutendste germanische Besiedlungsverdichtung im unmittelbaren Limesvorfeld (Abb. 1).[4]

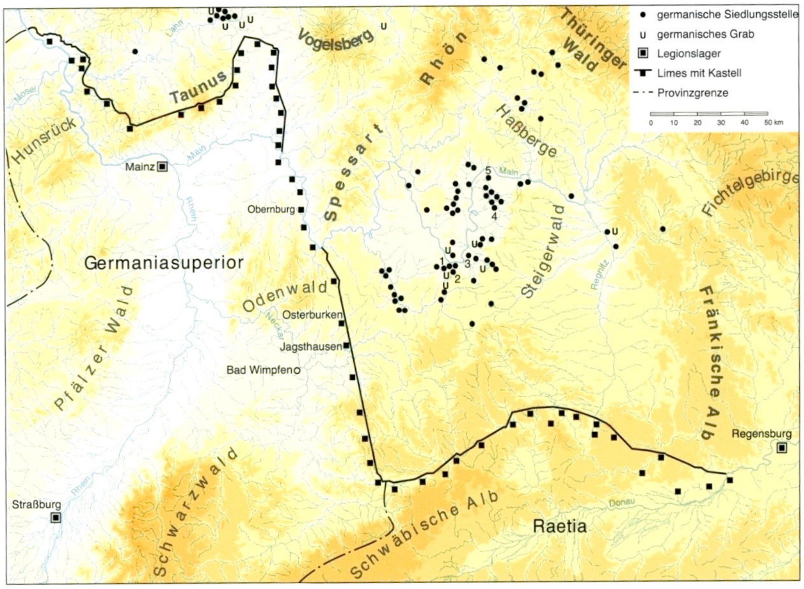

Abb. 1 Die germanischen Siedlungsgebiete im Vorfeld des obergermanischen und raetischen Limes in der zweiten Hälfte des 2. und im 3. Jahrhundert n. Chr. mit den im Text erwähnten Orten. 1 Gaukönigshofen, 2 Hopferstadt, 3 Michelfeld, 4 Frankenwinheim, 5 Schwebheim.

Im Gegensatz zur verhältnismäßig großen Zahl an Fundstellen des 1.–3. Jahrhunderts und dem von dort bekannten reichen Bestand an Lese- und Einzelfunden, sind die Ergebnisse aus systematischen Ausgrabungen leider noch immer außerordentlich dürftig. Damit sind der Behandlung mancher Fragen enge Grenzen gesetzt.

Der Schwerpunkt der Analysen muss sich zwangsläufig auf den kontextlosen Fundstoff stützen.[5] Dass dieser dennoch ein hohes Maß an Information liefern kann, aufgrund seiner großen Zahl sogar weniger den verzerrenden Faktoren der Fundüberlieferung ausschnitthaft ergrabener Plätze unterworfen ist, werden die folgenden Ausführungen deutlich machen können.

Betrachtet man den Fundstoff zur Gänze, fällt in chronologischer Hinsicht ein erhebliches Anwachsen in der zweiten Hälfte des 2. Jahrhunderts auf. Dieses Bild wird einerseits durch die Objekte römischer Herkunft bestimmt, die eine für diese Fragestellung ausreichend präzise Datierung zulassen. Aber auch die germanischen Hinterlassenschaften widersprechen dem bisher nicht: Weder im Spektrum der Fibeln noch unter den Keramikfunden lassen sich im Untersuchungsraum Formen der nachaugusteischen bis hadrianisch-frühantoninischen Zeit in merklicher Zahl nachweisen, ganz im Gegensatz zu den nördlich anschließenden Landschaften am Oberlauf von Werra und fränkischer Saale zwischen Rhön und Thüringer Wald.[6] Daraus jedoch auf eine Besiedlungsleere am Maindreieck bis zur Mitte des 2. Jahrhunderts zu schließen, ist sicher verfehlt. Von einer danach einsetzenden starken Bevölkerungszunahme und Besiedlungsverdichtung ist aber ohne Zweifel auszugehen. Auffällig ist hierbei die zeitliche Parallelität zur Vorverlegung des Obergermanischen Limes auf die vordere Linie um 160 n. Chr. Ob ein direkter Zusammenhang mit diesen römischen Aktivitäten bestanden hat, ist derzeit nicht zu klären. Von römischer Seite gesteuerte Ansiedlung germanischer Gruppen oder Zuwanderung aufgrund gewachsener wirtschaftlicher Attraktivität in der mittlerweile grenznahen Region könnten als alternative Erklärungsmöglichkeiten dienen.

3 Steidl, Gaukönigshofen; ders. Maindreieck; ders. Besiedlung.
4 Pescheck, Bodenfunde.
5 Hoffmann, Unterfranken.
6 Völling, Eggolsheim, 127 f.; Steidl, Maindreieck 169.

Der germanische Fundstoff gehört dem Rhein-Weser-germanischen Kulturkreis an.[7] Zusammen mit dem Taubergebiet umschreibt die mittlere Mainregion damit die südliche Ausbreitungsgrenze dieser vornehmlich anhand der Keramik definierten Kulturgruppe, deren Schwerpunkte in Hessen, Westfalen und im westlichen Thüringen liegen. Über die Namen der hier siedelnden Stämme oder Stammesteile schweigen sich die Quellen aus.[8]

Römische Objekte aus germanischem Kontext

Zugleich mit der Siedlungsverdichtung auf germanischer und dem Bau der vorderen Limeslinie auf römischer Seite setzt ein intensiver Warenaustausch mit den Provinzgebieten ein. Die Fundspektren erlauben nicht nur die Herkunftsbestimmung der römischen Produkte nach Provinzen, sondern lassen sogar Einfuhrwege erkennen, deren Ausgangspunkt an gewissen Limesabschnitten, teilweise sogar an bestimmten Kastellorten lokalisiert werden kann. Diese Differenzierung wird über die innere Zusammensetzung der Terra Sigillata-Serien sowie durch charakteristische sonstige Keramikgruppen möglich.[9] Die Fibeln unterstützen das dadurch gewonnene Bild, ohne in gleichem Maße derart präzise Ergebnisse liefern zu können. Überraschend ist der Befund, dass die Mainlinie und damit der Flussweg offenbar keine Rolle als Transportachse gespielt hat. Der Kontakt mit den Provinzen scheint weitgehend über die Kastellorte Osterburken und Jagsthausen am mittleren Obergermanischen Limes abgewickelt worden zu sein. Entscheidend waren sicher nicht nur deren Größe und zentralörtliche Funktion, sondern auch die kurze Distanz von 40–80 km und die gute naturräumliche Anbindung über verkehrsgünstige Fluss- und Bachtäler an die Dichtezentren der germanischen Besiedlung. Verbindungen in das etwas weiter entfernte Raetien lassen sich nur über ganz vereinzelte Fundstücke belegen.

Das Spektrum der römischen Objekte ist umfangreich. An erster Stelle steht die Keramik, die hier im Gegensatz zu vielen anderen Regionen der Germania auch ein vielfältiges Sortiment an Gebrauchskeramik umfasst. In großen Stückzahlen treten ferner Münzen auf. Deren Zusammensetzung nach Prägezeiten und Nominalen variiert an den einzelnen Siedlungsplätzen so stark, dass nicht von einem regulären Münzumlauf ausgegangen werden kann.[10] Die jeweiligen Münzreihen scheinen vielmehr von Einzelereignissen bestimmt zu sein. An einigen Plätzen, so in Frankenwinheim, Lkr. Schweinfurt, und Michelfeld, Lkr. Kitzingen, fallen zahlreiche zerteilte, bearbeitete oder angeschmolzene Stücke auf. Sie geben in Verbindung mit anderen charakteristischen Fundgegenständen Hinweise auf die Verwendung von Münzen als Rohstofflieferanten in der Bunt- und Edelmetallverarbeitung.

Zum Handelsgut gehören auch die bereits erwähnten, recht zahlreichen Fibeln. Vertreten sind Formen der zweiten Hälfte des 2. bis ersten Hälfte des 3. Jahrhunderts.

In der gesamten Germania spielte die Einfuhr von Waffen eine bedeutende Rolle. Im Gegensatz zu den nordischen Moorfunden liegen aus Mainfranken aber überlieferungsbedingt nur einzelne Teile der Schwerter sowie Schwertscheiden- und Balteusbeschläge vor. Sie deuten jedoch dem Norden vergleichbare Verhältnisse in der Ausrüstungspraxis an.[11]

Eine zahlenmäßig wichtige Gruppe römischer Objekte bilden die Metallgefäße. Zusammen mit den ebenfalls häufigen Beschlägen von Jochen und Zugtierzaumzeu-

7 Steidl, Maindreieck mit Lit.
8 Einzelne Angaben in den literarischen Quellen sind zu wage, um sie auf den Betrachtungsraum beziehen zu können: Zur Ansiedlung von Hermunduren in der ehemaligen Markomannis siehe Timpe, Marktbreit, 315; zur Frage von Chatten am Main siehe Steidl, Wetterau, 107; zu Hermunduren und Chatten auch Peschel, Stammesfrage.
9 Das Spektrum wird stark von Rheinzaberner Produkten dominiert. Daneben treten vereinzelt Heiligenberger und ostgallische Stücke auf, die den Belieferungsbeginn am vorderen Obergermanischen Limes charakterisieren. Mittelgallische Waren wie in Raetien und dem südlichen Obergermanien, schwäbische Ware wie am Westraetischen und südlichen Obergermanischen Limes oder Trierer Sigillata wie in der Untermainregion fehlen dagegen bisher.
10 Steidl, Besiedlung, 107 f.
11 Steidl, Waffen.

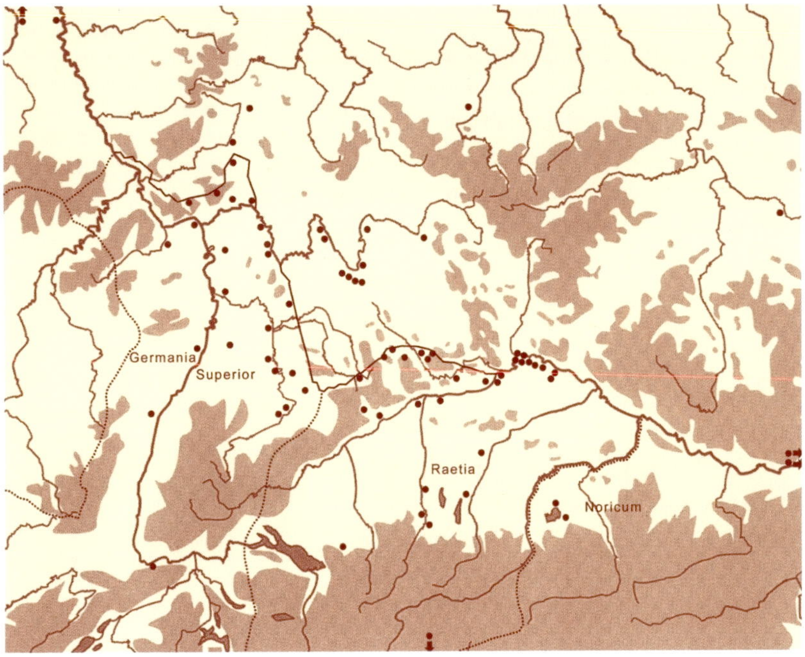

Abb. 2 Verbreitung der Rahmenscheibenfibeln mit vergoldeter Pressblechauflage. Nach Mackensen (Anm. 16) mit Ergänzungen (Nachweis erfolgt an anderer Stelle).

gen dürften sie allerdings weniger zur regulären Handelsware, als vielmehr hauptsächlich zum Plünderungsgut des 3. Jahrhunderts gehören, worauf später noch einzugehen ist.

Das Spektrum sonstiger römischer Produkte ist groß, doch handelt es sich zumeist um Einzelobjekte oder sehr kleine Fundgruppen. Zu nennen sind etwa Fingerringe und Ringeinlagen, medizinische Instrumente, Spiegel, der Griff einer Kultrassel und gläserne Spielsteine.[12]

Der breiten Palette römischer Produkte bei den Germanen können umgekehrt kaum germanische Gegenleistungen aus den Provinzgebieten gegenübergestellt werden. Man wird deshalb auf organische Waren und vielleicht auch Arbeitsleistungen schließen dürfen. So ist durchaus die Möglichkeit von Saisonkräften in der Landwirtschaft zu diskutieren, wenn auch stichhaltige Belege hierfür nur schwer zu erbringen sind. Manche Indizien deuten auf Tiere oder Fleischerzeugnisse als Handelsgut. Zumindest werden Knochen auffallend kleinwüchsiger Rinder in der Limesregion von verschiedenen Bearbeitern mit germanischer Zucht in Verbindung gebracht.[13] Eventuell kommen auch Textilien in Betracht, für deren Herstellung an allen germanischen Siedlungsplätzen reiche Funde in Form von Spinnwirteln, Häkchennadeln und Nähnadeln vorliegen. Weiterhin darf man auch im Untersuchungsgebiet wohl jene „klassisch" germanischen Produkte erwarten, die aus verschiedenen Schriftquellen bekannt sind, wie beispielsweise Honig, Federn und Felle, Frauenhaar, Sklaven und Seife.[14]

Sonstige handwerkliche Erzeugnisse konnten qualitativ nicht neben den römischen bestehen oder trafen nicht den Geschmack der provinzialen Abnehmerschaft. Unter den Metallarbeiten wären mit Blick auf die in den Provinzen nachweisbaren Stückzahlen bestenfalls die Trinkhörner mit Buntmetallbeschlägen als germanische „Exportprodukte" in Erwägung zu ziehen, doch ist – in der obergermanischen Limeszone – der tatsächliche Gebrauch durch Nichtgermanen bisher nicht zu belegen. Man wird Trinkhörner deshalb gegenwärtig im Gegenteil eher als Zeugnisse für die Präsenz von Germanen werten dürfen.[15] In Raetien liegen die Verhältnisse komplizierter, weil hier auf Provinzboden seit der frühen Kaiserzeit eine Trinkhorntradition bestand, die wahrscheinlich im 2. und 3. Jahrhundert auch noch bis in die norddanubische Limesregion ausstrahlte.[16]

Der friedliche Austausch zwischen den Gesellschaften beiderseits des Limes brachte in der zweiten Hälfte des 2. Jahrhunderts vereinzelte Symbioseerscheinungen hervor, die sich besonders am Beispiel der so genannten Rahmenscheibenfibeln[17] aufzeigen lassen. Die nach ihren technischen Merkmalen wie abgedrehten und verzinnten Oberseiten zweifellos in römischen Werkstätten entstandenen Fibeln weisen mit ihren hohen, oftmals etwas schräg gestellten Nadelhaltern und den vergoldeten Pressblechauflagen deutliche Merkmale germani-

12 Zu den Nachweisen derzeit noch Hoffmann, Unterfranken. Die aus den Funden gezogenen Schlüsse der Bearbeiterin müssen allerdings teilweise kritisch betrachtet werden.
13 Peters, Tierhaltung 53 f.; Benecke, Nahrungswirtschaft 250, 254.
14 Wolters, Warenaustausch.
15 Zur Diskussion um die Deutung von Trinkhörnern siehe Zanier, Ellingen 148 ff.; Kossack, Wagen 105.
16 Beobachtung des Verf.; Publikation im Zusammenhang mit bedeutenden Neufunden der „Heimstettener Gruppe" durch H.-P. Volpert und Verf. in Vorber.
17 Zum Typ Mackensen, Großprüfening.

schen Geschmacks auf. Wie die Verbreitung zeigt, sind diese Fibeln aber keineswegs speziell für den germanischen Markt gefertigt worden. Ihr Vorkommen erstreckt sich gleichermaßen im obergermanisch-raetischen Limesgebiet wie im germanisch besiedelten Vorland (Abb. 2). Das Verbreitungsbild des Fibeltyps würde niemals die politische, kulturelle und zu einem gewissen Teil auch ethnische Grenze des Limes erahnen lassen.

Keine durchdringende Romanisierung

Wie wenig sich aber derartige grenzüberschreitende Phänomene und genausowenig der nachweisbare rege Handelsaustausch im Sinne einer Angleichung der Lebensverhältnisse beiderseits des Limes auswirkten, wird bei näherer Analyse deutlich. Noch zu Beginn des oben genannten Forschungsprojekts war erwartet worden, hinter dem Zustrom an römischen „Importartikeln" in die Germania tiefer gehende „Romanisierungs"-Phänomene ausfindig machen zu können. Mit dem Fortschreiten der Arbeit zeigte sich aber in aller Deutlichkeit, wie geradezu resistent sich die Germanen gegenüber Einflüssen von außen verhielten.

Als besonders geeignet erweist sich die römische Keramik für eine nähere Betrachtung, stellt sie doch – wie gesagt – in Mainfranken eine der häufigsten Fundgruppen römischer Provenienz dar. Bisherige Untersuchungen haben vornehmlich die chronologische Bedeutung der vergleichsweise gut datierbaren Keramik in das Zentrum des Interesses gerückt. Für die hier verfolgte Fragestellung ist allerdings die innere Zusammensetzung des Formenspektrums aufschlussreich. Die Gegenüberstellung der Keramikfunde aus dem Untersuchungsraum mit denen des zeitgleichen und in der Herkunftsrichtung des Hauptzustroms der Keramik liegenden zivilen römischen Siedlungsplatzes Bad Wimpfen,[18] Zentralort der *civitas Alisinensium,* lässt die Besonderheiten der Verwendung römischer Gefäßkeramik bei den Germanen erkennen (Abb. 3). Überdeut-

18 Czysz u.a. Bad Wimpfen.

Abb. 3 Vergleich der relativen Häufigkeiten von Keramikformen aus den germanischen Siedlungen des Betrachtungsgebietes und dem obergermanischen Civitashauptort Bad Wimpfen (Anm. 17).

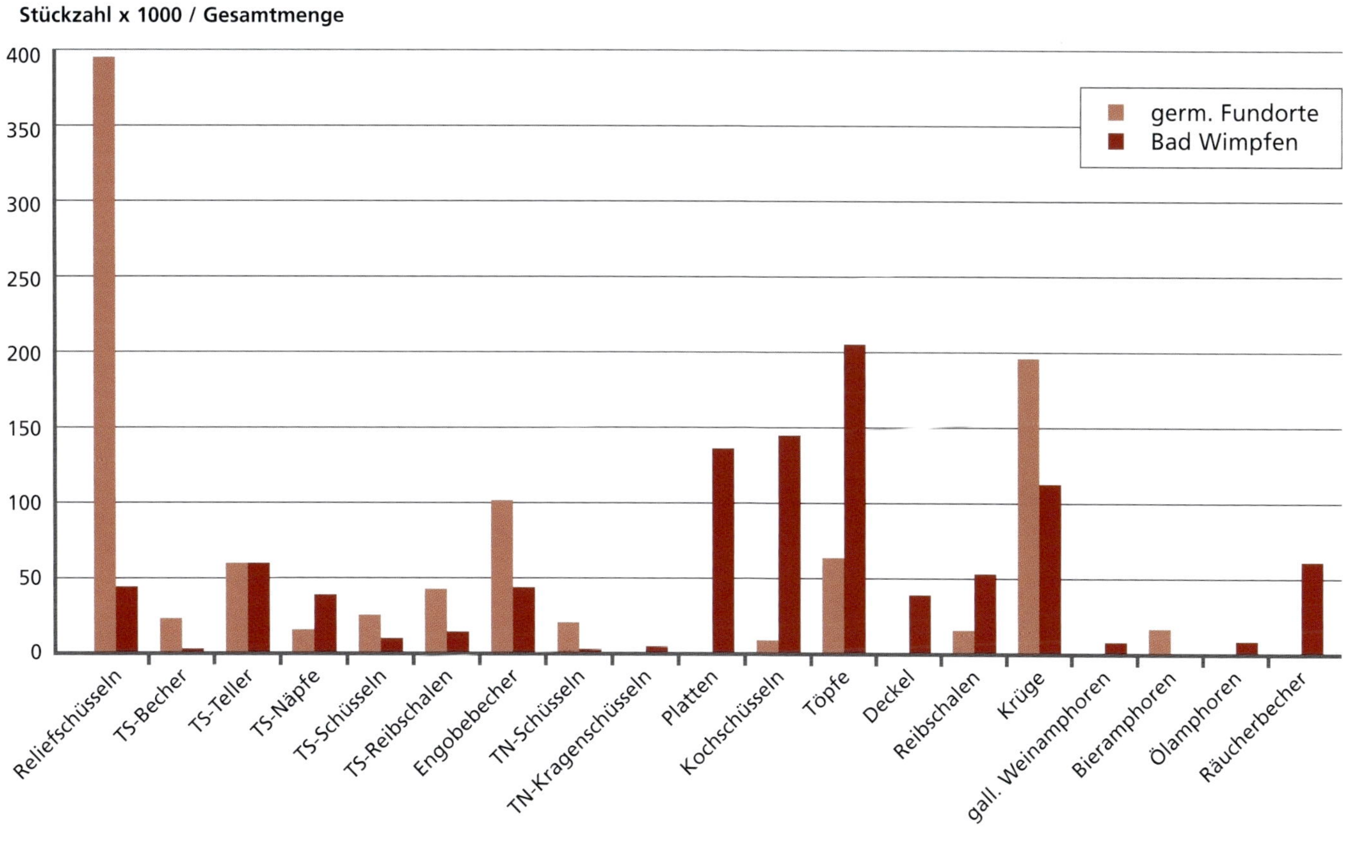

lich ist auf germanischer Seite die Bevorzugung von Schüsselformen aus Terra Sigillata, insbesondere von Reliefschüsseln festzustellen. Überproportional stark vertreten sind auch Becher aus Terra Sigillata und verschiedenen engobierten Waren, ebenso Krüge. Umgekehrt ist das Fehlen oder starke Zurücktreten von Kochtöpfen (schüsselförmige Breit- und bauchige Hochformen) und (Back)Platten auffällig. Die Keramikeinfuhr im Germanischen ist damit deutlich selektiv, wobei Trinkgeschirr inkl. (gefüllter?) Krüge akzeptiert wurde, während Gefäße aus dem Bereich der Nahrungsmittelzubereitung und Vorratshaltung eine völlig untergeordnete Rolle spielten. Ebenso fehlen Öl- und Weinamphoren. Aus der Keramik lässt sich also keine Beeinflussung der Ernährungsweise ableiten. Genau dieses Bild vermittelt auch der botanische Befund. Die Untersuchungen von A. Kreuz parallel zur archäologischen Projektarbeit haben weder Importe römischer Agrarprodukte noch Anstöße zur Übernahme der Garten- und Obstbaumkultur bei den Germanen erbracht. Die gesamte Landwirtschaft verharrte auf dem ursprünglichen niedrigen Niveau eines Zeit und Aufwand sparenden Sommergetreideanbaus.[19] Die Tiere vertreten kleinwüchsige robuste Rassen, die leicht zu halten waren und keine großen züchterischen Anstrengungen erforderten.[20]

Dasselbe Beharren lässt sich im Bereich des Siedlungswesens – im Hausbau und in der Anlageform der Siedlungen – feststellen. Die lang gestreckten mutmaßlichen Wohnstallhäuser, gestelzten Speicherbauten und Grubenhäuser prägten auch weiterhin das Bild der Haufendörfer mit ihrer lockeren Gehöftstreuung.

Den Traditionen verhaftet blieb auffallenderweise auch das Töpfereihandwerk. Die Töpferscheibe fand während der Bestehenszeit des Limes keine Verwendung, was auf das Fehlen von Arbeitsteilung und gewerblicher Spezialisierung hinweist. Die Anfertigung der benötigten Gefäße fiel – das legen ethnografische Parallelen nahe – wahrscheinlich im Rahmen der häuslichen Tätigkeit in den Zuständigkeitsbereich der Frauen. Für derartige dezentrale Fertigung in geringem Umfang war römische Drehscheiben- und Brennofentechnologie unrentabel und ohne Spezialwissen sowie dauernde Berufspraxis kaum anwendbar.

Die angeführten Beobachtungen stimmen deshalb skeptisch, dass sich wenigstens im äußeren Erscheinungsbild der Germanen und Germaninnen römischer Einfluss bemerkbar gemacht haben könnte. Die zahlreichen römischen Fibeln mögen zwar auf den ersten Blick dafür sprechen, doch fällt schon das nahezu vollständige Fehlen klassischer Männerfibeln auf. Zur gleichen Zeit sind diese im Limesgebiet in Massen verwendet worden. Zu den Germanen gelangten fast ausschließlich grazilere Typen, die zumindest im Römischen der Frauenbekleidung zugerechnet werden müssen.[21] Auffällig ist, dass es sich weitgehend um Emailfibeln, Preßblech-Scheibenfibeln und vereinzelt kleine silberne oder silbrig verzinnte Kniefibeln handelt, also eine deutliche Selektion des am Limes vertretenen Spektrums. Man hat deshalb vermutlich nicht römische Bekleidungssitten übernommen, sondern bestimmte Fibelformen akzeptiert und diese anstelle germanischer Produkte, die ebenso grazil gestaltet waren, verwendet.

Interessant und aufschlussreich fällt auch ein Vergleich der Haarnadeln aus (Abb. 4). Römische Formen aus Metall, Bein oder Elfenbein fehlen im Germanischen vollständig. Eine Erklärung liefern die Abmessungen germanischer Exemplare, die bei wesentlich massiverer Ausführung teilweise die doppelte Länge der römischen Stücke erreichen können.[22] Hintergrund muss eine völlig unterschiedliche Haartracht gewesen sein, die bei den Germaninnen vielleicht aus hochgesteckten dicken Zöpfen bestand. Die Frauen der Provinzbevölkerung werden dagegen stark den Frisurmoden gefolgt sein, die die Damen des Kaiserhofes vorgaben und die damals leicht anhand der Münzbilder

19 Kreuz, Umbruch 238.
20 Benecke, Nahrungswirtschaft 248 u. mündl. Mitt.
21 Steidl, Gaukönigshofen 1997, 75 Abb. 4.
22 Steidl, Vorfeld 33 mit Abb.

und Großplastiken verfolgt werden konnten. Schwere Aufsteckfrisuren wie bei den Germaninnen spielten dabei im 2. und 3. Jahrhundert keine Rolle.

Als Fazit aus den angeführten Beispielen können die Germanen im Vorfeld des Limes trotz der vergleichsweise geringen Entfernung zu den Provinzen und den nachweisbar bestehenden Kontakten als außerordentlich konservativ charakterisiert werden. Lebensweise und Wirtschaftssystem folgten altbewährten Mustern und ermöglichten eine zwar bescheidene, aber doch sichere Existenz ohne allzu viel Aufwand und Risiko. Produkte aus römischer Herstellung wurden durchaus angenommen, allerdings nur solche, die ohne weitere Konsequenzen für die Lebens- und Wirtschaftsweise germanische Arbeiten ersetzen konnten. Schon allein nach dem äußeren Erscheinungsbild der Siedlungen und ihrer Bewohner bildete der Limes daher über seine gesamte Bestehenszeit hinweg eine markante Scheidelinie zwischen zwei in jeder Hinsicht völlig unterschiedlichen Lebenswirklichkeiten. Ob dabei alle Germanen diesem äußerst traditionsbewußten Denken verpflichtet waren, oder vor der Grenze eben nur die konservativen Kreise zurückblieben, während wandlungsbereite Stammesangehörige in die Provinzen abwanderten,[23] müssen künftige Forschungen zeigen.

Wende in den Beziehungen

Nach jahrzehntelanger weitgehend friedlicher Koexistenz der Gesellschaften beiderseits des Limes kam es während des 3. Jahr-

23 Haffner u. a. Prozess 39.

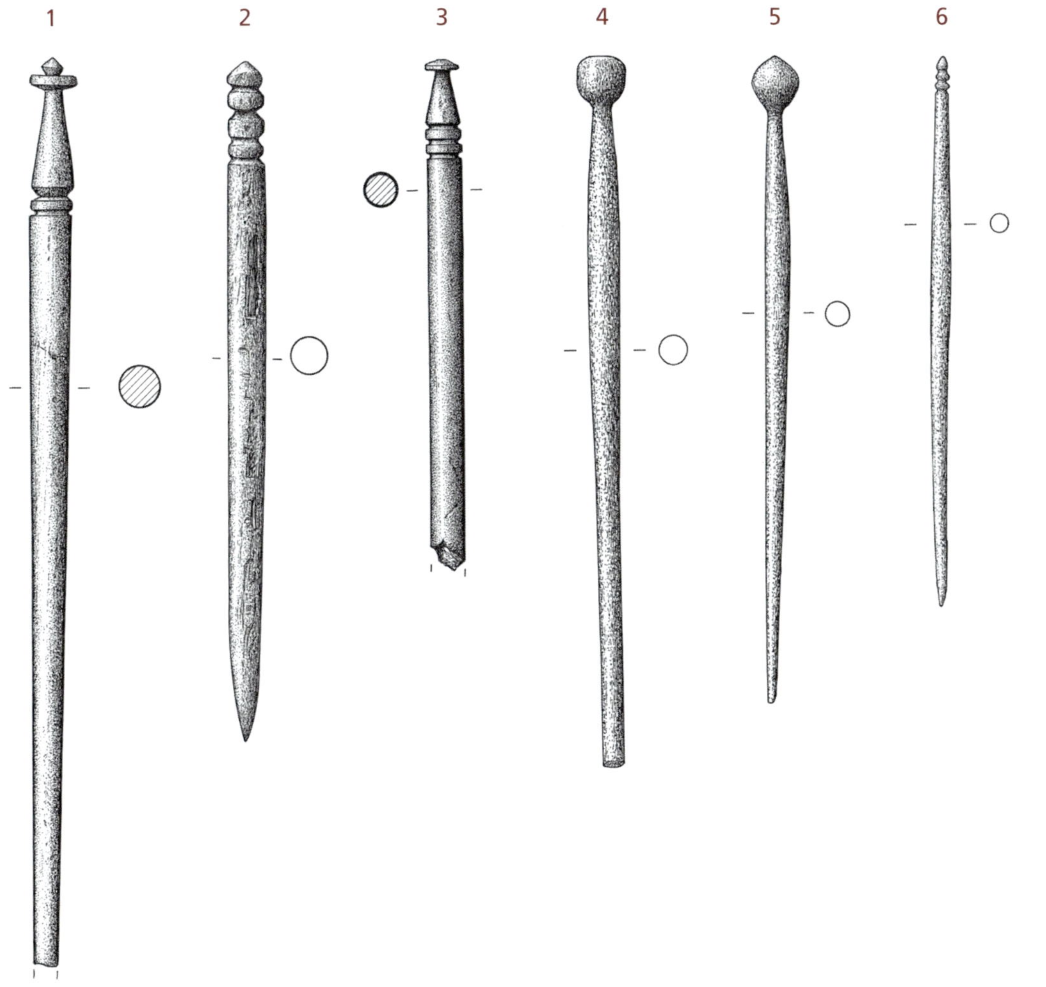

Abb. 4 Haarnadeln aus Bein im Vergleich. 1–3 germanische Exemplare aus der Siedlung von Gaukönigshofen „Brünnleinswiesen“, 4–6 römische Beispiele aus der Benefiziarierstation von Obernburg a. Main (unpubl.). Die germanischen Nadeln 1–3 sind abgebrochen, 2 sekundär zugespitzt, M. 1:2.

hunderts zu immer häufigeren und weitreichenderen germanischen Übergriffen auf die Provinzgebiete.[24] Es stellt sich die Frage nach den Auslösern und Gründen dieser veränderten Situation.

Eine der maßgeblichen Ursachen scheint in Bevölkerungsverschiebungen zu liegen, die sich archäologisch seit dem fortgeschrittenen 3. Jahrhundert nachweisen lassen, deren Anfänge aber mindestens an den Beginn des Jahrhunderts zurückreichen dürften. In der literarischen Überlieferung noch früher als in der archäologischen treten im Rhein-Weser-germanisch geprägten Maingebiet erstmals wieder seit der frühen Kaiserzeit Elbgermanen in Erscheinung.[25] Der Einzug einer gänzlich andersartigen materiellen Kultur – neue Fibelformen und insbesondere eine andere Tradition der Keramikfertigung – sind ohne Zweifel mit der Zuwanderung von Gruppen aus dem Nordosten zu verbinden (Abb. 5). Es kam zur Neugründung von Siedlungen, aber auch zur Fortführung alter Dörfer, in denen das Rhein-Weser-germanische Element bald völlig in den Hintergrund gedrängt wurde. Ein Beispiel hierfür ist die ausgedehnte und fundreiche Siedlung von Hopferstadt bei Ochsenfurt an der Südspitze des Maindreiecks. Davon kaum 2,5 km entfernt liegt die im Rahmen des Forschungsprojektes größerflächig untersuchte Siedlung Gaukönigshofen „Brünnleinswiesen". Sie bestand ausweislich zahlreicher Funde gleichzeitig mit Hopferstadt, unterscheidet sich im 3. Jahrhundert aber deutlich im Spektrum der germanischen Fibeln (Abb. 6). Die Formen der Gewandspangen, aber auch der Keramikbefund sprechen dafür, dass dieser Platz weiterhin von Rhein-Weser-Germanen besiedelt blieb, während in Hopferstadt bereits Elbgermanen die tonangebende Schicht bildeten. Von besonderem Interesse ist nun, dass in Gaukönigshofen Buntmetallschrott zerhackter römischer Metallgefäße, Gerätschaften und Statuetten fehlt, der dagegen in Hopferstadt und an anderen Fundplätzen elbgermanischen Charakters reichlich vorhanden ist. Der Umfang, die Zusammensetzung und die schonungslose Behandlung des Materials kennzeichnen es als Plünderungsgut.[26] Dem Auftreten des Metallschrotts an bestimmten Siedlungsplätzen zufolge müssen es also vornehmlich elbgermanische Zuwanderer gewesen sein, die vermutlich mit weiteren (elbgermanischen) Gruppen aus den Tiefen Germaniens die umfangreichen Plünderungszüge in das

24 Eine Auswahl an Literatur: Okamura, Conflicts; Schönberger, Truppenlager 411 ff.; Nuber, Forschungsaufgabe; Steidl, Wetterau 108 ff.; Reuter, Regensburg 238.

25 Cass. Dio 77, 13, 4–6; 77, 14, 2 (Exc. Vat.); ebd. (Exc. Val.); 77, 15, 2–3. – Dass an den angegebenen Stellen im Werk Dios jemals der Name (der elbgermanischen) Alamannen gestanden habe, wird von Springer, Alemannen bezweifelt. Seiner Meinung nach bezieht sich keine der Passagen auf den Germanenfeldzug des Caracalla, sondern auf Ereignisse in Alexandria und Asien. Dazu aber Steidl, Wetterau 106 Anm. 797.

26 Vgl. die umfangreichen Baggerfunde aus dem Rhein: Künzl, Alamannenbeute; Speyer, Barbarenschatz.

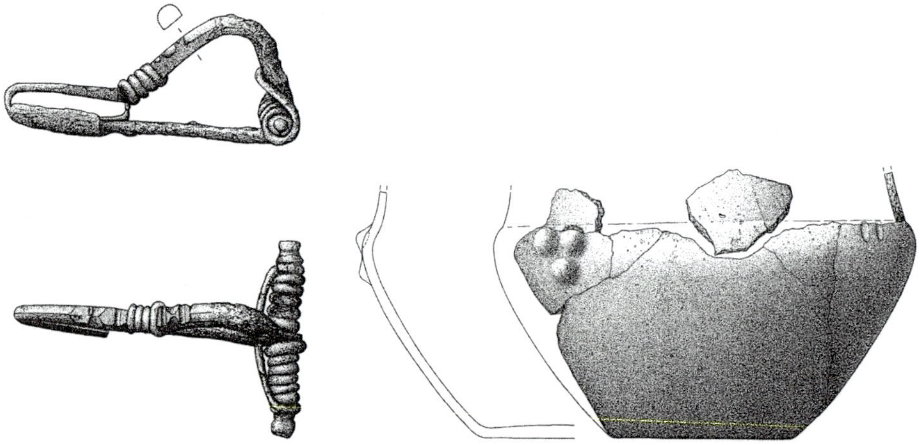

Abb. 5 Elbgermanisches Urnengrab aus Schwebheim, Lkr. Schweinfurt. 2. Hälfte 3./Anfang 4. Jahrhundert n. Chr.

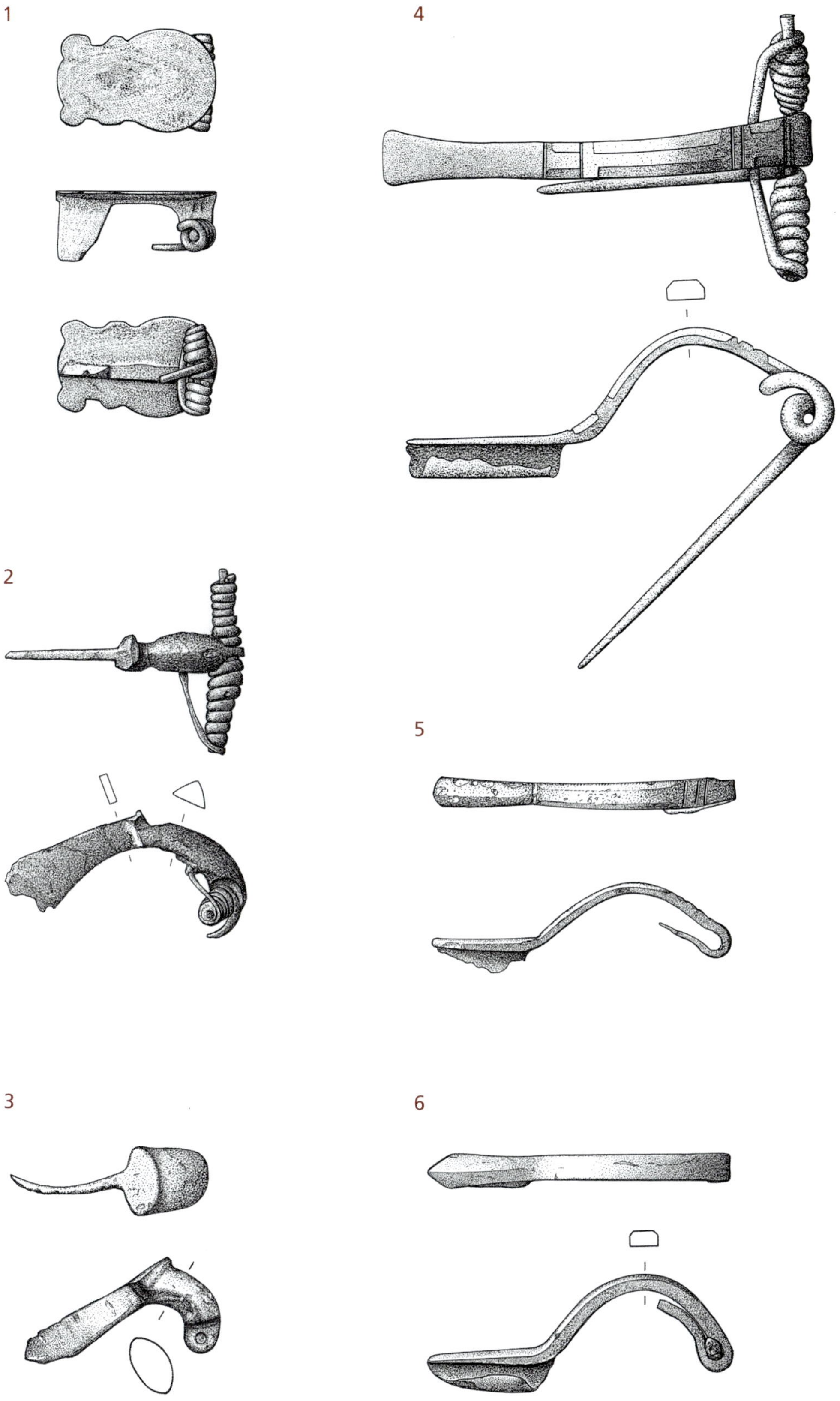

Abb. 6 Auswahl an Fibeln des 3. Jahrhunderts n. Chr. aus den benachbarten Siedlungen von Gaukönigshofen (1–3) und Hopferstadt (4–6), M. 1:2.

Imperium unternommen haben und von dort als Beute große Mengen an Metall, aber ebenso Menschen[27] und vermutlich auch Vieh mitbrachten. Bezeichnenderweise lieferten gerade die elbgermanischen Siedlungen auffallend zahlreiche römische Waffenfunde.[28]

Nicht nur das unterschiedliche Vorkommen von Metallschrott, sondern auch das Auftreten bzw. das Ausbleiben lokal gefertigter Drehscheibenware römischer Formgebung unterstreicht grosso modo die Aufteilung der mainfränkischen Germanen in zwei unterschiedlich agierende Gruppen. Wie von Verf. an anderer Stelle ausgeführt,[29] ist der Beginn der Herstellung von Drehscheibenware in der Germania während der zweiten Hälfte des 3. Jahrhunderts sehr wahrscheinlich mit der Verschleppung von Fachkräften aus dem Imperium zu erklären. Diese Ware tritt nun bezeichnenderweise gerade an jenen Plätzen auf, die auch durch den Metallreichtum und den elbgermanischen Fundstoff gekennzeichnet sind. Man fasst also in den Händen von Elbgermanen nicht nur die reiche materielle, sondern auch die sonst kaum nachweisbare lebende Beute.

Diese Beobachtungen stehen im Einklang mit der schriftlichen Überlieferung, die in Zusammenhang mit den Einfällen in Obergermanien und Raetien regelmäßig (elbgermanische) Alamannen und Juthungen erwähnt.[30] Die alteingesessenen Westgermanen werden in diesem Raum zuletzt im Zusammenhang mit Caracallas Feldzug im Jahr 213 genannt, als er am Main außer auf Alamannen auch auf Chatten gestoßen sein soll.[31] Diese Quelle bestätigt für den Beginn des 3. Jahrhunderts das Nebeneinander zweier Germanengruppen unterschiedlicher Prägung. Sie schlagen sich in der geschilderten Weise tatsächlich im archäologischen Fundbestand nieder und könnten – etwas überspitzt – als „Freunde" und „Feinde" Roms charakterisiert werden.

Dr. Bernd Steidl, Archäologische Staatssammlung, Lerchenfeldstraße 2, 80535 München

27 Bakker, Juthungenschlacht 377.
28 Siehe Steidl, Waffen.
29 Steidl, Drehscheibenkeramik.
30 Vgl. Anm. 1.
31 Cass. Dio 77, 14, 2 (Exc. Val.). – Zur kritischen Bewertung der Stelle durch Springer vgl. Anm. 25.

Literaturverzeichnis

BAKKER, Juthungenschlacht
L. Bakker, Raetien unter Postumus – Das Siegesdenkmal einer Juthungenschlacht im Jahre 260 n. Chr. aus Augsburg. Germania 71, 1993, 369–386.

BENECKE, Nahrungswirtschaft
N. Benecke, Archäozoologische Befunde zur Nahrungswirtschaft und Praxis der Tierhaltung in eisen- und kaiserzeitlichen Siedlungen der rechtsrheinischen Mittelgebirgszone. In: A. Haffner/S. v. Schnurbein (Hrsg.), Kelten, Germanen, Römer im Mittelgebirgsraum zwischen Luxemburg und Thüringen. Akten des Int. Kolloquiums zum DFG-Schwerpunktprogramm „Romanisierung" 28.–30. September 1998 Trier. Kolloquien zur Vor- und Frühgeschichte 5 (Bonn 2000) 243–255.

CZYSZ u. a., Bad Wimpfen
W. Czysz/H. Kaiser/M. Mackensen/G. Ulbert, Die römische Keramik aus dem Vicus Wimpfen im Tal. Forsch. u. Ber. Vor- u. Frühgesch. Baden-Württemberg 11 (Stuttgart 1981).

DIRLMEIER u. GOTTLIEB, Quellen
C. Dirlmeier u. G. Gottlieb, Quellen zur Geschichte der Alamannen I-II, IV (Sigmaringen 1976–1984).

HAFFNER u. a., Prozess
A. Haffner/D. Krausse/S. v. Schnurbein, Ein vielschichtiger Prozess. Arch. in Deutschland 3/2001, 36–38.

HOFFMANN, Unterfranken
K. Hoffmann, Kleinfunde der römischen Kaiserzeit aus Unterfranken. Studien zur Siedlungsgeschichte und kulturellen Beziehungen zwischen Germanen und Römern. Internat. Arch. 80 (Rahden/Westf. 2004).

KOSSACK, Wagen
G. Kossack, Wagen und faltbarer Sessel in Gräbern römischer Provinzen. Bayer. Vorgeschbl. 65, 2000, 97–107.

KREUZ, Umbruch
A. Kreuz, Landwirtschaft im Umbruch? Archäobotanische Untersuchungen zu den Jahrhunderten um Christi Geburt in Hessen und Mainfranken. Ber. RGK 85, 2004, 97–293.

KÜNZL, Alamannenbeute
E. Künzl (Hrsg.), Die Alamannenbeute aus dem Rhein bei Neupotz. Plünderungsgut aus dem römischen Gallien. Monogr. RGZM 34 (Mainz 1993).

MACKENSEN, Großprüfening
M. Mackensen, Ein Fibelgrab von Regensburg-Großprüfening. Bayer. Vorgeschbl. 38, 1973, 57–79.

NUBER, Forschungsaufgabe
H. U. Nuber, Das Ende des Obergermanisch-Raetischen Limes – eine Forschungsaufgabe. In. H. U. Nuber, K. Schmid, H. Steuer, Th. Zotz (Hrsg.), Archäologie und Geschichte des ersten Jahrtausends in Südwestdeutschland. Freiburger Forschungen zum ersten Jahrtausend in Südwestdeutschland 1 (Sigmaringen 1990) 51–68.

OKAMURA, Conflicts
L. Okamura, Alamannia Devicta: Roman-German Conflicts from Caracalla to the First Tetrarchy (A.D. 213–305). (Ann Arbor, Michigan 1984).

PESCHECK, Bodenfunde
Chr. Pescheck, Die germanischen Bodenfunde der römischen Kaiserzeit in Mainfranken. Münchner Beitr. Vor- u. Frühgesch. 27 (München 1978).

PESCHEL, Stammesfrage
K. Peschel, Frühgermanische Bodenfunde zwischen Saale und Werra und die Stammesfrage. Arbeits- u. Forschber. sächs. Bodendenkmalpfl. Beih. 16. Festschr. W. Coblenz (Berlin 1981) 623–663.

PETERS, Tierhaltung
J. Peters, Römische Tierhaltung und Tierzucht. Passauer Universitätsschr. zur Arch. 5 (Rahden/Westf. 1998).

REUTER, Regensburg
St. Reuter, Ein Zerstörungshorizont der Jahre um 280 n. Chr. in der Retentura des Legionslagers Reginum/Regensburg. Die Ausgrabungen in der Grasgasse-Maximiliansstraße 26 in den Jahren 1979/80. Bayer. Vorgeschbl. 70, 2005, 238–281.

RIESE, Literatur
A. Riese, Das rheinische Germanien in der antiken Literatur (Leipzig 1892, Groningen 1969).

SCHÖNBERGER, Truppenlager
H. Schönberger, Die römischen Truppenlager der frühen und mittleren Kaiserzeit zwischen Nordsee und Inn. Ber. RGK 66, 1985, 411–495.

SPEYER, Barbarenschatz
Historisches Museum der Pfalz (Hrsg.), Ausstellungskatalog „Der Barbarenschatz – geraubt und im Rhein versunken" (Speyer 2006).

SPRINGER, Alemannen
M. Springer, Der Eintritt der Alemannen in die Weltgeschichte. Abhandl. u. Ber. Staatl. Mus. Völkerkde. Dresden 41, 1984, 99–137.

STEIDL, Besiedlung
B. Steidl, Die Siedlungen von Gerolzhofen und Gaukönigshofen und die germanische Besiedlung des 1. Jahrhunderts v. Chr. bis 4. Jahrhunderts n. Chr. am mittleren Main. In: A. Haffner u. S. v. Schnurbein (Hrsg.), Kelten, Germanen, Römer im Mittelgebirgsraum zwischen Luxemburg und Thüringen. Akten des Int. Kolloquiums zum DFG-Schwerpunktprogramm „Romanisierung" 28.–30. September 1998 Trier. Kolloquien zur Vor- und Frühgeschichte 5 (Bonn 2000) 95–113.

STEIDL, Drehscheibenkeramik
B. Steidl, Lokale Drehscheibenkeramik römischer Formgebung aus dem germanischen Mainfranken. Zeugnis für die Verschleppung römischer Reichsbewohner nach Germanien? Bayer. Vorgeschbl. 67, 2002, 87–112.

STEIDL, Gaukönigshofen
B. Steidl, Die germanische Siedlung von Gaukönigshofen (Lkr. Würzburg) vor dem Hintergrund der kaiserzeitlichen Besiedlung Mainfrankens – Erste Ergebnisse der Ausgrabungen 1994–1996. In: C. Bridger u. C. v. Carnap-Bornheim (Hrsg.), Römer und Germanen – Nachbarn über Jahrhunderte. BAR Int. Ser. 678 (Oxford 1997) 73–78.

STEIDL, Maindreieck
B. Steidl, Ausgewählte rhein-weser-germanische Fundkomplexe der mittleren Kaiserzeit am Maindreieck. In: S. Biegert/S. v. Schnurbein/B. Steidl/D. Walter (Hrsg.), Beiträge zur germanischen Keramik zwischen Donau und Teutoburger Wald. Kolloquium zur germanischen Keramik des 1.–5. Jahrhunderts, 17.–18. April 1998 Frankfurt a. M. Kolloquien zur Vor- und Frühgeschichte 4 (Bonn 2000) 151–170.

STEIDL, Vorfeld
B. Steidl, Die Germanen im Vorfeld des Limes. Arch. in Deutschland 3/2001, 32 f.

STEIDL, Waffen
B. Steidl, Römische Waffen und Ausrüstungsteile der mittleren Kaiserzeit aus dem germanischen Mainfranken. In: G. Seitz (Hrsg.), Im Dienste Roms. Festschr. Hans Ulrich Nuber (Remshalden 2006) 307–321.

STEIDL, Wetterau
B. Steidl, Die Wetterau vom 3. bis 5. Jahrhundert n. Chr. Mat. Vor- und Frühgesch. Hessen 22 (Wiesbaden 2000).

TIMPE, Marktbreit
D. Timpe in: M. Pietsch/D. Timpe/L. Wamser, Das augusteische Truppenlager Marktbreit. Ber. RGK. 72, 1991, 263–324.

VÖLLING, Eggolsheim
Th. Völling, Bemerkungen zum frühgermanischen Grab aus Eggolsheim, Lkr. Forchheim. In: Zeitenblicke. Ehrengabe für Walter Janssen (Rahden/West. 1998).

WOLTERS, Warenaustausch
R. Wolters, Der Waren- und Dienstleistungsaustausch zwischen dem Römischen Reich und dem Freien Germanien in der Zeit des Prinzipats. Eine Bestandsaufnahme. Teil 1. Münster. Beitr. ant. Handelsgesch. 9/1, 1990, 14–44; Teil 2. Münster. Beitr. ant. Handelsgesch. 10/1, 1991, 78–132.

ZANIER, Ellingen
W. Zanier, Das römische Kastell Ellingen. Limesforsch. 23 (Mainz 1992).

Abbildungsnachweis

Abb. 1 Kartierung W. Weber (Universität Würzburg) nach Vorlage Verf.; Abb. 2 Kartierung R. Wehdanner-Pledl (Archäologische Staatssammlung München) nach Vorlage Verf.; Abb. 3 Verf.; Abb. 4 Zeichnungen 1–3 L. Holzner (BLfD Würzburg); 4–6 R. Wientzek.; Abb. 5 Nach O. Specht, Beiträge zur Archäologie in Unterfranken 2004. Mainfränk. Stud. 71, 2004, 129 Abb. 2.; Abb. 6 Zeichnungen L. Holzner (BLfD Würzburg).

VORBERICHT ZU DEN AUSGRABUNGEN 2002–2004 IM LIMESKASTELL NIEDERBERG BEI KOBLENZ

Von Cliff A. Jost

Das Kastell Niederberg liegt in einem Neubaugebiet im gleichnamigen Koblenzer Stadtteil Niederberg südwestlich des alten Ortskernes (Abb. 1).[1] Das Kastell wurde zusammen mit dem Ausbau des Limes seit etwa 100 n. Chr. strategisch sehr günstig auf einem kleinen Bergplateau hoch auf der rechten Seite des Rheins gegenüber der Moselmündung errichtet. Von hier ließen sich die Verkehrswege entlang des Rheins und durch das Neuwieder Becken überwachen und vor allem konnte die wichtige Straße vom Rheintal auf die Höhen des Westerwalds gesichert werden. Dort verlief in etwa 7 km Entfernung vom Kastell der Limes, der entlang der Ausläufer der Montabaurer Höhe durch die Landschaft der Augstgemeinden Neuhäusel, Eitelborn, Kadenbach und Arzbach führt.

Die Besatzung des Kastells Niederberg war die *Cohors VII Raetorum equitata,* eine teilberittene Hilfstruppeneinheit von etwa 500 Mann. Sie ist auf einem Weihestein erwähnt und durch ihren Stempel auf mehreren Ziegeln bezeugt. Während des Germaneneinfalls 259/60 n. Chr. leistete die Truppe offenbar Hilfe im Kampf um das Kastell Niederbieber bei Neuwied und wurde dabei aufgerieben. Man fand dort Silberbleche von einer Truppenstandarte, die der Niederberger Kohorte gehörte.[2]

Forschungsgeschichte

Entdeckt wurde der Kastellplatz in Niederberg im Frühjahr 1895 durch den Streckenkommissar der Reichslimeskommission, Oberstleutnant Dahm, der im September 1895 auch die ersten Ausgrabungen im Kastell durchführte.[3] Die Grabungen sollten die dringlichsten Fragen der Reichslimeskommission hinsichtlich der Größe und Ausrichtung des Kastells beantworten und galten demnach vorrangig der Suche nach

1 Für einen ersten Vorbericht zu den Ausgrabungen: JOST, Niederberg. Der Kolloquiumsbeitrag stellt eine überarbeitete und ergänzte Fassung dar. Allgemeine und einführende Literatur zum Kastell Niederberg: BÁTORI, Koblenz 57 f.; ORL B Nr. 2 a; JOST, Limes 96 ff. WEGNER, Koblenz-Niederberg.
2 Arch. Anz. 10, 1895, 210; ORL B Nr. 2 a, 5, 11, 20; BAATZ, Limes 88; HORN, Signumscheibe. OLDENSTEIN-PFERDEHIRT, Hilfstruppen 331, 336; SCHÖNBERGER, Truppenlager Kat. D 31.
3 Arch. Anz. 10, 1895, 210; ORL B Nr. 2 a, 1 ff.

Abb. 1 Koblenz-Niederberg. Luftbild mit eingezeichnetem Grundriss von Kastell und Badegebäude (nach ORL) und Grabungsfläche der Jahre 2002–2004.

Abb. 2 Koblenz-Niederberg. Weinkanne mit figürlichem Henkel aus Bronze.

der Kastellmauer und ihrem Verlauf. Das Kastell Niederberg hatte eine rechteckige Grundfläche von etwa 2,8 ha mit den Seitenlängen 177,4 m und 157,8 m. Es war rundum mit einer Mauer mit abgerundeten Ecken und davor zusätzlich mit zwei Spitzgräben befestigt. Beobachtungen, die auf eine eventuelle frühere Bauphase mit einer Holz-Erde-Umwehrung hindeuten, wurden nicht gemacht. Das Kastell besaß in der Mitte aller vier Seiten einen Zugang mit seitlichen Tortürmen. Nur das 8 m breite Tor auf der Südwestseite hatte zwei getrennte Durchlässe, die anderen Tore mit einer Breite von 3,2 – 4 m besaßen einen einfachen Durchgang. Über die Bebauung und Inneneinteilung der Kastellfläche erzielte man nur lückenhafte Informationen. Im Zentrum lag, wie üblich, dicht hinter der *via principalis* das Stabsgebäude *(principia)*. Seine Räume und Pfeilerhallen umgaben auf drei Seiten einen rechteckigen Innenhof mit einem runden gemauerten Brunnen. Westlich neben *principia* und nordwestlich davon im Vorderteil des Kastells *(praetentura)* wurden die Überreste von drei Steingebäuden untersucht, deren Funktion jedoch nicht eindeutig festgestellt werden konnte. Außerhalb des Kastells, 30 m vor der Südecke, befand sich das Kastellbad, dessen Grundrissmauern die Reichslimeskommission recht genau untersucht und anschließend wieder zugedeckt hat.[4] Die Fundstelle liegt heute in einer offenen Wiesenfläche. Trotz der zwischenzeitlichen Nutzung des Geländes als Ackerland dürften die archäologischen Befunde des Badegebäudes noch weitgehend erhalten sein.

Als ein herber Verlust für die archäologische Denkmalpflege erwies sich dagegen in Niederberg nach dem Zweiten Weltkrieg die Überbauung des eigentlichen Kastells, das bis dahin ebenfalls noch ungestört im freien Gelände lag. Seit den 60er-Jahren des 20. Jahrhunderts wurde das Kastellareal großflächig mit Wohnhäusern überbaut, ohne dass systematische Grabungen durchgeführt oder die bei den Bauarbeiten angeschnittenen archäologischen Befunde detailgerecht untersucht werden konnten. Zahlreiche römische Baustrukturen gingen unbeobachtet verloren. Lediglich aus dem Abraum der ausgehobenen Baugruben konnte eine Reihe von Funden geborgen werden, darunter als besonders qualitätvolles Stück eine aus Bronze gefertigte Weinkanne mit figürlichem Henkel (Abb. 2).[5]

Erst in den 80er- und 90er- Jahren des 20. Jahrhunderts fanden wieder Ausgrabungen in Niederberg durch die Archäologische Denkmalpflege Koblenz statt. Hauptsächlich im Bereich des zivilen Kastelldorfes wurden bei mehreren Baustellenuntersuchungen eine dichte römische Bebauung dokumentiert und Anhaltspunkte zur Struktur des *vicus* gewonnen. Festgestellt wurden Grundrisse von Wohngebäuden und Werkstätten, die vornehmlich als Fachwerkbauten mit steinernen mörtellosen Sockeln ausgeführt waren und zum Teil mehrere Überbauungen, Erweiterungen und Ausbesserungen erkennen ließen.[6] Der Kastell*vicus* erstreckte sich weiträumig um das Kastell in Niederberg herum mit einem Schwerpunkt im Bereich des heutigen Ortskernes nahe der katholischen Pfarrkirche St. Pankratius. Im Nordosten des *vicus* befand sich offenbar ein Töpferviertel, und südöstlich des Kastells hatte schon die Reichslimeskommission Reste von Ziegelöfen erkannt. Ein römischer Bestattungsplatz schloss sich westlich an das Lagerdorf an.[7] Die Fernstraße vom Rhein bei Koblenz hoch zum Westerwald verlief durch das Ehrenbreitsteiner Tal zunächst entlang der heutigen Bundesstraße B 49. Von hier führte eine Straße in einem Bogen nördlich um das Kastell herum. Diese ist später noch

4 ORL B Nr. 2 a, 3 f. mit Taf. 3.
5 DOPPELFELD, Katalog Köln, Kat.-Nr. C 154 mit Taf. 82; WEGNER, Führer.
6 WEGNER, Koblenz 280.
7 ORL B Nr. 2 a, 4.

die mittelalterliche und neuzeitliche Hauptstraße durch Niederberg und durch den benachbarten Ort Arenberg. Ein direkter Verbindungsweg zog vom Ehrenbreitsteiner Tal steil hoch durch die sogenannte Kniebreche, einen heute asphaltierten, tief eingeschnittenen Hohlweg, der etwa 200 m entfernt an der Südwestseite des Kastells vorbeiläuft und anschließend in die Arenberger Straße mündet. Bei diesem handelte es sich wohl in römischer Zeit um die Straße für die Truppen, weshalb sich auf dieser Seite des Kastells auch das Haupttor mit dem Doppeldurchlass befand.

Die neuen Untersuchungen

Auch wenn große Bereiche des Niederberger Kastells durch die neuzeitliche Überbauung unwiederbringlich zerstört sind, liegen besonders in den unbebauten Arealen innerhalb und außerhalb des Kastells noch ungestörte archäologische Befunde, die im Jahr 2000 anlässlich der vorbereitenden Arbeiten für die Eintragung des Obergermanisch-Raetischen Limes in die UNESCO-Liste des Weltkulturerbes als Grabungsschutzgebiet der Stadt Koblenz ausgewiesen wurden. In diesem Zusammenhang steht auch eine archäologische Untersuchung, die den Erhaltungszustand der Befunde und die Möglichkeit ihrer Darstellung für die Öffentlichkeit erkunden soll. Die Archäologische Denkmalpflege in Koblenz führt seit 2002, jedoch mit längeren Unterbrechungen, eine gezielte Ausgrabung in einer stadteigenen Freifläche im Bereich des westlichen rückwärtigen Teils des Kastells *(retentura)* durch.[8] In der rund 15 m breiten und 40 m langen Grabungsfläche wurden bisher der innere der beiden Spitzgräben und die Kastellmauer freigelegt sowie zum ersten Mal in Niederberg eindeutige Befunde der aus Holz errichteten Mannschaftsbaracken mit den Überresten von Wand- und Balkengräben, Herdstellen, Pfostenlöchern und Gruben aufgedeckt (Abb. 3).

Die archäologischen Befunde liegen 0,3–0,4 m unter der heutigen Oberfläche und treten unmittelbar unter dem humosen Oberboden hervor. Die 1,2 m starke Umfassungsmauer des Kastells ist stellenweise noch mit drei Steinlagen des aufgehenden Mauerwerks erhalten. Auf der Innenseite der Mauer folgt ein 7,5 m breiter Streifen, in dem keine römischen Befunde angetroffen wurden. Hier befand sich offenbar der ehemals an die Mauer angeschüttete Erddamm, auf dem der Wehrgang entlanglief. An der Innenseite der Umwehrung schließen sich die Reste der umlaufenden Wallstraße *(via sagularis)* an. Von der Innenbebauung des

8 JOST, Limeskastell; JOST, Niederberg; WEGNER, Koblenz 279 f.

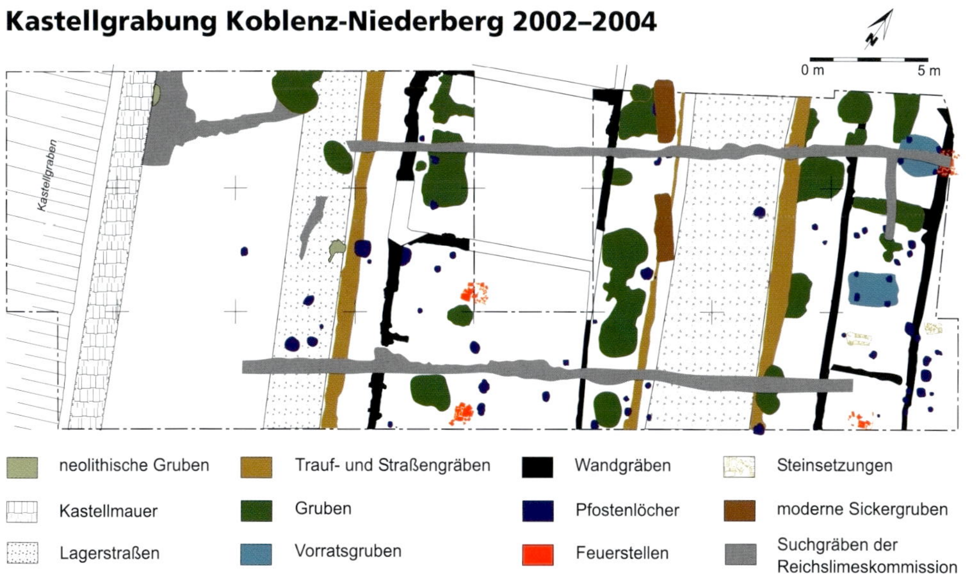

Abb. 3 Koblenz-Niederberg. Plan der Kastellgrabung 2002–2004.

Abb. 4 Koblenz-Niederberg. Auswahl an Münzen. Die Münzvorderseiten zeigen die Bildnisse der Kaiser Domitianus (81–96 n. Chr.), Traianus (98–117 n. Chr.), Hadrianus (117–138 n. Chr.), Antoninus Pius (138–161 n. Chr.), Marcus Aurelius (161–180 n. Chr.) und von Iulia Maesa, der Großmutter des Elagabalus (218–222 n. Chr.).

Kastells wurden zwei von Nordwesten nach Südosten ausgerichtete Mannschaftsbaracken jeweils im Querschnitt erfasst. Ihr Grundriss lässt sich anhand der unterschiedlich gut erhaltenen Balken- oder Fundamentgräben der Außenwände, eines Traufgrabens, der Gräbchen und Pfostengruben der Zwischenwände und der Herdstellen einzelner Mannschaftsstuben *(contubernia)* ausmachen. Zwischen den beiden Baracken befand sich eine 4,5 m breite, noch gut erhaltene Straße mit Kiesbedeckung und flachem Abflussgraben. Sowohl innerhalb als auch außerhalb der Mannschaftsunterkünfte wurden zahlreiche, oft aneinanderstoßende und teilweise über 2 m tief in den anstehenden Lössboden hinabreichende Gruben festgestellt, aus denen sicherlich der Lehm zum Bau des Kastells und zur Ausbesserung der Kastellgebäude entnommen worden war. Die meisten Gruben hat man anschließend wohl rasch wieder verfüllt, einige könnten auch als Vorratsgruben unter den Barackenfußböden weiterbenutzt worden sein.

Einige Gruben enthielten neolithische und frühlatènezeitliche Keramikfunde, die zeigen, dass der Platz schon lange vor den Römern, zuerst in der Jungsteinzeit und später noch einmal in der Eisenzeit, besiedelt war. Die Hauptmenge des Fundmaterials stammt aber aus der Zeit des Römerkastells, darunter zahlreiche Keramik- und Ziegelfragmente, teilweise mit Stempelung, handgroße Geschosskugeln aus Tuffstein oder Mörtel und Tierknochen als Speiseabfall. Unter den Kleinfunden befinden sich u. a. aus Bein das Ortband einer Schwertscheide, ein gedrechselter Messergriff, Haarnadeln, Spielsteine und ein Würfel, aus Eisen Messerklingen, Lanzenspitzen, ein kleines Beil für feine Metallschmiedearbeiten und Schreibstili. Weiterhin fand man die Überreste von drei mit kleinen Eisennägeln benagelten Sohlen von Militärsandalen, bronzene Anhänger und Beschlagteile, Schlüsselgriffe, einen Armring und Fibeln, deren Spektrum zwei Emaillefibeln, eine Spiralfibel mit punzverziertem Bügel, eine Spiralhülsenfibel mit gegabeltem Bügel und eine provinzialrömische Hakenkreuzfibel umfasst. Besonders zu erwähnen sind die Münzen mit den Bildnissen der Kaiser Domitianus (81–96 n. Chr.), Traianus (98–117 n. Chr.), Hadrianus (117–138 n. Chr.), Antoninus Pius (138–161 n. Chr.), Marcus Aurelius (161–180 n. Chr.) und von Iulia Maesa, der Großmutter des Elagabalus (218–222 n. Chr.) (Abb. 4). Die Münzen weisen auf den Zeitraum hin, aus dem die bisher geborgenen Funde stammen. Er lässt sich allgemein vom Anfang des 2. Jahrhunderts bis zum Anfang des 3. Jahrhunderts n. Chr. festlegen. Die Befunde und Funde aus den aktuellen Grabungen deuten darauf hin, dass das Kastell in Niederberg nicht wie bisher vermutet bis um 260 n. Chr. wie das Kastell Niederbieber belegt war[9], sondern wohl nur bis zur Regierungszeit des Elagabal bestand und danach planmäßig geräumt wurde.

Eine limeszeitliche Spathagarnitur

Der herausragende Fund der Grabungen stammt aus der Frühzeit des Römerkastells zu Beginn des 2. Jahrhunderts. Im Bereich der *via sagularis* lag eine 75 cm lange und 4 cm breite Klinge eines Reiterschwertes *(spatha)* mit Resten des Holzgriffes, Spuren der Silbertauschierung und mit den noch anhaftenden Holz- und Lederresten der Schwertscheide (Abb. 5). Daneben fand man eine kostbare, insgesamt 11,5 cm lange Gürtelschnalle aus Bronze (Abb. 6). Der Schnallenbeschlag war ehemals mit vier Nieten an einem Militärgürtel aus Leder *(cingulum)* befestigt. Sowohl die *pelta*förmige Schnalle mit dreiästigem Dorn und Scharnier als auch der rechteckige Schnallenbeschlag sind reich mit Emaille verziert, von der blaue, rote, grüne und gelbe Farbreste noch zu erkennen sind. Die Emailleeinlagen bilden ein symmetrisches Muster von in Reihen angeordneten Rechtecken, gegeneinander versetzten Dreiecken und Kreisen. Die wenigen Schnallen dieser Art, die bisher auf der Saalburg, im Kastell Eulbach am Odenwaldlimes, am Holzturm von Wachtposten 4/39, in Regensburg-Kumpfmühl und in Rottweil gefunden wurden, sind, verglichen mit der Niederberger Schnalle, in erheblich schlechterem Erhaltungszustand (Abb. 7).[10]

Die Fundumstände der Niederberger Garnitur sind nicht genau zu deuten. Schwert und Gürtelschnalle wurden zusammen in einer muldenartigen Vertiefung gefunden, dort, wo der Ausgräber der Reichslimeskommission, Oberstleutnant Dahm, auf eine nicht näher erläuterte „ärmliche Bestattung" gestoßen war. Der Befund war durch die früheren Grabungen leider schon stark gestört, sodass er nicht mehr genügend aussagefähig war. Gleichwohl ließ sich im aktuellen Ausgrabungsbefund sehr gut die Methode der Untersuchung durch die Reichslimeskommission erkennen. Sie bestand in nur etwa schaufelbreiten Suchschnitten,

Abb. 5a Koblenz-Niederberg. Spatha mit anhaftenden Holz- und Lederresten, Länge 75 cm.

Abb. 5b Detailfoto Reste der Tauschierung.

9 Vgl. Anm. 2. Zu Grabungen im Kastell Niederbieber auch mit neuen Münzfunden: JOST, Ausgrabungen.
10 Zu den Vergleichsfunden: OLDENSTEIN, Ausrüstung 197 f., Kat. Nr. 827–831 mit Taf. 64; PLANCK, Arae Flaviae 186, Taf. 71.13; HOSS, Soldatengürtel, Typ F.2, Kat. Nr. 521–527 mit Taf. 73–74.

Abb. 6 Koblenz-Niederberg. Emailleverzierte Gürtelschnalle mit Beschlag, Gesamtlänge 11,5 cm.

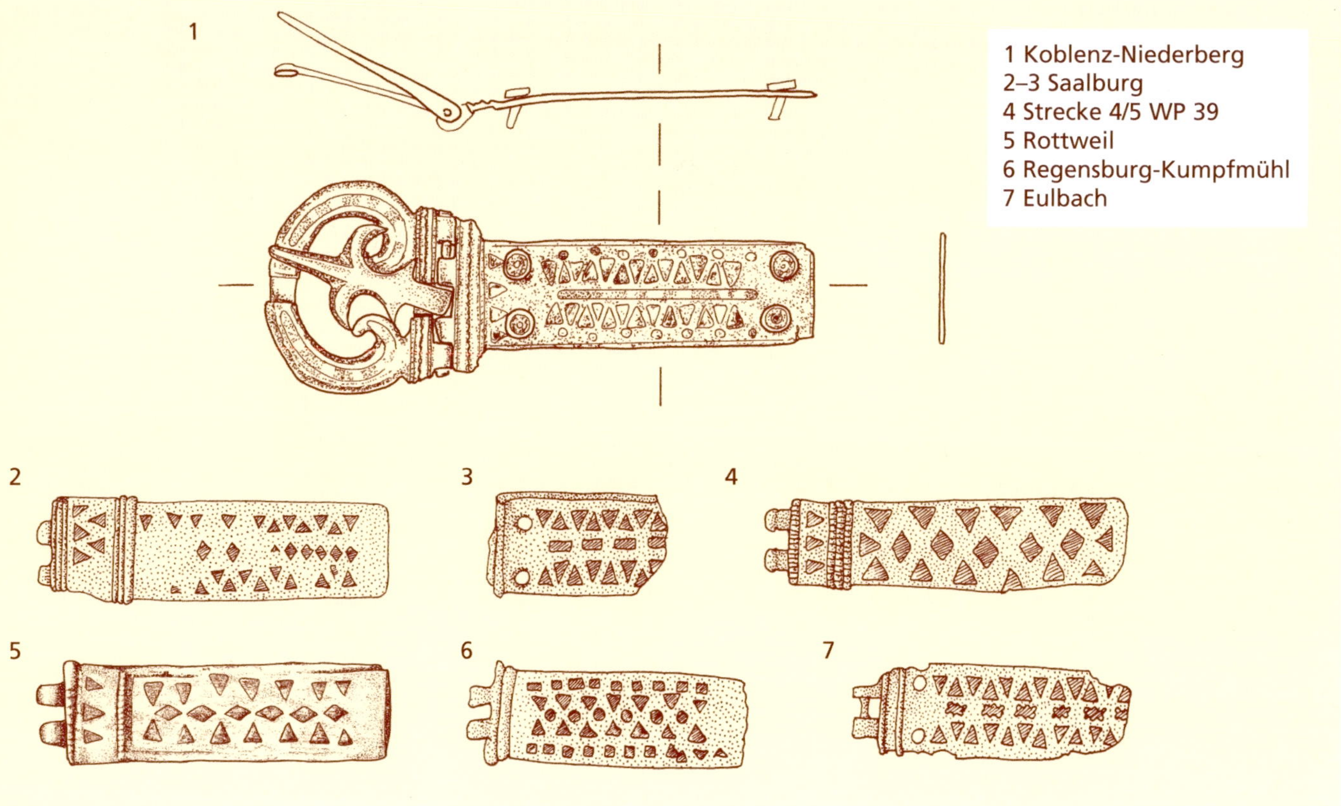

Abb. 7 Koblenz-Niederberg. Gürtelschnalle von Niederberg mit Vergleichsstücken aus dem Obergermanisch-Raetischen Limesgebiet, M.: 2:3.

die von der Kastellmauer aus offenbar in gleichmäßigen Abständen von etwa 10 m zueinander durch das Kastellinnere gezogen wurden. Hiermit konnten die Befunde nur sehr lückenhaft erfasst werden, was auch zu Fehlinterpretationen führte.

Die neuen Funde und Befunde in Niederberg konnten jetzt schon die Kenntnisse über Bau- und Besiedlungsgeschichte des Kastellplatzes erweitern. Sie zeigen, dass heute noch in den modern überbauten Kastellbereichen Befunde vorhanden sind, die eine wichtige Quelle für die archäologische Forschung sind und dementsprechend geschützt werden müssen. Allein im Jahr 2003 war es notwendig, drei weitere Stellen im Niederberger Kastell aufgrund von Bodeneingriffen durch Garagen- und Entwässerungsbauten archäologisch zu untersuchen und zu dokumentieren. Ganz aktuell wurde in einer Nachbarparzelle der Grabungsfläche, in der sich die nordöstlich gelegene Mannschaftsbaracke fortsetzte, ohne vorherige Abstimmung mit der Archäologischen Denkmalpflege für den Bau einer Garage eine Baugrube ausgehoben. Die archäologischen Befunde hatte man glücklicherweise noch nicht tiefgreifend zerstört, sodass die römischen Baustrukturen noch im Rahmen einer eilends angesetzten Rettungsgrabung im Mai und Juni 2005 dokumentiert werden konnten. Es bleibt zu hoffen, dass die inzwischen erfolgte Anerkennung des Limes als Weltkulturerbe zu einer stärkeren Sensibilität im Umgang mit einem solch kulturhistorisch bedeutenden Ort führt. Denn das Kohortenkastell in Niederberg leistete einen wichtigen Beitrag zum Schutze des nördlichen Limes und seines Hinterlandes.

Dr. Cliff A. Jost, Landesamt für Denkmalpflege Rheinland-Pfalz, Archäologische Denkmalpflege, Amt Koblenz, Festung Ehrenbreitstein, 56077 Koblenz

Literaturverzeichnis

BAATZ, Limes
D. Baatz, Der römische Limes (Berlin 1974).

BÁTORI, Koblenz
Bátori (Red.), Geschichte der Stadt Koblenz. Bd. 1. Von den Anfängen bis zum Ende der kurfürstlichen Zeit, (Stuttgart 1992).

DOPPELFELD, Katalog Köln
O. Doppelfeld (Hrsg.), Die Römer am Rhein. Ausstellungskat. GRM Köln (Köln 1967).

HORN, Signumscheibe
H. G. Horn, Cohors VII Raetorum equitata. Signumscheibe aus Niederbieber. Rhein. Landesmus. Bonn 1982, 52–55.

HOSS, Soldatengürtel
St. Hoss, Der römische Soldatengürtel im 1.–2. Jahrhundert n. Chr. in den germanischen Provinzen und Raetien. Unveröff. Magisterarbeit Univ. Köln 1997.

JOST, Ausgrabungen
C. A. Jost, Neue Ausgrabungen im römischen Kastell Niederbieber, Stadt Neuwied. Archäologie in Rheinland-Pfalz 2002 (Mainz 2003) 103–106.

JOST, Limes
C. A. Jost, Der römische Limes in Rheinland-Pfalz. Arch. Mittelrhein u. Mosel 14 (Koblenz 2003).

JOST, Limeskastell
C. A. Jost, Limeskastell Niederberg. Arch. Deutschland 4, 2004, 54 f.

JOST, Niederberg
C. A. Jost, Das römische Limeskastell Niederberg bei Koblenz. Arch. Rheinland-Pfalz 2003 (Mainz 2004) 39–42.

OLDENSTEIN-PFERDEHIRT, Hilfstruppen
B. Oldenstein-Pferdehirt, Die römischen Hilfstruppen nördlich des Mains. Forschungen zum obergermanischen Heer I. Jahrb. RGZM 30, 1983, 303–348.

OLDENSTEIN, Ausrüstung
J. Oldenstein, Zur Ausrüstung römischer Auxiliareinheiten. Studien zu Beschlägen und Zierrat an der Ausrüstung der römischen Auxiliareinheiten des Obergermanisch-Raetischen Limesgebietes aus dem zweiten und dritten Jahrhundert n. Chr. Ber. RGK 57, 1976, 49–284.

ORL B Nr. 2 a
E. Fabricius, F. Hettner, O. von Sarwey (Hrsg.), Der Obergermanisch-Raetische Limes des Römerreiches. Abt. B Nr. 2 a. Das Kastell Niederberg bei Ehrenbreitstein (Berlin, Leipzig 1900).

PLANCK, Area Flaviae
D. Planck, Arae Flaviae I. Neue Untersuchungen zur Geschichte des römischen Rottweil. Forsch. Ber. Vor- u. Frühgesch. Baden-Württemberg (Stuttgart 1975).

SCHÖNBERGER, Truppenlager
H. Schönberger, Die römischen Truppenlager der frühen und mittleren Kaiserzeit zwischen Nordsee und Inn. Ber. RGK 66, 1985, 321–497.

WEGNER, Führer
H.-H. Wegner, Römisches Kastell in Niederberg. In: Führer zu archäologischen Denkmälern in Deutschland 12 (Stuttgart 1986) 169–171.

WEGNER, Koblenz
H.-H. Wegner, Das Römische Koblenz. In: H. G. Kuhn (Bearb.), Prof. Dr. Robert Bodewig: Lehrer, Historiker, Archäologe. Bd. 2 (Lahnstein 2005) 267–295.

WEGNER, Koblenz-Niederberg
H.-H. Wegner, Koblenz-Niederberg. In: H. Cüppers (Hrsg.), Die Römer in Rheinland-Pfalz (Stuttgart 1990) 423 f.

Abbildungsnachweis

Abb. 1 LAD Rheinland-Pfalz, Amt Koblenz, A. Schmickler; Abb. 2 LAD Rheinland-Pfalz, Amt Koblenz, M. Neumann; Abb. 3 LAD Rheinland-Pfalz, Amt Koblenz, F. Brüninghaus, H. Höhler-Brockmann; Abb. 4–6 LAD Rheinland-Pfalz, Amt Koblenz, M. Neumann; Abb. 7 LAD Rheinland-Pfalz, Amt Koblenz, M. Meinen (Vergleichsstücke nach Literatur: Anm. 10).

ARCHÄOLOGISCHE AUSGRABUNGEN AN WP 5/4 »AN DER ALTEN RÜDIGHEIMER HOHLE« BEI RAVOLZHAUSEN, GEMEINDE NEUBERG

Von Egon Schallmayer

Unmittelbar nördlich der heutigen Bebauungsgrenze von Ravolzhausen erstreckt sich ein zur Rüdigheimer Straße (L 3445) nach Südosten abfallender Geländerücken, auf dem bei den Untersuchungen der Reichslimeskommission die Fundamente eines Limesturms (WP 5/4 „An der alten Rüdigheimer Hohle") festgestellt wurden (Abb. 1).[1] Sie befanden sich der damaligen

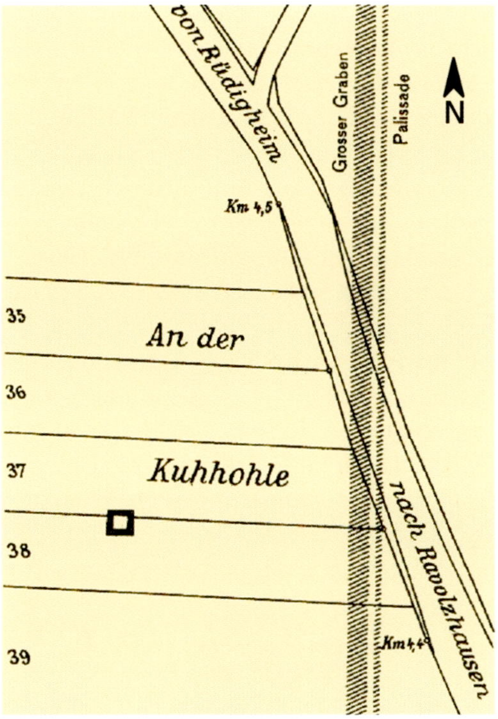

Einmessung zufolge 52 m „von der Mitte des Pfahlgrabens" entfernt westlich der Limeslinie. Diese konnte seinerzeit aufgrund der Nachweise in Grabungsschnitten bei dem nördlich benachbarten Limesturm (WP 5/2 „Auf dem Stein") sowie bei dem südlich angenommenen Wachposten (WP 5/5 „Bei Ravolzhausen") und beim noch weiter südlich davon gelegenen Kleinkastell Langendiebach in ihrem Verlauf festgelegt werden[2].

An WP 5/4 waren 1893 bei den Untersuchungen der Reichslimeskommission 0,5–1 m unter der damaligen Oberfläche die „untersten Lagen der 1 m starken Fundamentmauern mit Gußmörtel des quadratischen Baus von 5,5 m Seitenlänge sowie römische Gefäßscherben, auch Sigillata" angetroffen worden. Heute liegt die Turmstelle etwa 120 m nördlich der Bebauungsgrenze des einstigen Neubaugebiets „Am Limes II" und etwa 60 m westlich der L 3445. Eine erneute Einmessung des Befunds erfolgte vor Kurzem für den Kartenteil des Antrags an die UNESCO zur Aufnahme des Obergermanisch-Raetischen Limes in die Liste der Welterbestätten (Abb. 2).[3]

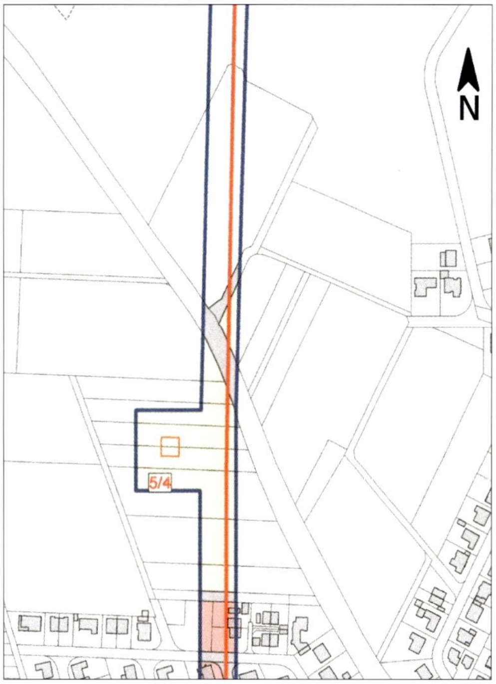

Abb. 1 Lageplan des Steinturms WP 5/4 nach ORL Abt. A, Bd. II 1 Strecke 4 und 5 (1936) 156 f.

Abb. 2 Lageplan des Steinturms WP 5/4 nach der Neueinmessung für das Kartenwerk zum Antrag an das UNESCO-Welterbebüro.

1 ORL A, Strecke 4 und 5, 156 f. mit Taf. 14,5; G. Wolff, Limesblatt. – Vgl. die Vorberichte SCHALLMAYER, Soldatenleben; ders., Forschungen.
2 ORL Strecke 4 und 5, 156.
3 UNESCO-Antragswerk „Frontiers of the Roman Empire. World Heritage Site – Proposed Extension. Vol. II Maps. 2004".

WP 5/4 und der Limes bei Ravolzhausen in der Planung eines Neubaugebiets

Aus der Presse erfuhr die Archäologische Denkmalpflege Hessen im August 2003 von den Planungen der Gemeinde Neuberg, das bereits in den 1970er-Jahren nordwestlich der Ortslage von Ravolzhausen begonnene Neubaugebiet zu erweitern. Der neue Bebauungsplan, der bis zu 62 Bauplätze umfassen sollte, erstreckt sich über jenen von Nordwest nach Südost geneigten Geländerücken westlich der genannten Landstraße von Ravolzhausen nach Marköbel, in dem von der Reichslimeskommission der römische Steinturm gefunden und der Verlauf des Limes rekonstruiert worden war. Diese Tatsachen waren den Planern offenkundig auch bekannt, denn sie gaben dem Neubaugebiet die treffende Bezeichnung „Am Limes III“ (Abb. 3). Unmittelbar nach Kenntnisnahme der beabsichtigten Planungen nahm die Landesarchäologie Kontakt mit der Gemeinde auf und bat um Zusendung der detaillierten Unterlagen. Aus den vorgelegten Plänen ließ sich sofort erkennen, dass die vorgesehene Bebauung vor allem im südöstlichen Bereich die vor über 100 Jahren festgestellte Turmstelle und womöglich weitere Reste der ehemaligen römischen Reichsgrenze beeinträchtigen würde. Um Klarheit über die genaue Lage des steinernen Wachturms zu bekommen, vor allem aber, um evtl. noch weitere im Boden steckende, bisher noch nicht erkannte Befunde in dessen Umfeld lokalisieren zu können – insbesondere etwa die Reste eines zu erwartenden Holzturms – wurde mit der Gemeinde Neuberg vereinbart, eine geomagnetische Prospektion im Vorfeld der weiteren Planungsarbeiten durchzuführen. Diese erfolgte am 18. Dezember 2003 durch das Büro Posselt & Zickgraf GbR – Büro Marburg.[4] Die Voruntersuchung mittels dieser naturwissenschaftlichen Methode gab das Mauergeviert des Steinturms in aller Deutlichkeit zu erkennen und ließ den Verlauf des Limesgrabens erneut sichtbar werden. Es scheint, als werde er in dem untersuchten Bereich sogar von zwei davor errichteten Palisadenreihen begleitet. Dies bleibt aber noch zu klären, wenn im Zuge der Erschließungsarbeiten der Limeszug an einer Stelle durchschnitten wird und dabei möglicherweise ein Profil angelegt werden kann. Tatsächlich, wenngleich nicht völlig überraschend, zeichneten sich die Konturen eines mit Ringgraben versehenen Holzturms ab. Weitere Auffälligkeiten im Prospektionsbild der gesamten Turmstelle waren wohl als grubenartige Strukturen zu deuten (Abb. 4).

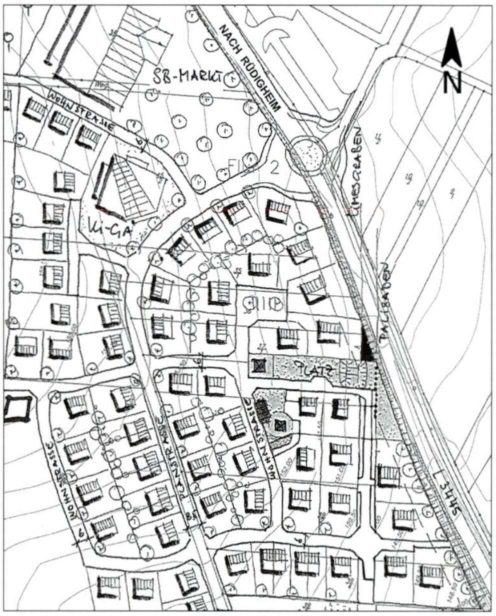

Abb. 3 Bebauungsplan „Limes III“ mit Eintragung des Steinturms WP 5/4. Fassung vor der endgültigen Abstimmung.

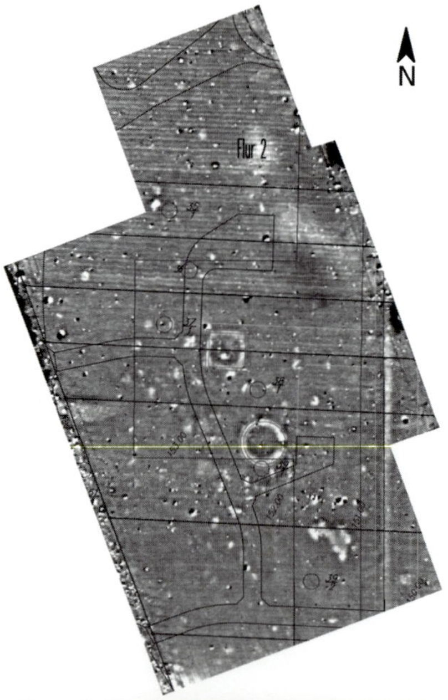

Abb. 4 Befundbild der geomagnetischen Prospektion im Bereich der Turmstelle WP 5/4.

4 B. Zickgraf MA., N. Buthmann MA., Prospektion Neuberg-Ravolzhausen 2003 (Manuskript 2004).

Die Voruntersuchung hatte also zu dem Ergebnis geführt, dass bei Ausführung des geplanten Neubaugebiets nicht nur der bekannte Steinturm in Mitleidenschaft gezogen, sondern vielmehr noch ein weiterer Holzturm und bisher unerkannte, aber wohl aufschlussreiche archäologische Einzelheiten bei einer Bebauung des Areals für immer vernichtet werden würden. Angesichts des sich in dieser Weise erweiternden Gesamtbefundes konnte die von der Gemeinde vorgesehene Planung nicht bestehen bleiben. Auch vor dem Hintergrund der seinerzeit unternommenen – inzwischen erfolgreichen – Anstrengungen um die Anerkennung des Obergermanisch-Raetischen Limes in Deutschland als Welterbe der UNESCO, die dabei auf den dauerhaften Schutz des größten Bodendenkmals in unserem Land besonderen Wert legt, war eine Zerstörung der gesamten Turmstelle durch Überbauung, selbst bei vorheriger kompletter archäologischer Untersuchung nicht zu vertreten. In mehreren, außerordentlich konstruktiven und von gegenseitigem Vertrauen geprägten Arbeitsgesprächen zwischen Gemeinde, Planungsbüro und Archäologischer Denkmalpflege, die bis in den März 2004 andauerten, konnte eine Umplanung der Gesamtmaßnahme zugunsten der archäologischen Substanz erreicht werden. Ziel war es dabei, Stein- und Holzturm sowie Limesgraben und Palisaden im Boden zu erhalten und lediglich die grubenartigen Strukturen in der Umgebung der Turmstelle vor den Erschließungs- und Baumaßnahmen archäologisch zu untersuchen, und sie damit für die Nachwelt zu dokumentieren. Die dabei angestellten Überlegungen führten schließlich zur Erarbeitung eines städtebaulichen Konzepts, das darauf abzielt, das Neubaugebiet in seiner optischen und räumlichen Wahrnehmbarkeit und in seiner historischen Tiefe aufzuwerten. Stein- und Holzturm werden zukünftig in eine kleine Parkanlage integriert, der Limesverlauf durch eine von jeglicher Bebauung frei gehaltenen, begrünten Sichtschneise erfahrbar gemacht. Die historische Tiefe des Orts lässt sich dann durch die Errichtung gefällig gestalteter Informationsmodule vor Ort nachvollziehen. Insgesamt erhält das Baugebiet durch diese Maßnahmen einen unverwechselbaren Charakter mit einer eigenen Geschichte, was den Identifikationsaspekt der Bewohner zu ihrem neuen Wohnort unterstützen dürfte.[5] Es ist geplant, dass jeweils die vierte Klasse der unmittelbar nordöstlich des Neubaugebiets gelegenen Grundschule („Limesschule") für ein Jahr die Patenschaft über das gestaltete Areal des Bodendenkmals übernimmt und für die Pflege der kleinen Parkanlage sorgt. Durch geschickte planungsinhaltliche Veränderungen des Bebauungsplans (Ausweisung einer leicht größeren Anzahl von Bauplätzen gegenüber den ursprünglich geplanten auf etwas kleineren Grundstücken) ließen sich die Umplanungen für die Gemeinde in einem insgesamt kostenneutralen Rahmen vornehmen (Abb. 5).

Abb. 5 Geänderte Fassung des Bebauungsplans „Limes III" mit Eintragung des Vermittlungsbereichs um WP 5/4 innerhalb einer kleinen Grünanlage und des durch eine begrünte Sichtschneise kenntlich gemachten Limesverlaufs.

Die archäologischen Ausgrabungen

Vom 18. August bis 20. Oktober 2004 fanden die archäologischen Untersuchungen der Befunde im Umfeld der Holz- und Steinturmstelle durch die Grabungsfirma Frank Lorscheider M. A., Wiesbaden, statt.[6] In 12 Schnitten wurde eine 71 x 73 m große Fläche nahezu vollständig untersucht. Fast ganz von den Grabungen ausgespart blieb das Areal der beiden Turmstellen. Auf dem 5463 m² großen Grabungsareal wurde zunächst mit-

5 Das Interesse sowohl der Einwohner des Altortes als auch der zukünftigen Einwohner des Neubaugebiets ist groß, wie verschiedene Veranstaltungen, darunter Vorträge und der „erste Spatenstich" erkennen ließen. Verschiedene Gespräche machten deutlich, dass sich vor allem die Neusiedler darauf freuen, zukünftig an einem geschichtsträchtigen Ort zu wohnen.
6 LORSCHEIDER, Abschlussbericht.

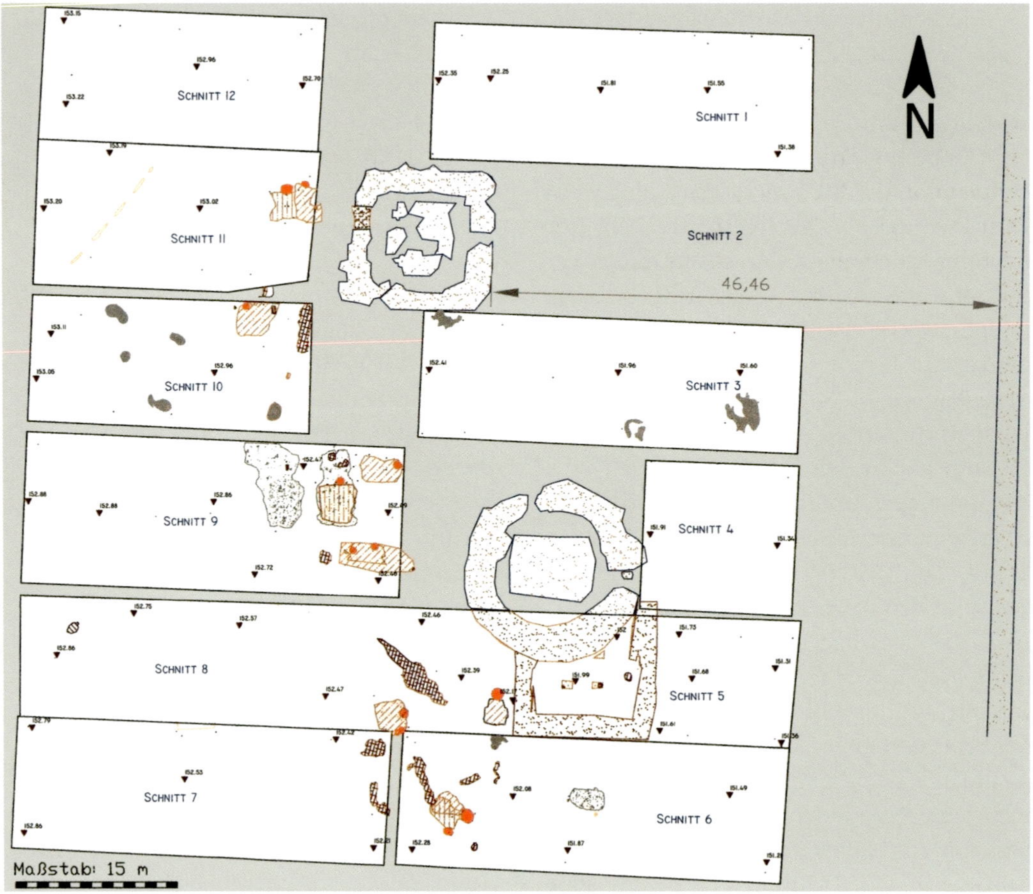

Abb. 6 WP 5/4. Befundplan.

hilfe des Baggers der Humusboden bis in eine Tiefe von bis zu 0,5 m u. h. Ofl. abgetragen. Das Oberflächenniveau lag vor Beginn der Grabung grob gemessen zwischen 151,7 m NN im Südosten und 153,6 m NN im Nordwesten. Insgesamt ergab sich die größte Befunddichte in den Schnitten 5 bis 11, d. h. in einem in gleicher Richtung ansteigenden Geländestreifen westlich der Turmstellen (Abb. 6).

Turm A

Überraschend war die Entdeckung eines zweiten Holzturms in Schnitt 5. Er erhielt die Bezeichnung Turm A (Abb. 7). Die Konturen dieses „neuen“ Turms gaben sich erst

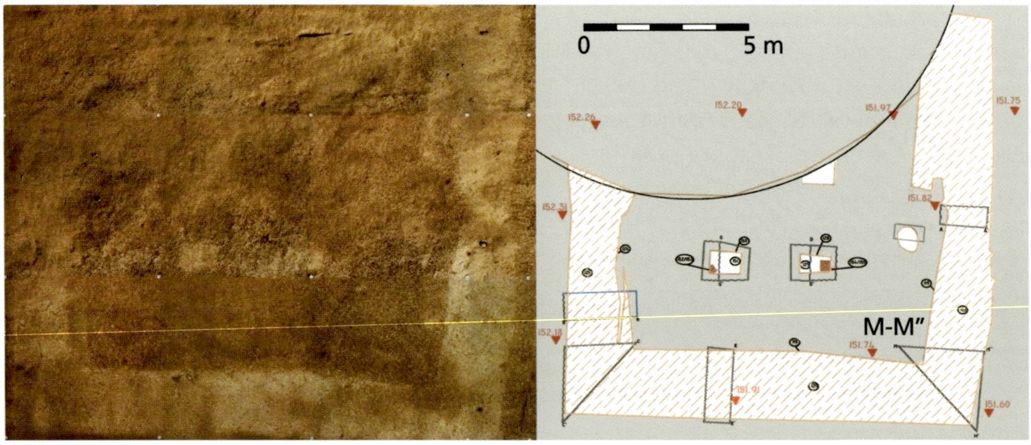

Abb. 7 WP 5/4. Holzturm A im Planum. Montage Grabungsfotos und Umzeichnung.

auf den zweiten Blick in der geomagnetischen Aufnahme zu erkennen, sozusagen als man über den Befund durch die Ausgrabung schon orientiert war. Deshalb hatten seine – bis dahin unerkannten – Strukturen bei der Umplanung des Neubaugebiets auch keine Berücksichtigung mehr finden können. Eine nochmalige Änderung des Bebauungsplans war wegen der bereits erfolgten Planfeststellung nicht mehr möglich. Turm A musste deshalb ausgegraben werden. Mit seiner Mitte lag er 36 m hinter dem Limesgraben. Einst war er rechtwinklig [12,37 (N-S) x 12,41 m (O-W)] von einem Graben umgeben, der an mehreren Stellen geschnitten werden konnte und meist als Sohlgraben bis zu 1,4 m u. h. Ofl. (= 152,2 m NN) in den Boden reichte (Abb. 8). Im oberen Bereich besaß er noch eine Breite bis zu 2,5 m. Seine beste Ausprägung als Spitzgraben zeigte sich in Profil 1 (Nordprofil), das unmittelbar in der Südostecke des Grabenverlaufs in Verlängerung der nördlichen Grabengrenze des südlichen Grabenabschnitts aufgenommen wurde. Hier war der Graben leicht stufenförmig eingetieft, seine „Spitze“ zeichnete sich als spatenbreite Sohle deutlich ab. Im Grabenprofil erkennbar, waren mehrere Verfüllschichten, darunter auch Holzkohlebänder. Ihre jeweils nach der Außenseite des Grabens ansteigende Verfüllung deutet vielleicht darauf hin, dass das Erdmaterial von einem hier erhöhten Gelände in den Graben eingeflossen ist. In der Mitte der Ostseite des Grabens verjüngte sich der Grabendurchschnitt. Das hier aufgenommene Grabenprofil lässt gegenüber dem eben beschriebenen, tiefer reichenden eine seichtere Grabensohle erkennen. Vielleicht deutet sich hier eine Erdbrücke an, in deren Zusammenhang auch eine Grube, möglicherweise der Rest eines Pfostenlochs von 0,6 m Durchmesser zu sehen ist, das etwa einen drei Viertel Meter westlich hinter der Grabenverengung zum Vorschein kam.

In dem von dem Graben umgebenen Innenbereich zeichneten sich zwei in einer Linie und von Mitte zu Mitte im Abstand von rund 2,8 m zueinander stehende Pfos-

Abb. 8 WP 5/4. Holzturm A. Schnitt durch den Kreisgraben.

tengruben ab, in denen sich noch die Standspuren der im Durchmesser bis zu 0,5 m großen Pfosten erkennen ließen. Sie bildeten das Eckpfostenpaar der Südwand des Holzturms. Der nordöstliche Pfosten war zwar im Planum erkennbar, wurde aber nicht ausgegraben. Er lag 3,3 m von seinem südöstlichen Pendant entfernt. Aus den Pfostenstandorten lässt sich daher eine Turmgröße von 2,8 x 3,3 m rekonstruieren.

Die oberste Zone der Einfüllung des das Turmgeviert im Abstand von 2,50 m von seinem inneren Rand umgebenden Grabens wurde – wie in allen Profilen zu erkennen war – von einer einheitlichen Einfüllung gebildet. Diese war offenbar eingebracht worden, nachdem der schon verfüllte Graben noch einmal zur Materialentnahme gedient hatte. Aus dieser Schicht stammen Fragmente einer stark verschliffenen, südgallischen TS-Bilderschüssel Drag. 37, mehrere Wandscherben der gleichen Form aus La Madeleine (Abb. 9.1), die Bodenscherbe eines Tellers Drag. 18/31, wohl ostgallischer Provenienz, sowie das Bodenstück eines völlig abgeriebenen TS-Napfs Drag. 33 mit Eigentumsmarke XX.[7] Weiterhin die Bruch-

7 Bef.-Nr. 125: RS u. WS Drag. 37: südgallisch. So stark abgeschliffen, dass eine Bestimmung des Töpfers nicht vorgenommen werden konnte. Aufgrund des Scherbens, der die typischen weißen Mineraleinsprengungen zeigt, ist aber von einer südgallischen Provenienz auszugehen. – 5 WS Drag. 37: La Madeleine. Bildfeld metopenartig gegliedert. Zwischen Feldertrennungen aus pflanzlicher Dekoration zusammengesetzt aus Baumstumpf RICKEN 1934 Taf. 7,54 mit angesetztem Blattrankenmotiv ebd. Taf. 7,76, Bär nach rechts FÖLZER 1913 Taf. 25,27 unter eingestreuten Füllornamenten aus kleinem Doppelblättchen RICKEN 1934 Taf. 7,36 über Abschlussfries aus gefiedertem Doppelblatt ebd. Taf. 7,15. Wohl Ware mit Eierstab K, Erste Gruppe. – WS mit Standringansatz Drag. 33. Ton rosa-hellocker, klobige Form. TS-Imitat? Ob zum Befund gehörend ist fraglich.

Abb. 9 WP 5/4. 1–4: Fundmaterial aus dem Graben von Holzturm A. 5–6: Fundmaterial aus dem Graben von Holzturm B. 7–8: Fundmaterial aus dem Graben von Steinturm C. ohne Massstab.

stücke einer Gesichtsurne mit verschliffenem Karniesrand, der Halsteil eines Einhenkelkrugs mit abgestuftem Rand (Abb. 9.2), wie er bestenfalls bis in hadrianische Zeit vorkommt, Bruchstücke einer südspanischen Olivenölamphore der Form Dressel 20, Teile eines Zweihenkelkrugs mit rechtwinklig abgesetzten Griffhenkeln (Abb. 9.3), ein nicht bestimmbares Architekturteil aus Sandstein, das möglicherweise zuletzt als Schleifstein diente, und ein Eisennagel.[8] Aus der unteren Verfüllschicht des Grabens im Bereich der möglichen Erdbrücke stammen weitere Gefäßbruchstücke der genannten Amphore und die Wandscherbe eines Schwerkruges, sowie aus der Pfostengrube hinter der Erdbrücke das Randstück einer rottonigen, gehenkelten Schale mit Wulstrand (Abb. 9.4).[9] Alle genannten Funde machen – mit Ausnahme des Napfs Drag. 33 – einen zeitlich geschlossenen Eindruck und gehören nicht allzu weit in die erste Hälfte des 2. Jahrhunderts n. Chr. Maßgebend ist die Terra Sigillata-Schüssel aus La Madeleine, die der älteren Produktionsphase dieser Töpferei angehört.[10]

Holzturm B

Der nordöstliche Grabenbereich von Turm A wurde durch den Ringgraben des zweiten Holzturms B überschnitten (vgl. Abb. 6 und 7). Dessen Umrisse waren in der geophysikalischen Messung deutlich erkennbar gewesen. Deshalb sieht im Bereich von Turm B die Umplanung des Neubaugebiets eine Freifläche vor, weshalb das Gelände von einer Ausgrabung ausgenommen wurde. Die Turmreste bleiben somit wie die Reste des Steinturms C und die des Pfahlgrabens als archäologisches Reservat im Boden erhalten. Im Messbild der Geomagnetik zeichnete sich der Ringgraben von Turm B mit einem Durchmesser von 16,7 m vom äußeren Grabenrand gemessen ab. Nach Osten zum Limes hin befand sich der Zugang zum Turm über eine Erdbrücke, wie die Unterbrechung der Grabenstruktur im Prospektionsbild deutlich erkennen lässt. Eine kleine runde Verfärbung am nördlichen Grabenkopf stellt vielleicht eine Pfostengrube dar, die möglicherweise zur Konstruktion einer einfachen Toranlage gehört haben könnte. Der direkte Wegezug trifft im rechten Winkel auf den Verlauf des Limesgrabens, hinter dem die Mitte des Turms B im Abstand von 37 m zu liegen kommt. Der südliche Kreisbogen des Ringgrabens konnte in Schnitt 5, der den neuen Holzturm A zum Vorschein gebracht

8 Bef.-Nr. 120–122. Vergleichbare Randformen von Einhenkelkrügen liegen u. a. aus Kastell Altenstadt vor: SCHÖNBERGER U. SIMON, Altenstadt 116 f. mit Taf. 33 CVII 13 – CVII 16, 24, 26. Sie werden dort nach Parallelen bis ins 2. Viertel des 2. Jahrhunderts n. Chr. datiert. Aus den Schichten des „Traianischen Militärbaus" (Kastellbad) von Heldenbergen, der nach Ausweis der Ziegelstempel um 110/120 n. Chr. abgerissen wurde, stammen Krüge mit gleichen Randlippenformen: CZYSZ, Heldenbergen 434 P 21 – P 28 mit Taf. 114, 21–28.

9 Bef.-Nr. 123, 149.

10 RICKEN 1934, 133.

hatte, aufgedeckt werden. Die Grabenbreite beträgt dort noch rund 3,2 m. Ein Grabenprofil wurde aber nicht angelegt. Die ganze Turmstelle ist – von Turmmitte zu Turmmitte gemessen – gegenüber der von Holzturm A um etwa 3 m weiter nach Westen und etwa 8 m nach Norden versetzt. Im Innern der Kreisgrabenanlage bildet die Geomagnetik die Pfostenstandspuren des Turms leider nur sehr unzureichend ab. Nimmt man die dunkleren Partien des Messbilds als Anhaltspunkte und projiziert einen viereckigen Turmgrundriss vermittelnd in die Kreisinnenfläche mit gleichen Abständen zu dem inneren Grabenrand, so könnte sich ein Turm in der Größe von immerhin bis zu 5 x 6 m rekonstruieren lassen.

Bereits beim Abschieben wurden aus der oberen Verfüllung des Kreisgrabens von Turm B die Reste derselben Amphore (Dressel 20) gefunden, die aus der untersten Einfüllschicht des Grabens von Holzturm A stammt, und zwar aus dem Bereich der an dessen Ostseite angenommenen Erdbrücke. Jetzt war der Henkelansatz erkennbar, der eine in flavisch-trajanische Zeit datierende lang gestreckte Form aufweist.[11] Weitere Funde aus der oberen Grabenfüllung stellen mehrere Randfragmente wohl einer weiteren Terra Sigillata-Bilderschüssel aus La Madeleine (Abb. 9.6) dar. Weiterhin fand sich das Randstück einer feingliedrigen Reibschale, einer Schale mit flachem, nach außen gezogenem Rand (Abb. 9.5) sowie das Bodenfragment eines Einhenkelkrugs, dessen Standring noch deutlich abgesetzt ist.[12] Das kleine Fundensemble gehört kaum schon in die zweite Hälfte des 2. Jahrhunderts n. Chr., wobei möglicherweise die Terra Sigillata aus La Madeleine und sicher die Amphore als aus Holzturm A und damit aus der ersten Phase der Gesamtturmstelle stammend auch hier in passender Weise eine nicht spätere Datierung unterstützen. Die Bruchstücke lagen offenbar noch nicht lange im Boden, als sie bei Anlage des Grabens von Holzturm B verlagert wurden. Somit wird die Stratigrafie, die durch die Überschneidung des Grabens von Turm A durch den des Turms B gegeben wird, in relativchronologischer Hinsicht bestätigt.[13]

Steinturm C

Bei Turm C handelt es sich um jenen Steinturm, den die Reichslimeskommission bereits untersucht hatte. Gegenüber Holzturm B lag er in einem Abstand von rund 30 m weiter nordwestlich – wieder von Turmmitte zu Turmmitte gemessen. In der geomagnetischen Prospektion hatte sich die Turmstelle in aller Deutlichkeit abgezeichnet (vgl. Abb. 4). Die Einmessung bestätigte die Angaben der Reichslimeskommission. Das Turmgeviert besaß eine Seitenlänge von 5,5 m. Allerdings war der Turm von einem Graben umgeben, der in einem Abstand von etwa 1,5 m zu seinen Außenseiten rechtwinklig um den Turmgrundriss verlief, damit eine Fläche von annähernd 14 x 12 m umfassend. Bei den Untersuchungen der Reichslimeskommission war der Graben nicht entdeckt worden. Bei der vorliegenden Planung wurde der gesamte Bereich von Steinturm C ebenfalls aus dem zu bebauenden Areal herausgenommen und wird in die kleine Parkfläche innerhalb des Neubaugebiets eingefügt werden. Er blieb daher bei der Ausgrabung bis auf einen kleinen Profilschnitt unangetastet, der von der Ostseite des Schnitts 11 etwa 5 m weit in östliche Richtung vorangetrieben wurde. Zum einen erschien die Ausweitung des Untersuchungsbereichs an dieser Stelle notwendig, weil sich die Strukturen eines weiteren Befunds (Ofenstelle 8) über die Ostgrenze von Schnitt 5 hinaus fortsetzten und deren vollständige Dokumentation gewünscht war. Zum anderen sollte der Steinturmgraben, der

11 REMESAL-RODRÍGUEZ U. SCHALLMAYER, Amphoren.
12 Bef.-Nr. 147, Terra Sigillata: RS, 2 WS Drag. 37. La Madeleine, Eierstab RICKEN 1934 Taf. 7 C mit begleitendem Perlstab FÖLZER Taf. 25,122. Im Bildfeld Vertikalfries aus Korb, Delphin und Maske ebd. Taf. 25,80. Wohl Ware mit Eierstab C. Ob es sich tatsächlich um die Reste einer zweiten Bilderschüssel aus La Madeleine von der Fundstelle handelt oder um anpassende Teile zu den Schüsselresten aus dem Graben von Holzturm A ist nicht sicher.
13 La Madeleine gehört zu den Hauptlieferanten der Saalburg in Zeiten des Erdkastells, RICKEN 1934, 133, dessen Ende um 135 n. Chr. datiert ist, vgl. SCHÖNBERGER, Namensstempel 21 f. – Zusammenfassend: BECK U. FRANCE-LANORD, La Madeleine 244 ff.

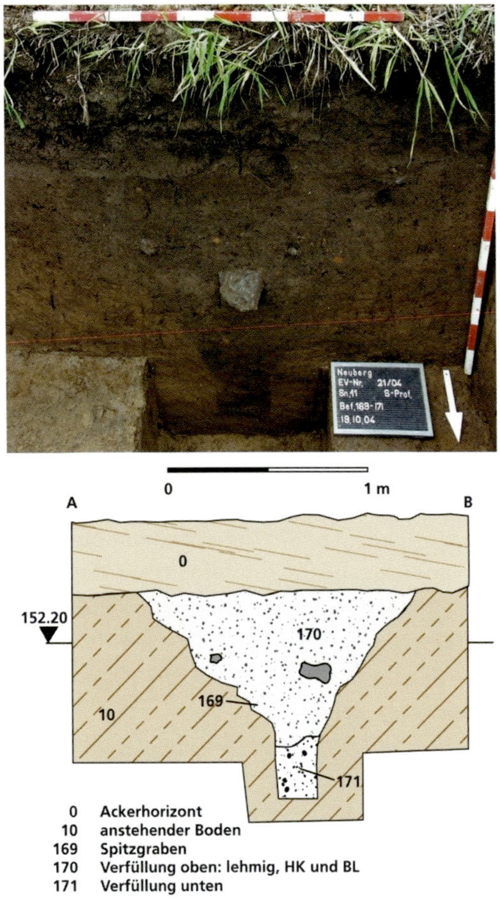

Abb. 10 WP 5/4. Turm C. Grabenprofil.

sich als neues Detail der Turmstelle herausgestellt hatte, wenigstens an einer Stelle im Profil aufgeschlossen werden. Der 1 m breite Schnitt ermöglichte im Bereich des Grabens die Anlage von zwei Profilen, die sich in Abmessungen und Konturen ähnelten. Das 2 m lange Nordprofil wurde aufgenommen.

Die Humuszone reichte etwa 0,4 m u. h. Ofl., die hier bei 152,8 m NN lag. Danach zeichnete sich das Profil eines Spitzgrabens ab, der oben noch eine Breite von 1,5 m bis 1,9 m aufwies (Abb. 10). Der Graben reichte rund 1 m tief in den Boden und verjüngte sich auf einen im Profil rechteckigen Sohlgraben von 0,2 m Breite. Die homogene Grabeneinfüllung bestand aus grauem humosem Erdmaterial, das vereinzelt Basalt- und Kieselsteine, verziegelte Lehmstücke, Holzkohleflitter und etwas Keramik aufwies. Im Nordprofil setzte sich lediglich in der Grabenspitze eine bis zu 0,25 m mächtige dunkelbraune Einfüllschicht ab. Der Graben war also bei einer späteren Nachbearbeitung an dieser Stelle nicht mehr vollständig ausgehoben worden. Eine 0,25 x 0,35 m große Verfärbung westlich des Grabens stammt möglicherweise von einer Pfostenstellung.

Der Profilschnitt lieferte ganz wenige Funde, die allerdings für eine chronologische Einordnung ausreichen. So kam aus der untersten Grabensohle das Fragment eines weißtonigen Jagdbechers mit braunschwarzem Glanztonüberzug und vegetabiler Barbotineverzierung des Typs Niederbieber 30 b oder 32 b zum Vorschein.[14] Das Stück dürfte aus Köln stammen, wo die Produktion von Jagdbechern vor allem im 2. Jahrhundert n. Chr. vorgenommen wurde.[15] Das Vorkommen dieser Keramik im Kastell Niederbieber zeigt aber, dass sie noch bis in den Beginn des 3. Jahrhunderts n. Chr. im Limesgebiet verhandelt wurde. Das Bruchstück aus der Grabenspitze des Steinturms C, deren Einfüllung die erste „Verlandung" des Grabens anzeigt, mag auf ein Jagdbecherexemplar hinweisen, das am Ort vielleicht noch in der zweiten Hälfte des 2. Jahrhunderts n. Chr. in Gebrauch war. Aus der über der Grabensohle vorhandenen jüngeren Einfüllschicht stammen neben dem Boden eines späten weißtonigen – der Größe nach zu urteilen – wohl einhenkligen Krugs (Abb. 9.7) sowie der Randscherbe eines „Firnisbechers" mit abgerundeter Randlippe mehrere Rand- und Wandstücke einer Terra Sigillata-Bilderschüssel Drag. 37 des Rheinzaberner Töpfers Mammilianus, dessen Ware wohl vor allem an das Ende des 2. und in das erste Drittel des 3. Jahrhunderts n. Chr. gehört (Abb. 9.8).[16]

14 Bef.-Nr. 171. Vgl. OELMANN, Niederbieber 38 f.
15 OENBRINK, Jagdbecher 140 ff.
16 Bef.-Nr. 170. 3 RS u. 2 WS Drag. 37 mit Eierstab RICKEN/FISCHER E 18. Im Bildfeld Storch mit Schlange n. r. ebd. T 220, Hase ebd. T 168 b, herzförmiges Blatt ebd. P 37 und Mohnkopfmotiv ebd. P 116. Ware des Mammilianus. Diese ist mit Schüsseln der Gruppen Bernhard Ib-IIc in der mit terminus post quem 243 n. Chr. münzdatierten Verfüllung eines Kellers in Großprüfening vergesellschaftet, vgl. FISCHER, Regensburg 167 ff. – Zu der Gruppeneinteilung vgl. BERNHARD, Diskussion. Mammilianus gehört dabei der Gruppe IIa an, die Bernhard mit Produktionsbeginn „im letzten Viertel des 2. Jahrhunderts" ansetzt (ebd. 87). Die von Bernhard als nachfolgend angesehenen Gruppen IIb, IIc und III gehören bereits in die erste Hälfte des 3. Jahrhunderts. Zu sich immer stärker abzeichnenden Gleichzeitigkeiten der einzelnen Gruppen vgl. aber SIMON U. KÖHLER, Langenhain 91 f. – Vgl. auch HAGEDORN, Großsachsen 99 ff.

Der Steinturm passt daher ebenfalls in die relativchronologische Abfolge vor Ort und in das gängige Chronologieschema, das wir von einer Wachturmstelle am Vorderen Limes erwarten dürfen.

Grubenbefunde (Erdkeller 1–3) und Gruben mit Backöfen (Ofenstellen 1–8)

Bei der geomagnetischen Prospektion hatten sich im westlichen Vorgelände der einzelnen Turmanlagen zahlreiche Strukturen abgezeichnet. Da diese nicht auch noch aus der Bebauung herausgenommen werden konnten, wurden sie archäologisch untersucht, bevor die Bagger für die Erschließungsmaßnahmen innerhalb des Neubaugebiets anrückten. Bei der Ausgrabung dieser Flächen kamen neben drei größeren rechteckigen Grubenbefunden, die wohl als Erdkeller (1–3) anzusprechen sind, völlig überraschend acht in der Regel ebenfalls rechteckige Gruben zum Vorschein, zu denen jeweils ein oder zwei kleine Backöfen einfachster Form gehörten. Sie werden im Folgenden als Ofenstellen 1–8 bezeichnet. Aus dem Übersichtsplan scheint sich bereits räumlich eine gewisse Zuordnung der einzelnen Keller- und Ofenstellenbereiche zu ergeben (Abb. 11). So dürften Keller 1 und die Ofenstellen 1–3 zu Turm A, Keller 2 und 3 sowie die Ofenstellen 4–6 zu Turm B und die beiden Ofenstellen 7 und 8 zu Turm C gehört haben. Dazwischen, besonders in dem wohl zu Turm A gehörenden südwestlichen Bereich, erstreckten sich kleinere und größere, unregelmäßige Grubenstrukturen, die vielleicht als Vorratsgruben zu deuten sind,

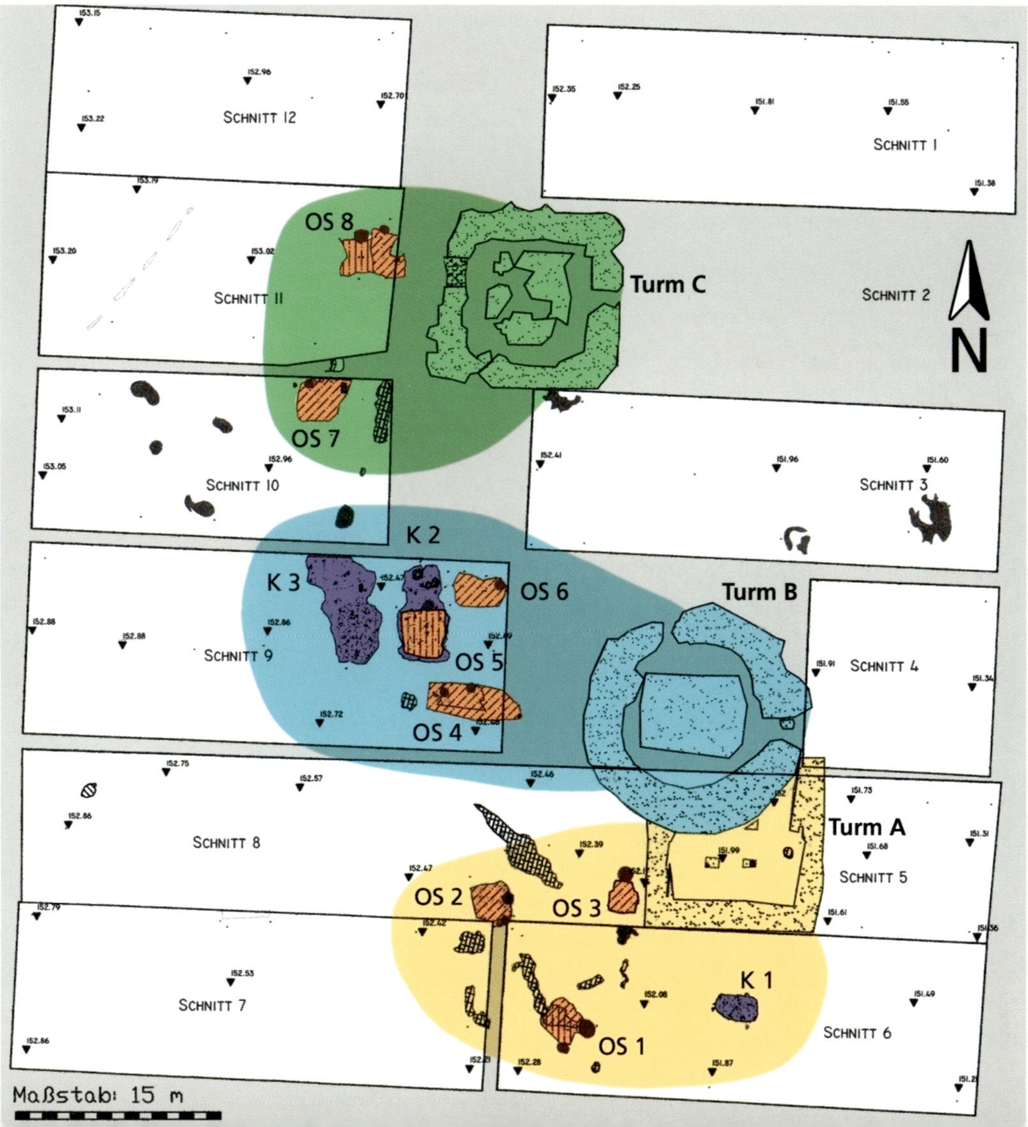

Abb. 11 WP 5/4. Räumliche und zeitliche Zuordnung der Einzelbefunde zu den Türmen A–C. K: Keller; OS: Ofenstelle.

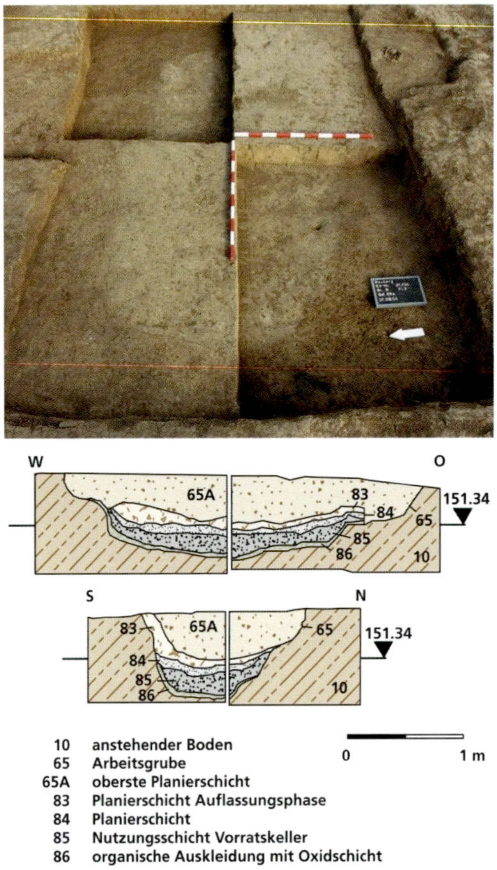

Abb. 12 WP 5/4. Kellergrube 1. Grabungsfoto und Umzeichnung der Profile.

wenn es sich nicht auch um die Überreste von Erdkellern handelt.

Keller 1 befand sich 6,5 m südlich des Grabens von Turm A. Die 1,9 x 3,2 m große West-Ost orientierte Anlage war 1,8 m u. h. Ofl. (= 151,1 m NN) in den Boden eingetieft (Abb. 12). Auf seiner Sohle zeichnete sich eine 5 cm mächtige, verkohlte Schicht ab, die an einen Begehungshorizont denken ließ, der aus organischem Material bestanden hatte, vielleicht eine Bodenmatte. Im unteren Bereich der Einfüllung ließen sich weitere Planierschichten erkennen, die eine mehrfache und längere Nutzung des Kellers nachwiesen. Darüber befand sich eine homogene grau-humose Einfüllung. Das Fundmaterial aus dem Keller, u. a. Scherben von Töpfen mit einfach umgelegtem Rand (Abb. 13.1) oder in einem Fall mit scharf ausgeprägtem, doppelt gerilltem Horizontalrand (Abb. 13.2) sowie die Wandscherbe eines Napfs mit geschwungener Wandpartie müssen sich nicht zwingend später als noch einige Zeit vor die Mitte des 2. Jahrhundert n. Chr. setzen lassen.[17]

Etwa 8,5 m westlich von Keller 1 erstreckte sich die Ofenstelle 1. Sie bestand aus einer 2,75 x 2,4 m großen, 0,9 m u. h. Ofl. (= 151,77 m NN) eingetieften, Nordwest-Südost ausgerichteten Arbeitsgrube. An ihrer Nordwestfront setzte eine langrechteckige grubenartige Struktur an, die möglicherweise als Zugang diente. Weitere, zu beiden Seiten von dieser nördlich der Ofenstelle 1 gelegene Grubenstrukturen lassen sich in ihrer Funktion nicht näher ansprechen. An der Südostseite der beschriebenen Arbeitsgrube befand sich in den Grubenekken jeweils ein Backofen. Die Backflächen der Öfen zeichneten sich durch etwa kreisförmig verziegelte Lehmflächen von 0,6 m bzw. 0,9 m Durchmesser und bis zu 6 cm Stärke aus. Teile der Ofenkuppel waren bei der Anlage in der Südwestecke im Profil noch festzustellen (Abb. 14). Die Öfen waren

17 Bef.-Nr. 65a, 83, 85. Einfach umgelegte Ränder finden sich im „Traianischen Militärbau“ von Heldenbergen, CZYSZ, Heldenbergen Taf. 114. Scharfkantig doppelt gerillte Horizontalränder lassen sich nach den Ausführungen Simons zu Altenstadt, SCHÖNBERGER U. SIMON, Altenstadt 141 f. gut in der 1. Hälfte des 2. Jahrhunderts n. Chr. verorten. Unmittelbar vor der Südflanke von Kellerbefund 65a wurde ein gehenkelter neuzeitlicher Topf, wohl ein Nachgeburtstopf, angetroffen (Bef.-Nr. 53).

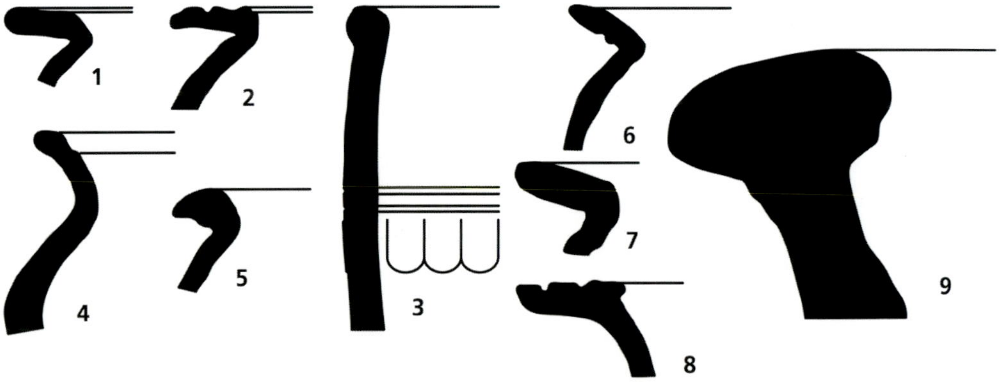

Abb. 13 WP 5/4. 1–2: Fundmaterial aus Keller 1. 3–9: Fundmaterial aus Ofenstelle 1. Ohne Massstab.

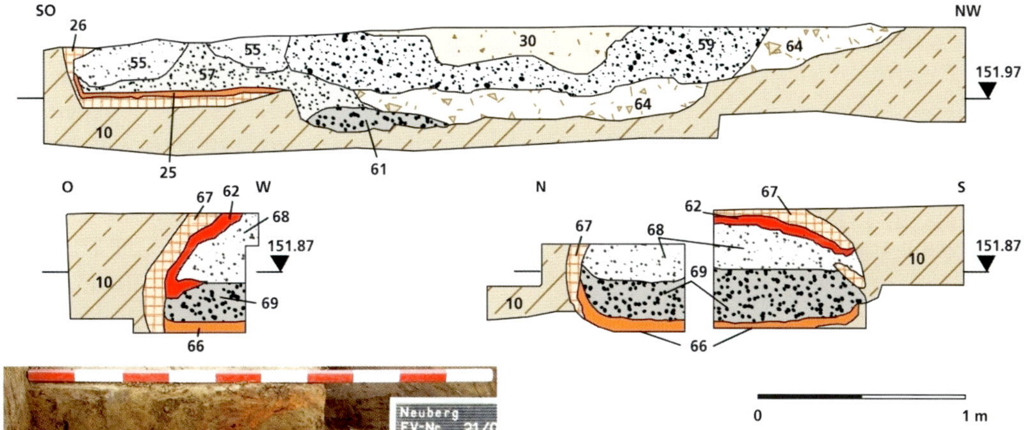

Abb. 14 WP 5/4. Ofenstelle 1. Ofen in der Südwestecke.

10 anstehender Boden
25 Backplatte/Glattstrich Nordost-Ofen
26 Verziegelungsdurchschlag in gewachsenem Boden
30 Planierschicht
55 Verfüllung Kuppel Nordost-Ofen
57 Verziegelte Lehmstücke, letzte Nutzungsphase (Auflassung) Nordost-Ofen
59 Verfüllung Auflassungsphase
61 Nutzungsschicht (HK, BL)
62 Verziegelung Kuppel Südwest-Ofen
66 Backplatte/Glattstrich Südwest-Ofen
68 Verfüllung Kuppel Südwest-Ofen
69 HK-Schicht Südwest-Ofen, letzte Nutzungsphase

in denkbar einfachster Form angelegt. Man hatte nach dem Ausheben der Arbeitsgrube einfach eine Aushöhlung der Lehmwand vorgenommen, die später als Ofeninnenraum diente. Mit einem ersten Brand wurde sowohl die Ofensohle als auch die gewölbte Kuppel bis zu 6 cm stark angeziegelt und damit standfest gemacht. Danach konnte mit den weiteren Backvorgängen begonnen werden. Nach Auflassung der Öfen wurde die Arbeitsgrube in mehreren Schichten eingefüllt. Auf dem Boden der Arbeitsgrube von Ofenstelle 1 war ein römischer Soldatenschuh verloren gegangen, wie die noch in situ liegenden Nägel der Schuhsohle verdeutlichten. Das Fundmaterial aus möglichem Zugangsbereich, Arbeitsgrube und Öfen gehört insgesamt in die 1. Hälfte des 2. Jahrhunderts n. Chr., wobei sich die Tendenz zu einem früheren Ansatz in diesem Zeitraum abzeichnet. Es wurde zwar nach Schichten geborgen, erfährt hier aber eine summarische Behandlung, weil eine Feinchronologie des sich ergebenden Zeitraums von etwa 100 bis 140 n. Chr. für den vorläufigen Publikationszweck entbehrlich ist. Eine Drahtfibel der Form Almgren 15 ist spätestens in hadrianische Zeit zu setzen. Ein ostgallischer TS-Teller Drag. 18/31 mit Stempel des Martialis (MARTIALFE) – er gehört in die Planierschicht nach Auflassung der Arbeitsgrube – kann ähnlich datiert werden, ebenso das Randbruchstück einer stark verschliffenen ostgallischen Terra Sigillata-Bilderschüssel Drag. 37 wohl aus La Madeleine (Abb. 13.3). Der durch eine Randscherbe ausgewiesene Terra Sigillata-Napf Drag. 27 stammt aus einer südgallischen Werkstatt. Eine fast vollständig erhaltene Terra Nigra-Form weist ein S-fömig geschwungenes Wandprofil auf (Abb. 13.4). Bei den Bechern mit Glanztonüberzug zeigen die Karniesränder noch eine sehr sorgfältige scharfkantige Ausprägung (Abb. 13.5/.6). Unter der übrigen Keramik kommen vor allem Topfformen mit waagerecht nach außen umgelegten Rändern vor (Abb. 13.7), weniger Töpfe und Näpfe (Abb. 13.8) mit doppelt gerillten Horizontalrändern. Die Krugränder weisen noch sorgfältig abgesetzte und leicht unterschnittene Lippenformen und ebensolche Standböden auf. An Schwerkeramik liegen Scherben von südpanischen Olivenöl-

(Abb. 13.9) und von südgallischen Weinamphoren vor.[18]

In Verlängerung des Zugangsbereichs von Ofenstelle 1 befand sich 3,3 m nordwestlich Ofenstelle 2 (Abb. 15). Auch hier handelte es sich um eine Doppelofenanlage. In die Ostwand einer 2,4 x 3,2 m großen Arbeitsgrube waren in gleicher Weise wie bei Ofenstelle 1 zwei Öfen eingetieft worden. Sie lagen unmittelbar nebeneinander. Die annähernd kreisrunde Backfläche war im Falle des südlichen Ofens noch teilweise erhalten. Von beiden Öfen fand sich jeweils noch der Ansatz der verziegelten östlichen Ofenwand. Daraus ließ sich für die nördliche der beiden Anlagen ein Durchmesser von 1,2 m, für die südliche von 1,4 m errechnen. Die Sohle beider Öfen befand sich auf dem gleichen Niveau wie die Sohle der Arbeitsgrube nämlich 0,8 m u. h. Ofl. (=152,04 m NN). Es ist nicht ganz sicher, ob beide Öfen gleichzeitig benutzt worden sind. Dafür sprechen möglicherweise statische Gründe, denn die Ofenwölbungen setzten unmittelbar aneinander an und dürften deshalb einen Arbeitsgang verraten. Es scheint aber, dass der südliche Ofen länger benutzt wurde und offenbar auch eine Ausbesserung erfahren hat. Auf dem bereits angeziegelten Boden der ersten Ofenphase wurden nämlich zu einem späteren Zeitpunkt Keramikscherben flächig ausgelegt und diese mit Lehmglattstrich versehen, wodurch eine neue Backplatte entstand. Das Fundmaterial aus Ofenstelle 2 lässt sich dem von Ofenstelle 1 und den Befunden aus ihrem Umfeld sehr gut anschließen. Mehrere Rand- und Wandscherben lassen sich zu einer Gesichtsurne mit sorgfältig ausgearbeiteten Details rekonstruieren. Die Randscherbe eines Einhenkelkrugs zeigt einen leicht unterschnittenen Rand (Abb. 16.1), Krugböden einen ausgeprägten, feinen Standringabsatz (Abb. 16.2). Das Randstück eines Glasgefäßes weist wohl einen kleinen Aryballos nach. Das Randstück eines Terra Nigra-Gefäßes ist steilwandig und gehört wohl zu einer Schale (Abb.

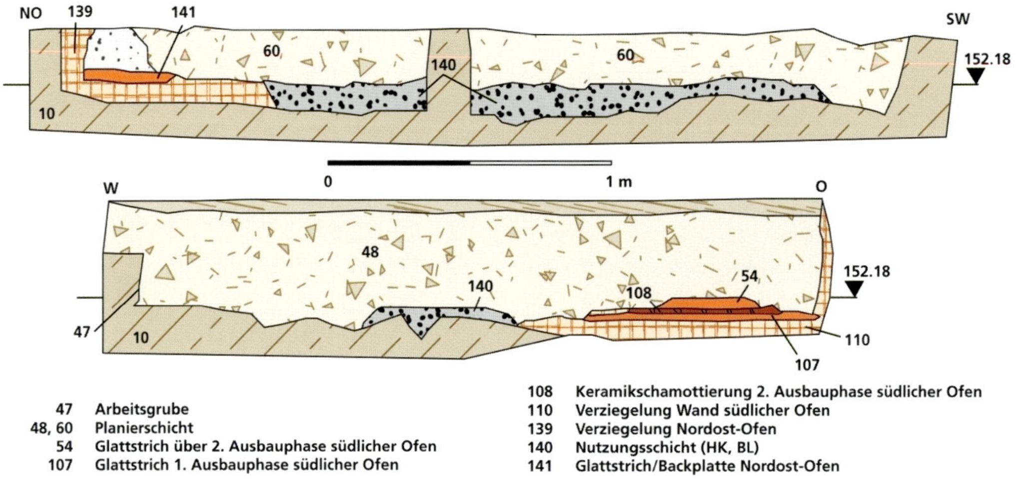

Abb. 15 WP 5/4. Ofenstelle 2. Umzeichnung der Grubenprofile.

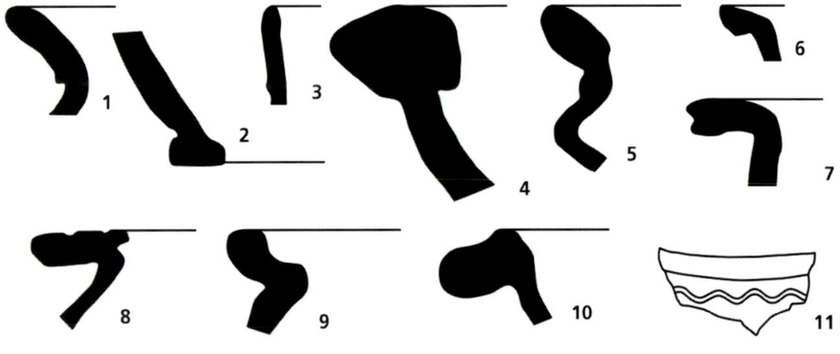

Abb. 16 WP 5/4. 1–4: Fundmaterial aus Ofenstelle 2. 5–11: Fundmaterial aus den Gruben im Umfeld der Ofenstellen 1 und 2. Ohne Maßstab.

18 Bef.-Nr. 30, 32 u. 34 (Zugang), 59, 61, 64, 69. Zum Fibeltyp Almgren 15: BÖHME, Saalburg 13 ff. Bei Martialis handelt es sich um einen Töpfer aus Chémery-Faulquemont der frühtraianisch-antoninischen Zeit: DÜERKOP, Köln-Marienburg 815 f. – Vgl. auch CZYSZ, Heldenbergen 407 F 795–798. Eine vergleichbare Terra Nigra-Schale mit s-förmig geschwungener Wandung liegt aus dem holzverschalten Brunnen spätdomitianisch-traianischer Zeit aus Heldenbergen vor, vgl. CZYSZ, ebd. 435 P 50 mit Taf. 116 P 50. Die „präzise profilierten Randprofile" werden schon ab dem 2. Viertel des 2. Jahrhunderts n. Chr. von plumperen Formen verdrängt: SCHÖNBERGER U. SIMON, Altenstadt 104.

16.3). Die RS einer südspanischen Olivenöl-amphore Dressel 20 zeigt den gewohnt klobig verdickten Rand (Abb. 16.4).[19]

Ofenstelle 3 befand sich in einer Entfernung von 3,30 m nordöstlich der Ofenstelle 1 und in gleicher Entfernung östlich von Ofenstelle 2 unmittelbar neben dem östlichen Grabenverlauf von Holzturm A. Auch hier waren die im Durchmesser 1 m große Backfläche und der Ansatz der Ofenkuppel erhalten. Vor dem Ofen zeichneten sich noch die Umrisse der 2,4 x 2,2 m messenden Arbeitsgrube ab. Ihre Sohle, die auf gleicher Höhe mit der Backplatte des Ofens lag, war allerdings nur noch 0,2 m tief (= 152 m NN) zu verfolgen. In deren südlichen Teil gab sich eine annähernd rechteckige Vertiefung zu erkennen. Möglicherweise standen hier Vorratsgefäße (Abb. 17). Das wenige Fundmaterial aus Ofenstelle 3 – neben einem verbogenen Bronzedraht lediglich Grobkeramik – repräsentiert das Spektrum aus den anderen Ofen-, Keller- und Grubenbefunden dieses Grabungsareals.[20]

Insgesamt ähnlich bietet sich das Fundspektrum aus den grubenartigen Strukturen unregelmäßiger Form westlich von Ofenstelle 1 dar. Hierher gehören die Randscherbe einer Terra Nigra-Schale mit verdicktem Wulstrand und geschwungener, rundprofilierter Wandung (Abb. 16.5) sowie solche eines Bechers mit kantigem Wulstrand (Abb. 16.6); eines Krugs mit außen gerillter Lippe (Abb. 16.7), eines Napfs mit verschliffenem, doppelt gerilltem Horizontalrand (Abb. 16.8), eines tongrundigen Napfs oder Bechers mit einfachem Sichelrand (Abb. 16.9) und mehrerer Terra Sigillata-Teller Drag. 18/31 süd- und ostgallischer Provenienz.[21]

Das Gleiche gilt für die 8,5 m lange und an ihrer breitesten Stelle in der Mitte 2,3 m breite Grube, die sich nördlich von Ofenstelle 2 in Nordwest-Südostrichtung erstreckte und noch 1,4 m u. h. Ofl. (=151,2 m NN) reichte. Das Profil verdeutlicht, dass die Grube an beiden Schmalseiten mit jeweils drei Stufen in den Löss eingegraben wurde, weshalb es sich vielleicht um einen beidseits zugänglichen Erdkeller gehandelt haben könnte. Auf den Stufen des östlichen Grubenbereichs war noch der Nutzungshorizont als Laufschicht zu erkennen. Auch das aus dieser Grube geborgene Fundmaterial passt chronologisch zu dem bereits beschriebenen, dies unterstreicht etwa der Fund einer zweiten Soldatenfibel Almgren 15. Nicht näher als ostgallisch ist ein nicht aufgelöster Töpferstempel auf einem TS-Tellerboden Drag. 18/31 anzusprechen. Das Randstück einer Reibschale zeigt einen zierlich ausgeformten Kragen (Abb. 16.10), das eines Räucherbechers einen gewellten Rand (Abb. 16.11). Weitere Scherben von südspanischen Olivenölamphoren kommen vor.[22] Damit sind die Befunde, die Holzturm A schon

19 Bef.-Nr. 48/60, 108. Zur Terra Nigra-Schale vgl. HEUKEMES, Keramik Taf. 39: Ende 1. bis Mitte 2. Jahrhundert n. Chr. – Westlich von Ofenstelle 2 in der Nordwestecke des Schnittes 8 fanden sich die Reste einer urnenfelderzeitlichen Bestattung Bef.-Nr. 134, 135.
20 Bef.-Nr. 114.
21 Bef.-Nr. 40, Bef.-Nr. 14, 16, 20.
22 Bef.-Nr. 117, 117 A, 117 B, 138: Zur RS eines Räucherbechers mit gewelltem Rand vgl. SCHÖNBERGER U. SIMON, Altenstadt 125 CVII 214 aus der 1. Hälfte des 2. Jahrhunderts n. Chr.

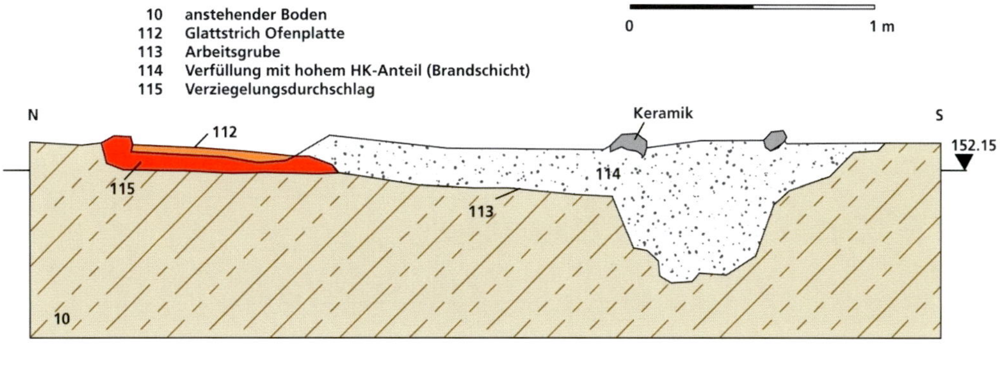

Abb. 17 WP 5/4. Ofenstelle 3. Umzeichnung des Ostprofils.

räumlich zugeordnet werden können, durch das Fundmaterial etwa in den gleichen Zeithorizont zu stellen und dürften in die erste Hälfte des 2. Jahrhunderts n. Chr. gehören. Allerdings scheinen sie kaum noch an die Jahrhundertmitte heranzureichen.

Westlich des Turms B befanden sich die Keller 2 und 3 sowie die Ofenstellen 4 bis 6. Der Nord-Süd ausgerichtete Keller 2 (Abb. 18) besaß die Abmessungen von 3,8 x 3,6 m und war 1,1 m u. h. Ofl. (= 151,8 m NN) eingetieft. Im oberen Planum zeichnete sich die Kellergrubenverfärbung noch weiter nach Norden hin zu einer Gesamtgröße von 6,8 x 3,6 m ab. Beim weiteren Tiefergehen verschwand die Kontur bis auf zwei Gruben. In der Mitte der Kellernordseite konnte eine Pfostengrube festgestellt werden, zu der wohl ein Pendant an der Südseite anzunehmen ist. Die darin möglicherweise zu rekonstruierenden Mittelpfosten lassen in dem Befund ein Grubenhaus sehen.

Zu einem späteren Zeitpunkt, nachdem der Keller mit humosem Erdmaterial verfüllt worden war, nutzte man die wohl noch bestehende Einsenkung als Arbeitsgrube oder hob eine solche in rechteckiger Form mit den Maßen von 3,4 m x 2,8 m und einer Sohle bei 152 m NN aus. Die neue Grube deckte sich also in ihren Abmessungen nicht ganz mit denen des älteren Kellers. In der Mitte von dessen Nordwand wurde aber jetzt eine Ofenhöhle eingegraben. Von dieser Ofenstelle 5 war die nordöstliche Rundung der Backplatte erhalten, aus der sich ein Mindestdurchmesser von 0,6 m rekonstruieren ließ. Sie bestand aus in Lehm gebetteten und glatt überstrichenen Keramikscherben. Unmittelbar darauf befand sich eine bis zu 0,1 m mächtige Holzkohleschicht, vermutlich die Asche aus dem letzten Brennvorgang. Auch hier befand sich die Ofensohle auf gleichem Niveau wie die angrenzende Arbeitsgrube (= 152,1 m NN).

Bei Keller 3 handelt es sich um eine ebenfalls Nord-Süd ausgerichtete Anlage von 3,7 m Länge und maximal 3 m Breite, die in einem Abstand von 1,6 m westlich des Rands von Keller 2/Ofenstelle 5 angetroffen wurde (Abb. 19). Die Kellersohle lag 1,4 m u. h. Ofl. (= 151,6 m NN). Auf ihr befand sich

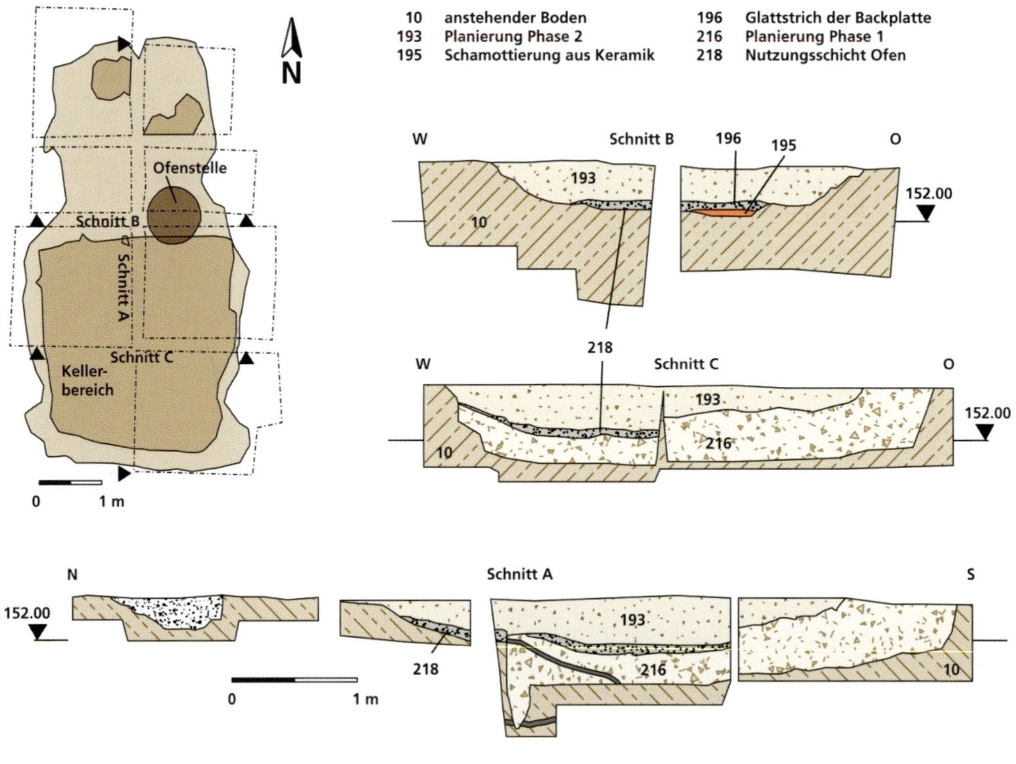

Abb. 18 WP 5/4. Keller 2. Umzeichnung des Grabungsbefundes.

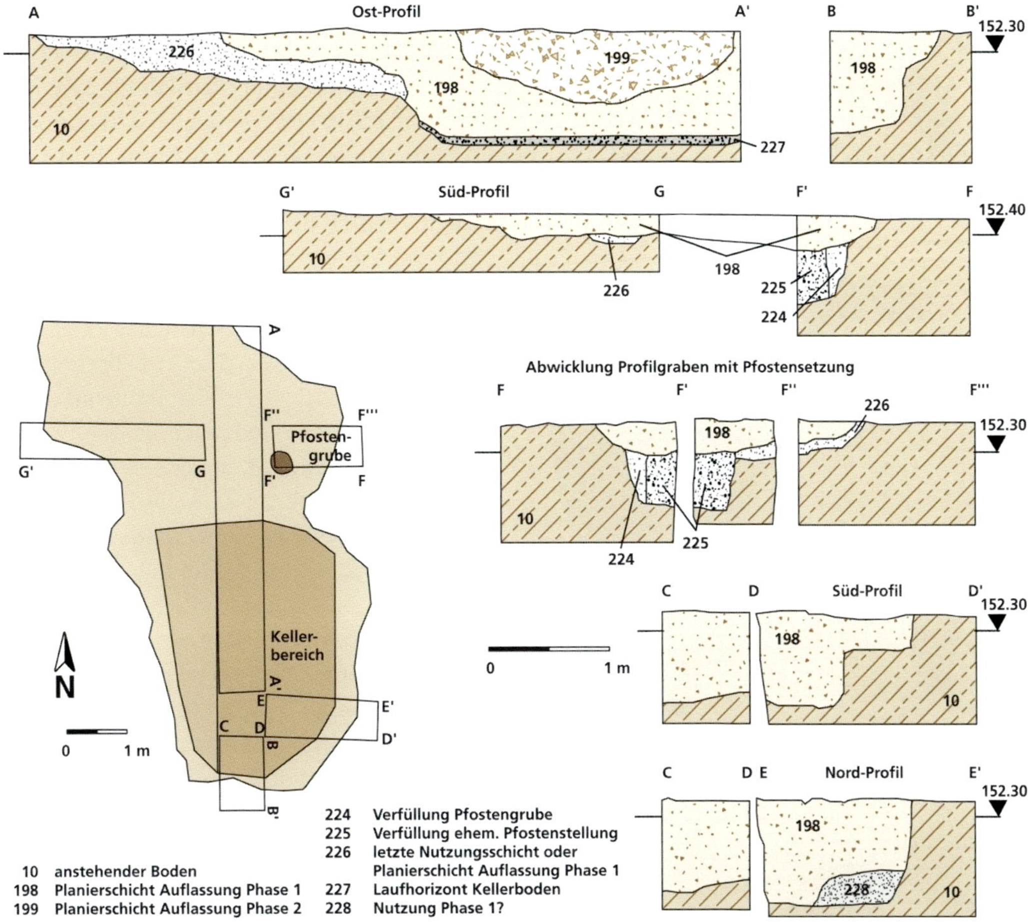

Abb. 19 WP 5/4. Keller 3. Umzeichnung des Grabungsbefundes.

ein bis zu 6 cm mächtiger Laufhorizont. Darüber zeigten sich zwei Einfüllschichten: In eine ältere wohl vollständige Verfüllung war noch einmal eine Grube ausgehoben und später verfüllt worden. Der Kellereingang lag nach Norden, wo sich eine Stufe im Boden abzeichnete. Dort befand sich auch eine dem Laufhorizont der Kellersohle entsprechende Bodenschicht. Von Pfostenstellungen, die möglicherweise eine Überdachung der Kelleranlage andeuten konnten, fanden sich keine Spuren in der Umgebung.

Ofenstelle 4 saß etwa in der Mitte eines in Ost-West-Richtung ziehenden, in den Umrissen schiffsförmigen Grubenbefundes, an dessen östlicher Spitze eine Pfostenstandspur erhalten war (Abb. 20). Eine entsprechende Pfostenstellung befand sich mitten innen vor dem Westrand des Befundes. Beide Pfosten scheinen aufeinander ausgerichtet zu sein und könnten sich damit als Mittelpfosten eines Grubenhauses ansprechen lassen, das sich eigentlich hinter dem Grubenbefund verbirgt. Weiter westlich lag in einer Entfernung von 0,80 m außerhalb eine kleine Vorratsgrube. Der Gesamtbefund war nur noch Zentimeter unter der Ackeroberfläche erhalten. In eine 3,2 x mindestens 2,4 m große Arbeitsgrube war an der Westseite offenbar ein Doppelofen, an der Nordseite ein weiterer einzelner Ofen eingebracht. Wie es scheint, dürfte dieser weiter östlich liegende

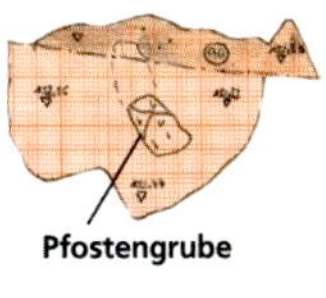

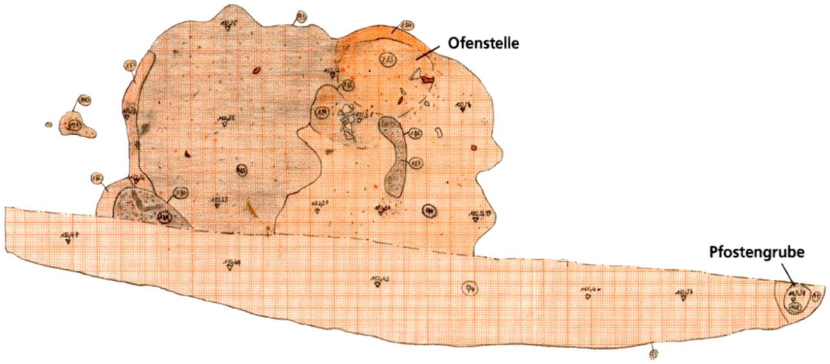

Abb. 20 WP 5/4. Grubenhausbefund mit Ofenstelle 4. Wiedergabe der Feldzeichnung.

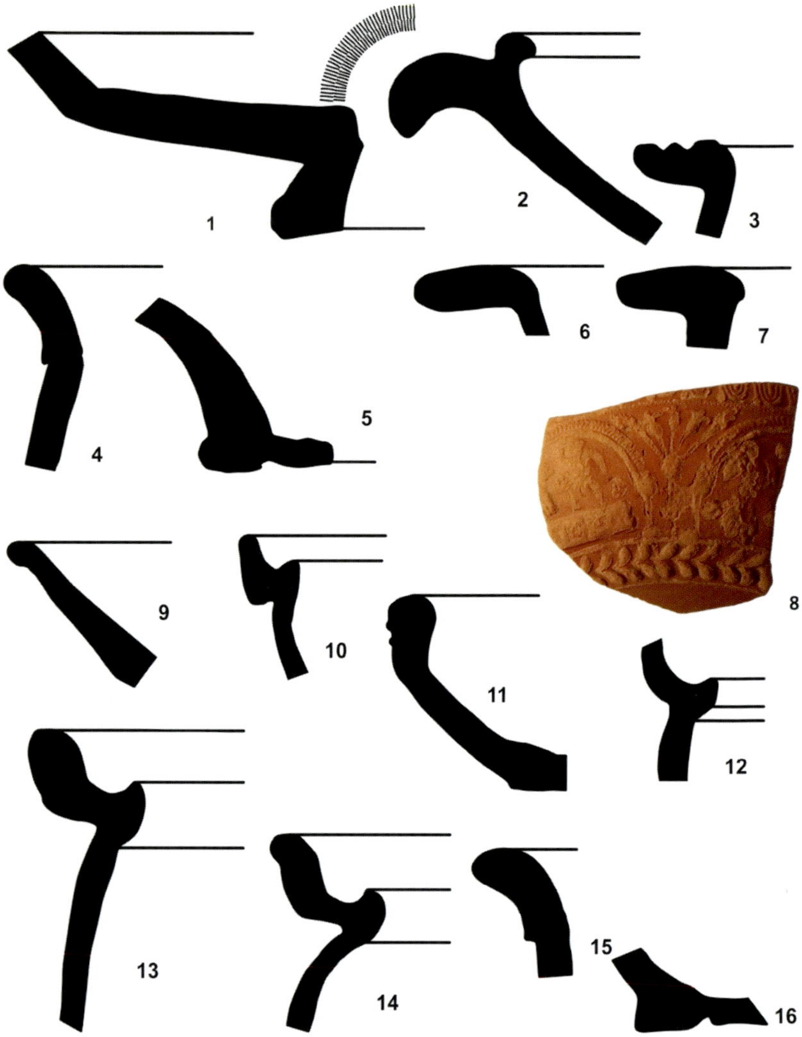

Abb. 21 WP 5/4. 1–5: Fundmaterial aus Keller 2 mit Ofenstelle 5. 6: Fundmaterial aus Planierschicht unter Ofenstelle 5 in Keller 2. 7: Fundmaterial aus der Backplatte von Ofenstelle 5. 8–11: Fundmaterial aus Keller 3. 12–14: Fundmaterial aus zwei Gruben nördlich von Keller 3. 15–16: Fundmaterial aus Ofenstelle 6. Ohne Massstab.

Ofen der ältere sein, da er von Ascheschichten überdeckt wird, die aus dem Doppelofenbereich herüberziehen. Beide Öfen scheinen aber einphasig zu sein. Sie sind konstruiert wie die bereits beschriebenen und weisen wieder in Lehm gelegte und glatt überstrichene Scherbenpflaster auf.

Ofenstelle 6, nur etwa 1,50 m östlich Keller 2/Ofenstelle 5, zeichnete sich durch eine 3,6 x 2,2 m große Arbeitsgrube ab, in deren Nordostecke ein Backofen in die Grubenwandung eingearbeitet worden war. Seine Backfläche bestand aus einfach glatt gestrichenem Lehm. Auch dieser Gesamtbefund war nur 0,2 m hoch erhalten. Grubensohle und Backfläche lagen wiederum auf gleichem Niveau (= 152,25 m NN). Auf der Grubensohle ließ sich noch die Eingrabung für ein Vorratsgefäß, vermutlich für eine Amphore feststellen. Der ganze Boden war überzogen mit einer Ascheschicht.

Das Fundmaterial aus dem zu Holzturm B zugeordneten Bereich der Keller 2 und 3 sowie der Ofenstellen 4 bis 6 lässt insgesamt eine leicht jüngere Zeitstellung erkennen als das aus den Befunden des Bereichs an Holzturm A. Keller 2 wies bereits TS-Tellerfragmente der entwickelten Terra Sigillata-Form Drag. 31 (Abb. 21.1) auf, dazu schon etwas kräftiger ausgeformte Kragenränder von Reibschüsseln (Abb. 21.2). Auch Topfränder mit doppelt gerilltem Horizontalrand zeigten nun die für die Mitte des 2. Jahrhunderts n. Chr. typischen deutlichen Profile (Abb. 21.3). Weiterhin sind allerdings abgesetzte Krugränder und -böden (Abb. 21.4/.5) zu beobachten, und auch die Wandscherbe eines TS-Napfs Drag. 27 kommt vor.[23] Aus der Planierschicht unterhalb der in Keller 2 gelegenen Ofenstelle 5 zeichnete sich durch eine Randscherbe eines Trinkbechers mit zierlichem, leicht verschliffenen Karniesrand und Ränder von Töpfen mit einfach umgelegtem waagerechtem Rand (Abb. 21.6) etwas älteres Material ab.[24] Die Backplatte des Ofens selbst war aus zerscherbtem Material hergestellt und wies Teile eines Einhenkelkrugs mit profiliertem Boden, Scherben von Reibschalen mit abhängendem Rand und solche eines größeren Topfs mit einfach umgelegtem Rand (Abb. 21.7) neben dem Bruchstück eines Amphorenhenkels der Form Dressel 20 auf.[25]

In Keller 3 fand sich in der Schicht aus der Nutzungszeit eine zwar zerscherbte aber fast vollständige kleine Terrakottabüste, wohl einen lächelnden Knaben darstellend, wie sie andernorts in die Zeitphase der ersten Hälfte des 2. und bis kurz über die Mitte des 2. Jahrhunderts n. Chr. hinaus gesetzt wird. Aus der unteren Einfüllzone stammt die Wandscherbe einer Terra Sigillata-Bilderschüssel des Satto mit Stempelrest

23 Bef.-Nr. 193 (Auflassungshorizont des Gesamtbefunds).
24 Bef.-Nr. 216
25 Bef.-Nr. 195.

(Abb. 21.8), die Bodenscherbe eines Terra Sigillata-Napfs Drag. 27 sowie mehrere Randstücke von Terra Sigillata-Tellern Drag. 18/31 (Abb. 21.9). Das Randstück eines Napfs zeigt ein kantiges Deckelfalzprofil und deutet auf oder leicht über die Mitte des 2. Jahrhunderts n. Chr. hinaus (Abb. 21.10). Ein Teller mit gebogener Wandung zeigt außen eine profilierte Randlippe (Abb. 21.11).[26] Frühe Deckelfalzprofile, wie sie andernorts erstmals in Fundschichten aus dem 2. Viertel des 2. Jahrhunderts n. Chr. vorkommen, liegen in mehreren Randscherben aus den beiden nördlich des Kellers angetroffenen Gruben vor, die sich in der Verfärbung des Gesamtbefunds zu erkennen gaben. Es handelt sich dabei um Ausprägungen, wie sie etwa im Kastell Hesselbach ähnlich belegt sind und in der späthadrianisch-antoninischen Periode 3 in Kastell Altenstadt erstmals auftreten (Abb. 21.12–14).[27] Es fragt sich, ob hier nicht jüngere Eintiefungen vorliegen. Auch aus Ofenstelle 6 sind keine Funde zu benennen, die zwangsläufig weit über die Mitte des 2. Jahrhunderts n. Chr. hinaus datiert werden müssten. Auch hier deuten jeweils Scherben eines Krugs mit deutlich abgesetztem Rand sowie mit abgesetztem Standfuß (Abb. 21.15/.16) auf die Zeit um die Jahrhundertmitte.[28]

Dem Steinturm C ist der Bereich westlich mit den Ofenstellen 7 und 8 sowie einem weiteren Grubenbefund vor der Südwestecke des Turmgrabens zuzuordnen. Hier ergab sich eine 4,4 m lange und maximal 1,20 m breite Grube, die noch etwa 0,6 m u. h. Ofl. (= 152,34 m NN) in den Boden eingetieft war. Offenbar handelte es sich um eine Materialentnahmegrube, die an der Südwand eine leichte Verziegelung aufwies. Es scheint, als sei hier etwas Brennendes in die offene Grube hineingeworfen worden, das dann zu der Verziegelung geführt hat.

Ofenstelle 7 lag 2,4 m westlich des Grubenbefunds. Die Arbeitsgrube besaß eine Größe von 3,2 x 3 m. Ihre Sohle lag bei 152,35 m NN. In die Nordwestecke war ehemals ein annähernd kreisrunder Ofen in die Grubenwand eingegraben, von dem sich noch die Reste der Backfläche erhalten hatte, die wiederum aus einer Scherbenlage in verstrichenem Lehmbett bestand. In der ganzen Grube fanden sich kalzinierte Knochen, offenbar Rückstände von Essensresten. Man hat die anfallenden Knochen einfach in den Backöfen mit verbrannt und damit entsorgt.

Abb. 22 WP 5/4. Drei Töpfe in situ bei Ofenstelle 7.

Am nordöstlichen Rand der Arbeitsgrube standen drei, in ihrer Randpartie durch den Pflug zerstörte Töpfe nebeneinander in situ (Abb. 22). Sie wurden im Block geborgen. In ihrer Umgebung fanden sich die verbrannten Knochenreste, sodass zunächst der Gedanke aufkam, in dem Ensemble ein Brandgrab zu sehen. Der Gedanke wurde aber wieder verworfen, da es sich bei den Knochen offenbar um Tierknochen handelt und das kalzinierte Knochenmaterial zwar aus der Umgebung aber wohl nicht aus dem Inneren der Töpfe kam.[29]

26 Bef.-Nr. 226: Terrakottabüste, vgl. RÜGER, Terrakotten 78 ff. Nrn. 165 ff. dort kommen stratifizierte Stücke in Periode I/II „bis Mitte 2. Jahrhundert n. Chr." vor vgl. S. 31. – Bef.-Nr. 198: Zum Deckelfalzprofil des Napfes vgl. CZYSZ, Heldenbergen 440 P 219 mit Taf. 127 P 219: späthadrianisch-antoninisch.

27 Bef.-Nr. 220, 222. Vgl. BAATZ, Hesselbach Taf. 19 R 11a–c. – CZYSZ, Heldenbergen 439 P 217.

28 Bef.-Nr. 173 (zusammen mit emailverzierter Siegelkapsel), 175A, 175B.

29 Bef.-Nr. 41–43. Die Freilegung der Blockbergung und eine Untersuchung stehen noch aus.

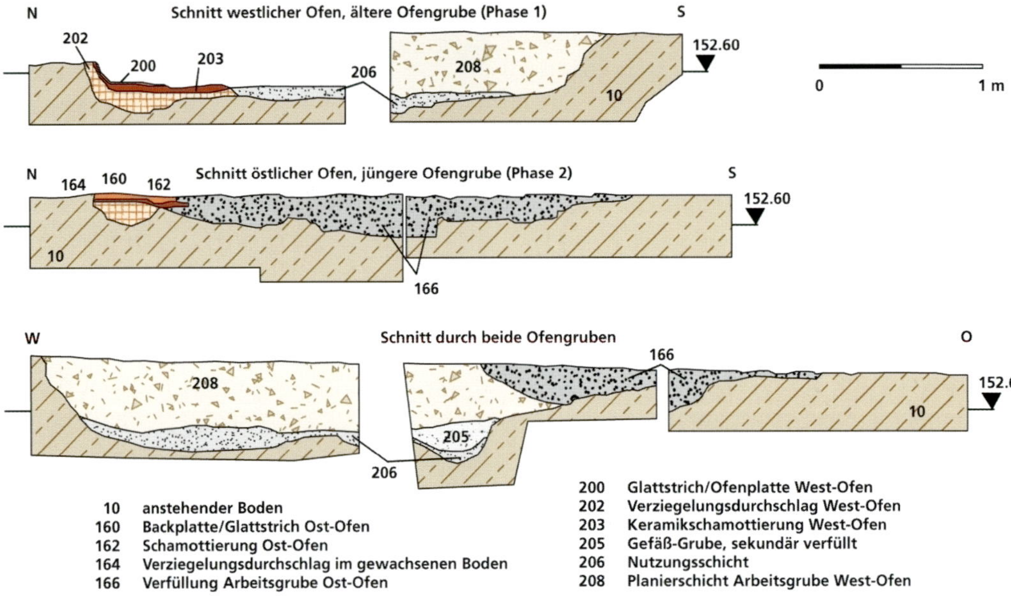

Abb. 23 WP 5/4. Ofenstelle 8. Umzeichnung des Grabungsbefunds.

Rund 8 m nördlich der Ofenstelle 7 und 3 m westlich des Steinturms C lag Ofenstelle 8 (Abb. 23). Es zeigte sich, dass hier zwei Arbeitsgruben mit jeweils einem Ofen nacheinander angelegt worden waren. Die kreisrunde, im Durchmesser 1 m große Backplatte des älteren westlichen Ofens war mit ihrer ehemals mit Lehm verstrichenen Scherbenlage erhalten. Hier zeigte es sich, dass man offenbar schadhafte, aber noch vollständige Gefäße einfach zerdrückt hatte, bevor sie mit Lehm glatt überstrichen wurden (Abb. 24). Der Ofen war in die Mitte der Nordseite der 3,4 m breiten und 2,8 m langen Arbeitsgrube eingebracht worden. Der Grubenboden wies einen mehrfach gebänderten Laufhorizont auf, der auf einem Niveau von 152,3 m NN lag. Die Arbeitsgrube dieses Ofens wurde von derjenigen des 2 m östlich gelegenen Ofens überschnitten. Sie besaß die Abmessungen von 3,2 x 2,4 m. Die Backplatte der ebenfalls in der Mitte ihrer Nordseite eingebrachten Ofenhöhlung lag gegenüber dem älteren Ofen um 0,3 m höher auf einem Niveau von 152,79 m NN. Sie besaß einen Durchmesser von 0,6 m.

Abb. 24 WP 5/4. Ofenstelle 8. Backplatte des älteren Ofens aus zerdrückten Gefäßen in situ.

Mit dem Fundmaterial aus den Befunden des Bereichs westlich von Steinturm C befinden wir uns gut im 2. und kaum weit im 3. Jahrhundert n. Chr. Aus der östlich von Ofenstelle 7 liegenden Grube fanden sich neben der Randscherbe einer total verbrannten und abgeriebenen TS-Bilderschüssel Drag. 37, wohl noch ostgallischer Provenienz, Randscherben von klar ausgeprägten TS-Tellern Drag. 31 aus Rheinzabern (Abb. 25.1), Scherben von sog. Firnisbechern mit Karniesrand, von Reibschalen mit noch immer wenig klobigem Rand (Abb. 25.2), aber auch schon das Randstück eines Tellers mit kolbenförmig verdicktem Rand (Abb. 25.3).[30] Aus der Arbeitsgrube und dem Scherbenpflaster der Backplatte von Ofenstelle 7 liegen verbrannte und stark verriebene Scherben einer Terra Sigillata-Schüssel

30 Bef.-Nr. 44, 45, 46, 70, 71, 72.

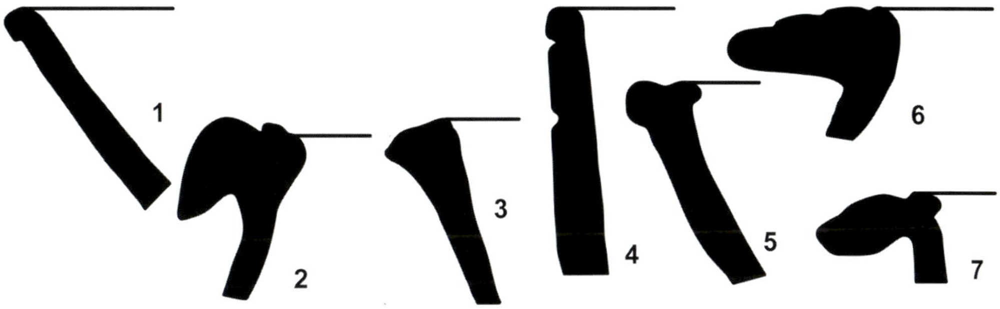

Abb. 25 WP 5/4. 1–3: Fundmaterial aus Grube östlich von Ofenstelle 7. 4–7: Fundmaterial aus der Arbeitsgrube und dem Scherbenpflaster der Backplatte von Ofenstelle 7. Ohne Massstab.

Drag. 37 vermutlich wiederum des Satto (Abb. 25.4) vor, sodann das Randstück eines Napfs mit doppelt gerilltem Horizontalrand sowie der Rand eines Tellers mit gerilltem, nach außen verdicktem Steilrand (Abb. 25.5). Klingend hart gebrannt ist eine graue Topfkeramik, bei der doppelt gerillte Horizontalränder ausgeprägt sind (Abb. 25.6/.7). Diese Ware findet sich in der Umgebung des Turms öfter.[31]

Aus Ofenstelle 8, und zwar aus deren älterer Arbeitsgrube, stammen zwei eiserne Lanzenspitzen sowie ein pilumartiges Gerät.[32] In diesen Befund gehören auch mehrere Bleistreifen, die als Glaseinfassung gedient zu haben scheinen, neben einem Stück grünlichem durchscheinendem Flachglas.[33] Weiterhin stammen aus dem Scherbenpflaster des älteren Ofens gut ausgeprägte, doppelt gerillte Horizontalränder von Töpfen, mehrere Bruchstücke von Schwerkrügen, von einem mit Zierleisten auf der Schulter versehenen wohl Dreihenkelkrug (Abb. 26.1) und zahlreiche Wandscherben verschiedener Gefäße.[34] Aus der Arbeitsgrube und dem Nutzungshorizont des älteren Ofens stammen das Randstück eines Terra Sigillata-Tellers Drag. 31 aus Rheinzabern, Wand und Bodenfragmente von Terra Sigil-

31 Bef.-Nr. 74 aus der Arbeitsgrube; 78 aus dem Laufhorizont in der Grube; 106 Scherbenpflaster.
32 Bef.-Nr. 208. Die Restaurierung steht noch aus.
33 Bef.-Nr. 208. Eine neuzeitliche Datierung des Glases ist nicht auszuschließen.
34 Bef.-Nr. 203.

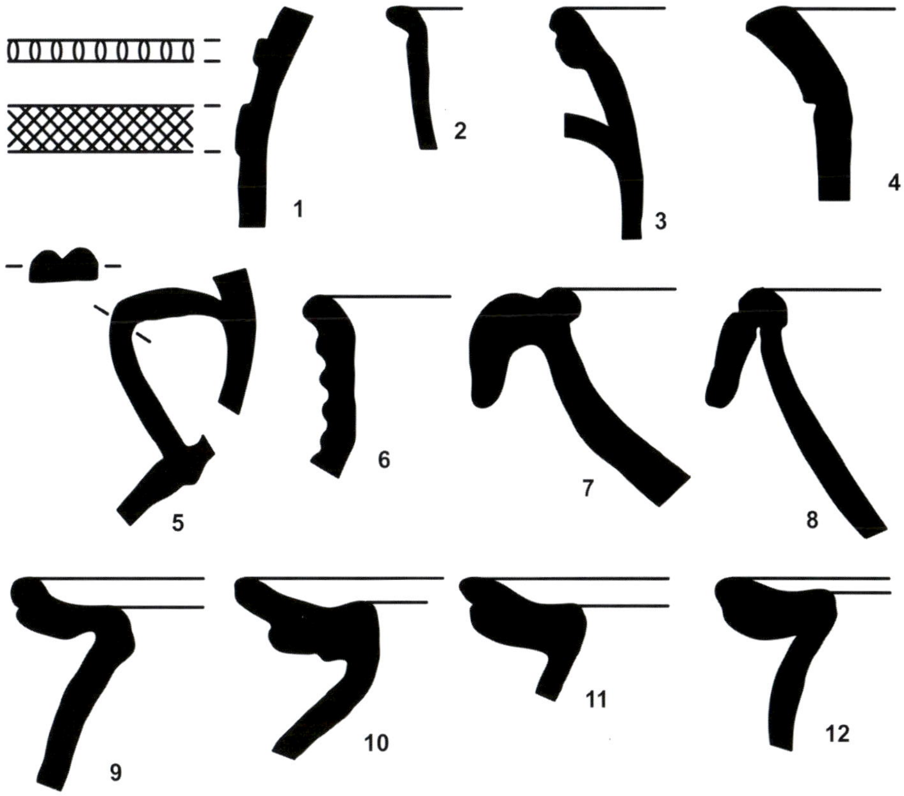

Abb. 26 WP 5/4. Fundmaterial aus dem Bereich der Ofenstelle 8. 1–5: Arbeitsgrube und Nutzungshorizont des älteren Ofens. 6–8: Einfüllung der Arbeitsgrube des jüngeren Ofens. 9–12: Scherbenpflaster des jüngeren Ofens. Ohne Maßstab.

lata-Näpfen der Form Drag. 33 aus derselben Manufaktur sowie Firnisbecher mit verschliffenen Karniesrändern (Abb. 26.2). Daneben liegen ein Krughals mit außen doppelt gerillter Wulstrandlippe (Abb. 26.3), das Randstück eines älteren Krugs (Abb. 26.4) sowie das Henkelbruchstück eines weiteren Einhenkelkrugs vor (Abb. 26.5).[35] Die Einfüllung der Arbeitsgrube des jüngeren Ofens erbrachte ein weiteres Bruchstück der Bilderschüssel Drag. 37 des Satto, sodann Terra Sigillata-Tellerformen Drag. 31. Bei der Firnisware liegen Fragmente sog. Grießbecher sowie die eines Bechers mit horizontal gerilltem Steilrand vor (Abb. 26.6), einer Form, die nicht mehr in Niederbieber vertreten ist. Die Kragenränder der Reibschalen werden vielfältiger und sind nicht mehr so fein gearbeitet (Abb. 26.7/.8).[36] Schließlich befanden sich im Scherbenpflaster des jüngeren Ofens mehrere Randstücke von Töpfen mit deutlich ausgeprägten Deckelfalzprofilen, die allerdings noch nicht die herzförmige Form des ausgeprägten 3. Jahrhunderts verraten (Abb. 26.9–12).[37] Dabei fällt auf, dass Keramik dieser Zeit, vor allem Urmitzer Ware völlig fehlt. Da sie an den umliegenden Kastellplätzen Altenstadt, Marköbel, Rückingen und Heldenbergen vorkommt, scheint sich hier nicht ein Belieferungs-, sondern eher ein chronologisches Detail niederzuschlagen.[38] Offenbar gelangte Urmitzer Ware nicht mehr im großen Stil an Wachposten 5/4.

Insgesamt lässt sich mithilfe des Fundmaterials, auch wenn dies hier nur im Überblick behandelt wurde, die Chronologie der Turmstelle WP 5/4 „An der alten Rüdigheimer Hohle“ sehr gut nachvollziehen. Der erst bei den Ausgrabungen entdeckte Holzturm A wurde bei Einrichtung der östlichen Wetteraulinie erbaut. Das aus seinen Konturen und aus den Befunden des ihm zugeordneten Bereichs stammende Fundmaterial zeigt, dass dieser Turm noch mit südgallischer Ware beliefert wurde, aber in den hadrianischen Horizont ostgallischer Manufakturen zu stellen ist. Nach neuester Datierung wird man seinen Beginn etwa in die Jahre um 110 n. Chr., sein Ende etwa in späthadrianischer Zeit, also um 135 n. Chr. annehmen dürfen.[39] Der durch die geomagnetische Prospektion entdeckte zweite Holzturm B weist durch die Funde aus den ihm räumlich zugewiesenen Strukturen einen erwartungsgemäß leicht jüngeren Zeitansatz auf. Seine Lebensdauer dürfte kaum über die Mitte des 2. Jahrhunderts n. Chr. hinaus gelangt haben, vermutlich findet er sein Ende mit dem Bau des Steinturms C. Allgemein wird die Errichtung der Steintürme – nach den datierten Inschriften vom Odenwaldlimes – in die Jahre um 145/46 n. Chr. gesetzt.[40] Der Steinturm selbst hat nach Ausweis der Mammilianus-Sigillata in seinem Graben noch die ersten Jahrzehnte des 3. Jahrhunderts n. Chr. gesehen. Wie lange er danach noch bestand und in Funktion blieb, lässt sich nicht sicher sagen. Immerhin fällt das Fehlen von Formen und Warengruppen des fortgeschrittenen 3. Jahrhunderts n. Chr. auf. Dies in Erwägung ziehend, könnte die Wachturmstelle bei Ravolzhausen bereits mit den Unruhen des Jahres 233 n. Chr. aufgegeben worden sein.[41] Vielleicht hat man die Turmbesatzungen abgezogen, neu formiert und sie in dem benachbarten Kleinkastell Langendiebach stationiert. Von hier aus war nun vielleicht mit neuer, beweglicher Taktik der gesamte

35 Bef.-Nr. 208, 206. Zu den Karniesrändern vgl. die Stücke aus dem um 233 n. Chr. zerstörten Keller 1 im Lagerdorf des Kastells Langenhain: H.-G. Simon in: SIMON U. KÖHLER, Langenhain Taf. 42 CII1–8.

36 Bef.-Nr. 166. Becher mit horizontal gerilltem Steilrand laufen Ende des 2. Jahrhunderts n. Chr. aus, ebd. 46 f.

37 Bef.-Nr. 162.

38 Altenstadt: SCHÖNBERGER U. SIMON, Altenstadt 145 ff. – Marköbel: P. Jüngling, Marköbel. 36 mit Abb. – Rückingen: ORL B Nr. 22, 27 E. Töpfe Nr. 5 und 6, Taf. IV, 33 und Taf. V, 34. Vgl. auch WP 5/12: Jüngling, Bulau 154.

39 Vgl. KORTÜM, Datierung 29 ff. und ders., Traian. 195 f., der insgesamt beim Datum der Einrichtung des Limes für eine deutliche Verschiebung von Domitian zu Traian votiert. Das Enddatum um 135 n. Chr. orientiert sich am Datum der Aufgabe des Erdkastells der Saalburg: SCHÖNBERGER, Namensstempel 28 ff.

40 BAATZ, Hesselbach 121.

41 In denselben Zerstörungshorizont könnte ein Münzschatz aus Kastell Marköbel weisen, vgl. JÜNGLING Marköbel 34, – Brandhorizonte des Jahres 233 n. Chr. werden auch für Altenstadt, Butzbach und Echzell, SCHÖNBERGER U. SIMON, Altenstadt 62, und Heldenbergen CZYSZ, Heldenbergen 192, angenommen.

Streckenabschnitt zwischen Marköbel und Rückingen zu überwachen.[42]

An der Turmstelle WP 5/4 „An der alten Rüdigheimer Hohle“ bei Ravolzhausen haben die Soldaten, solange sie dort stationiert waren, bei ihrer Selbstversorgung Backöfen verwendet, die sie in einfacher Bauweise im Lehmboden in Nähe des jeweiligen Turms anlegten. Die Backöfen waren in die Wände von Erdkellern eingegraben, die vermutlich grubenhausartig überdacht waren (Abb. 27). Vereinzelt konnten die Firstpfosten von solchen Anlagen bei der Ausgrabung nachgewiesen werden. Im Grunde war damit eine Art Backhaus gegeben, wie es etwas aufwendiger gestaltet in Pompeji bekannt ist (Abb. 28).[43] Vorratsgefäße haben sich im Scherbenmaterial von Ravolzhausen und in vereinzelten Abdrücken ihrer Standspuren erhalten. An vielen Türmen des Limesgebiets fanden sich ganze oder Teile von Handmühlsteinen.[44] Bei WP 5/4 zeigte sich, dass sich die räumliche Nähe zum jeweiligen Turm auch mit der durch das Fundmaterial gegebenen zeitlichen Nähe der Backofenbatterien zu den einzelnen Türmen deckte. Wenn sie nicht gar zeitgleich sind, was sich annehmen lässt. Insgesamt konnten 8 Ofenstellen mit 12 Backöfen ausgegraben werden. Vielleicht sind noch einige hinzuzurechnen, denn das Gelände ist seit der Antike stark erodiert. Geht man von der vorgefundenen Anzahl aus und einem

Abb. 27 WP 5/4. Schematische Rekonstruktion der Ofenstelle 4.

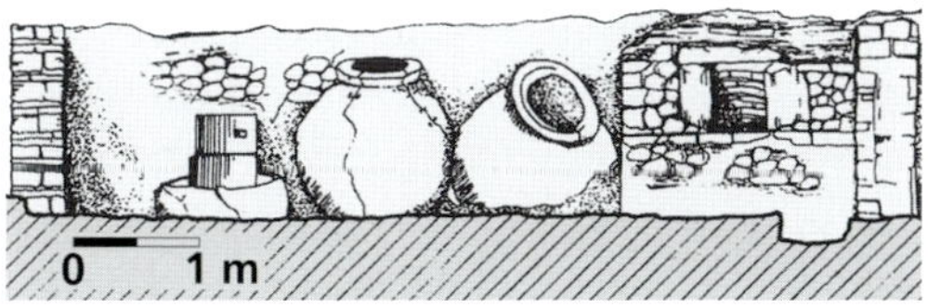

Abb. 28 Backstube mit Handmühle, Vorratsgefäßen und Backofen aus Pompeji.

Gesamtbesetzungszeitraum von WP 5/4 von 110 bis 233 n. Chr., also von rund 120 Jahren, so wäre alle zehn Jahre ein Ofen angelegt worden. Eine solche Rechnung ist im Ergebnis sicherlich zu schematisch. Ein Ofen in dieser einfachen Machart hält keine zehn Jahre. Offenbar wurde vor allem zur Zeit der Holztürme wegen der Feuergefahr außerhalb gebacken. Als der Steinturm stand, konnte sicherlich auch in dessen Innern an einer einfachen Ofenstelle gebacken worden sein. Aber auch während seiner Existenzzeit wurden mindestens zwei Ofenstellen außerhalb angelegt. Dennoch wird man zu allen Zeiten sowohl in den Holz- als auch in den Steintürmen mit zusätzlichen Herdstellen zu rechnen haben.

Wie die archäobotanische Untersuchung der Makroreste ergab, erhielten die Soldaten vorbehandeltes, entspelztes und gesiebtes Getreide. Es fanden sich nämlich kaum Druschreste und keine kleinsamigen Unkräuter, die auf nicht mehr weiter behandeltes Getreide schließen lassen könnten. Die Versorgung der Turmstelle erfolgte vom nächsten Lieferanten vielleicht aus dem *horreum* des nächsten Kastells, von *villae rusticae* der Umgebung oder durch Getreidehändler.[45] Dort wusste man offenbar, was die Soldaten an ihrem

42 ORL Strecke 4 und 5, 157 ff. – THIEL, Funktion 74 f. – REUTER, Limesfall.
43 CONTICELLO, Villa.
44 WAHL u. a., Steinturm mit Nachweisen in den Anmerkungen 42, 70, 73–77.
45 Etwa 300 m nordwestlich von WP 5/4 wurde in den 1960er-Jahren beim Bau eines Aussiedlerhofes eine römische Abfallgrube angetroffen, die vielleicht zu einer villa rustica gehören könnte. Außerdem sollen 500 m im Umkreis der Turmstelle weitere römische Reste beobachtet worden sein, vgl. LORSCHEIDER, Abschlussbericht 18.

Turm benötigten. Körner von Dinkel, Gerste, Hirse, Nacktweizen und Roggen sowie Rückstände von Linsen, Erbsen und Mohn verdeutlichen, dass die Soldaten neben Backwerk auch ihre Getreide-Eintopfgerichte und Hülsenfrüchtebreis (puls) hergestellt haben.[46] Mit dem Mahlen des Getreides verbrachten die Soldaten sicherlich einen nicht geringen Teil ihrer Zeit, die analog der römischen Wacheneinteilung für die jeweils 6–8 Soldaten einer Turmbesatzung *(contubernium)* eingeteilt war.[47] Haselnüsse deuten wohl auf eine saisonale Selbstversorgung aus der Umgebung. Die zahlreichen Feuerstellen und Öfen im Umfeld der Turmstelle führten dazu, dass sich am Standort Stickstoff im Boden anreicherte. Dies wurde auch von Pflanzen angezeigt, die sich auf solchen Böden bevorzugt ansiedeln.

Die Untersuchung der verbrannten Tierknochen – unverbrannte Knochen fanden sich kaum, offenbar ein Zeichen der durch die Verbrennung der Essensreste gezielt unternommenen „Müllentsorgung" – konnte bisher noch nicht vorgenommen werden. Deshalb sei hier nochmals auf einen Befund verwiesen, der vor einigen Jahren an WP 4/5 – Steinturm „Am Grauen Berg" am Taunuslimes beschrieben wurde und Hinweise auf die Versorgung einer Wachturmstelle am Limes mit fleischlicher Nahrung gibt.[48]

Die Bestimmung des Tierknochenmaterials (Abb. 29) ergab dort, dass offenbar vor allem Haustiere wie Schweine, Rinder, Schafe, Ziegen und Hühner bevorzugt gegessen wurden. Weniger wurde offenbar auf Wildtiere wie Rothirsch, Feldhase, Wildschwein und Wildhuhn zurückgegriffen. Vielleicht hatte man zur ausgiebigen Jagd keine Zeit, möglicherweise war diese aber auch anderen Personenkreisen vorbehalten. Bei der Zuweisung des untersuchten Knochenmaterials auf die Körperregionen der einzelnen Tiere (Abb. 30) fiel auf, dass lediglich beim Hausschwein, dem hauptsächlichen Fleischlieferanten an der Turmstelle, und bei Schaf/Ziege Knochen von nahezu allen Körperbereichen vorlagen. Dagegen traten bei den Rindern vor allem Teile des Wirbelsäulen- und Rippenbereichs auf. Dies legt die Vermutung nahe, dass die Soldaten über ganze Schweine und Ziegen jedoch nur über Teile von Rindern verfügten, vermutlich nur über Rinderhälften, denn die Extremitätenknochen fehlten nahezu ganz. Darüber hinaus kam die Betrachtung der Schlachtspuren am Knochenmaterial zu dem Ergebnis, dass „zwei Schlachter am Werk waren: ein erfahrener „Metzger", der seine Schnitte exakt zu setzen wusste und beim Ertasten der Gelenkfuge nur ein- bis zweimal ansetzen musste, um Bänder zu durchtrennen oder Muskeln abzulösen; und ein zweiter, der bis zu sechsmal das Gelenk abtasten musste, um den richtigen Schnitt anbringen zu können, oder die Gelenke einfach zerschlug. Die Fortführung dieses Gedankens führt zu der Annahme, dass die römischen Wachposten mit portioniertem, zumindest vorgeschlachtetem Rindfleisch beliefert wurden".[49] Vielleicht kann man sogar noch weitergehen und vermuten, dass die Soldaten an den Wachtürmen ihre eigenen Schweine, Schafe und Ziegen gehalten und dann zuweilen selbst geschlachtet haben. Dies ließe allerdings auf eine bisher nicht unterstellte, zumindest zeitweise und Teile der Ernährung umfassende

Abb. 29 WP 4/5. Auflistung der Tierknochen nach Tierarten.

	Anzahl Knochen	Anteil in %
Haustiere		
Hausschwein *(Sus domesticus L.)*	69	37,5
Hausrind *(Bos taurus L.)*	46	25
Hausschaf *(Ovis aries L.)*	45	24,5
Hausziege *(Capra hircus L.)*	8	4,3
Haushuhn *(Gallus g. domesticus L.)*	3	1,6
Wildtiere		
Rothirsch *(Cervus elaphus L.)*	6	3,3
Feldhase *(Lepus europaeus L.)*	3	1,6
Wildschwein *(Sus scrofa L.)*	2	1,1
Hühnervogel	2	1,1
gesamt	**184**	**100**

46 Zur puls: J. André, L'alimentation et la cuisine à Rome (1961) Reg. v. puls.
47 Im archäologischen Experiment wurden Zeiterfassungen durchgeführt, vgl. KREUZ U. BAATZ, Darren 25. Demnach benötigte ein an der Handmühle geübter Soldat sicherlich weniger als 20 Minuten, um 1 kg Weizen in backfertiges Mehl zu verwandeln.
48 WAHL u. a., Steinturm 296–302.
49 Ebd. 301.

	Haustiere: Hausschwein (*Sus domesticus L.*)	Hausrind (*Bos taurus L.*)	Hausschaf (*Ovis aries L.*)	Hausschaf/ Hausziege	Hausziege (*Capra hircus L.*)	Haushuhn (*Gallus g. domesticus L.*)	Wildtiere: Rothirsch (*Cervus elaphus L.*)	Feldhase (*Lepus eiropaens L.*)	Wildschwein (*Sus scrofa L.*)	Hühnervogel
Schädel	6	4	2	3					1	
Wirbelsäule	21	13		4		1	1	1		
Rippen	20	23		4		1		2		
Schultergürtel und Vorderextremitäten	12	3	15	7	4		2			2
Beckengürtel und Hinterextremitäten	10	30	9	3	2	1	3		1	
Individuen (Mindestzahl)	2 2 (ad praead)	2 1 (ad juv)	3		1	1	1	1	1	1

Abb. 30 WP 4/5. Verteilung der Knochenfunde auf die Körperregionen und daraus resultierende Mindestindividuenzahlen.

Autonomie der Turmbesatzung von der nächsten Versorgungsstelle schließen. Die Abkommandierung an einen Wachturm scheint demnach langfristiger gewesen zu sein, wobei die Soldaten stärker auf sich allein gestellt waren. Dass sie allerdings auch am östlichen Wetteraulimes mit ihrem südspanischen Olivenöl und ihrem südgallischen Wein versorgt wurden, worauf die entsprechenden Amphorenscherben hinweisen, mag zeigen, dass die karge Ernährung ab und an auch einen kulinarischen Höhepunkt haben konnte.[50]

Wie die Abwicklung der Planungs- und Ausgrabungsphase in Neuberg-Ravolzhausen zeigt, hat der alte römische Grenzwall die Pläne der Gemeinde, am Ortsrand das seit Jahren vorgesehene Baugebiet zu verwirklichen, keineswegs durchkreuzt. Die Bebauung des Areals hat inzwischen begonnen, dennoch wird das Bodendenkmal nicht überbaut, es bleibt vielmehr in dem neuen Areal inmitten einer Grünfläche deutlich sichtbar erhalten. Dies gilt auch für den Limesverlauf, der mitten durch das Baugebiet führt. Ja es gelingt durch das Hervorheben der Einzelheiten der einstigen römischen Grenze an Ort und Stelle, der neuen Siedlung ein eigenes Gesicht zu geben. Die Art und Weise, wie sich Gemeinde und Archäologische Denkmalpflege bei der Einbringung ihrer jeweiligen Interessen in den Planungsfortgang verständigt haben, wurde in der Presse als „Paradebeispiel für die Zusammenarbeit zwischen Planern und Archäologen" dargestellt.[51] Verzögerungen, die durch die notwendig werdenden Umplanungen entstanden, hielten sich in einem absolut vertretbaren Rahmen. Es hat sich gezeigt, dass das frühzeitige Gespräch miteinander noch zu für beide Seiten akzeptablen Lösungen führen kann. Auch im Sinne des Managementplans des UNESCO-Welterbeantrags könnte ein solches Vorgehen exemplarischen Charakter besitzen.

Prof. Dr. Egon Schallmayer, Archäol. und Paläontol. Denkmalpflege, Schloss Biebrich – Ostflügel, Landesamt für Denkmalpflege Hessen, 65203 Wiesbaden, E-Mail: e.schallmayer@denkmalpflege-hessen.de

50 Neben den Scherben der südspanischen Olivenölamphoren der Form Dressel 20 streuten über die gesamte Fundstelle auch Scherben von Weinamphoren der Form Pélichet 47 (Dressel 30) vgl. PÉLICHET, Amphores.

51 Vgl. z. B. die Berichte im Hanauer Anzeiger v. 1. 3., 12. 6., 28. 8., 17. 9. und 30. 10. 2004.

Literaturverzeichnis

BAATZ, Hesselbach
D. Baatz, Kastell Hesselbach und andere Forschungen am Odenwaldlimes. Limesforsch. 12 (Berlin 1973).

BECK u. FRANCE-LANORD, La Madeleine
F. Beck u. A. France-Lanord, La Madeleine. In: C. Bémont u. J.-P. Jacob (Hrsg.), La terre sigillée. Lieux de production du Haut empire: Implantations, produits, relations. Documents Arch. Française 6 (Paris 1986), 244 ff.

BERNHARD, Diskussion
H. Bernhard, Zur Diskussion um die Chronologie Rheinzaberner Relieftöpfer. Germania 59, 1981, 79–93.

BÖHME, Saalburg
A. Böhme, Die Fibeln der Kastelle Saalburg und Zugmantel. Saalburg-Jahrb. 29, 1972, 5–112.

CONTICELLO, Villa
M. Conticello di Spagnolis, Una villa del suburbio orientale die Pompei. Bolletino di Arch. 1–21, 1993, 117–124.

CZYSZ, Heldenbergen
W. Czysz, Heldenbergen in der Wetterau. Feldlager, Kastell, Vicus. Limesforsch. 27 (Berlin 2003).

DÜERKOP, Köln-Marienburg
A. Düerkop, Terra sigillata-Stempel aus dem Flottenlager Köln-Marienburg (Alteburg). Kölner Jahrb. 35, 2002, 783–951.

FISCHER, Regensburg
T. Fischer, Das Umland des römischen Regensburg. Münchner Beiträge z. Vor- u. Frühgesch. 42 (München 1990).

FÖLZER
E. Fölzer, Die Bilderschüsseln der ostgallischen Sigillata-Manufakturen. Röm. Keramik Trier 1 (Bonn 1913).

HAGEDORN, Großsachsen
A. Hagedorn, Die Villa rustica von Großsachsen, Gem. Hirschberg, Rhein-Neckar-Kreis. Materialhefte zur Archäologie in Baden-Württemberg 45 (Stuttgart 1999).

HEUKEMES, Keramik
B. Heukemes, Römische Keramik aus Heidelberg. Materialien zur Röm.-Germ. Keramik 8 (Bonn 1964).

JÜNGLING, Bulau
P. Jüngling, Untersuchungen am römischen Wachturm 5/12 in der Hanauer Bulau. Hanauer Geschbl. 30, 188, 147–155.

JÜNGLING, Marköbel
P. Jüngling, Die Zeit der Römer. In: 1150 Jahre Marköbel. 850 Jahre Baiersröderhof (Hammersbach 1989), 15–36.

KORTÜM, Datierung
K. Kortüm, Zur Datierung der römischen Militäranlagen im obergermanisch-rätischen Limesgebiet. Saalburg-Jahrb. 4, 1998, 5–65.

KORTÜM, Traian
K. Kortüm, Die Umgestaltung der Grenzsicherung in Obergermanien unter Traian. In: E. Schallmayer (Hrsg.), Traian in Germanien, Traian im Reich. Saalburg-Schriften 5, 1999, 195–205.

KREUZ u. BAATZ, Darren
A. Kreuz u. D. Baatz, Try and error. Gedanken und Erfahrungen zum Darren und Entspelzen von Getreide in den Jahrhunderten um Christi Geburt. In: Denkmalpflege und Kulturgeschichte 1/2003 (Wiesbaden 2003), 20–25.

LORSCHEIDER, Abschlussbericht
F. Lorscheider M.A., Abschlussbericht zur Grabung in Neuberg-Ravolzhausen EV-21/04. (Manuskript 2005). Ortsakten der Archäologischen und Paläontologischen Denkmalpflege Hessen, Wiesbaden.

OELMANN, Niederbieber
F. Oelmann, Die Keramik des Kastells Niederbieber. Materialien zur römisch-germanischen Keramik 1 (Frankfurt 1914).

OENBRINK, Jagdbecher
W. Oenbrink, Die Kölner Jagdbecher im römischen Rheinland. Form und Dekor, Funktion und Handelsgeschichte einer Kölner Geschirrproduktion im 2. Jahrhundert n. Chr. Kölner Jahrb. 31, 1998, 71–252.

ORL A, Strecke 4 und 5
E. Fabricius, F. Hettner, O. von Sarwey (Hrsg.), Der obergermanisch-raetische Limes des Römerreiches. Abt. A, Bd. II 1 Strecke 4 und 5 (Berlin/Leipzig 1936).

PELICHET, Amphores
E. Pélichet, A propós des amphores romaines trouvés à Nyon. Zeitschr. Schweiz. Arch. u. Kunstgesch 8, 1946, 189–202.

REMESAL-RODRÍGUEZ u. SCHALLMAYER, Amphoren
J. Remesal-Rodríguez u. E. Schallmayer, Römische Amphoren aus Baden-Württemberg. Fundber. Baden-Württemberg 13, 1988, 397–432.

REUTER, Limesfall
M. Reuter, Der Limesfall im Spiegel ausgewählter Befunde in Kleinkastellen und Wachttürmen. In: E. Schallmayer (Hrsg.), Niederbieber, Postumus und der Limesfall. Stationen eines politischen Prozesses. Bericht des ersten Saalburgkolloquiums. Saalburg-Schriften 3, 1996, 76–83.

RICKEN 1934
H. Ricken, Die Bilderschüsseln der Kastelle Saalburg und Zugmantel. Saalburg-Jahrb. 8, 1934, 130–182.

RICKEN/FISCHER
H. Ricken u. Ch. Fischer, Die Bilderschüsseln der römischen Töpfer von Rheinzabern. Mat. Röm.-Germ. Keramik 7 (Bonn 1963).

RÜGER, Terrakotten
E. Rüger, Die römischen Terrakotten von Nida-Heddernheim. Schriften Frankfurter Museum f. Vor- u. Frühgesch. 5 (Frankfurt 1980).

SCHALLMAYER, Soldatenleben
E. Schallmayer, Soldatenleben an einem Wachtposten am östlichen Wetteraulimes. Hessenarchäologie 2004, 103–108.

SCHALLMAYER, Forschungen
E. Schallmayer, Neue Forschungen am Limes in Hessen. Denkmalpflege und Kulturgeschichte 3 (2005) 17 f.

SCHÖNBERGER, Namensstempel
H. Schönberger, Die Namensstempel auf glatter Sigillata aus dem Erdkastell der Saalburg. Mit einem Beitrag von B. R. Hartley. Saalburg-Jahrb. 27, 1970, 21–30.

SCHÖNBERGER U. SIMON, Altenstadt
H. Schönberger u. H.-G. Simon, Die Kastelle in Altenstadt. Limesforsch. 22 (Berlin 1983).

SIMON u. KÖHLER, Langenhain
H.-G. Simon u. H-J. Köhler, Ein Geschirrdepot des 3. Jahrhunderts. Grabungen im Lagerdorf des Kastells Langenhain. Materialien z. Röm.-Germ. Keramik 11 (Bonn 1992).

THIEL, Funktion
A. Thiel, Zur Funktion der Kleinkastelle am Obergermanischen Limes. Heidenheimer Jahrbuch 2003/2004 (2004), 69–77.

WAHL u. a., Steinturm
J. Wahl, E. Schallmayer u. J. Wahl, Untersuchungen an Wp. 4/5-Steinturm. Fundber. Hessen 15, 1975 (1977), 283–289.

WOLFF, Limesblatt
G. Wolff, Limesstrecke Rückingen-Marköbel. Limesblatt Nr. 7 u. 8 (1894) Sp. 244–250.

Abbildungsnachweis

Abb. 1 ORL Abt. A, Bd. II 1 Strecke 4 und 5 (Berlin/Leipzig 1936) 156 f., Abb. 2 Limes-Datenbank der DLK., Abb. 4 Posselt/Zickgraf, Abb. 7, 8, 10, 12, 14, 22, 24 LAD Wiesbaden., Abb. 27 G. Preuss, Abb. 28 Nach Conticello, Villa., Sonst: G. Preuss/E. Schallmayer.

BREI UND BROT? ARCHÄOBOTANISCHE UNTERSUCHUNGEN ZUR ERNÄHRUNG DER WACHSOLDATEN DES WP. 5/4 NEUBERG AM LIMES

Von Angela Kreuz

Bei Neuberg-Ravolzhausen konnten erstmalig im Umfeld eines Limeswachpostens systematische archäobotanische Untersuchungen durchgeführt werden. Dabei ging es u. a. darum, Hinweise zur Nahrungsversorgung der römischen Turmbesatzung zu gewinnen.[1] Aus 22 Befunden wurden 43 Proben mit einem Gesamtvolumen von 521,5 Liter Sediment geborgen. Nach der Bestimmung des Probenvolumens erfolgte das Nasssieben mit Siebsätzen einer Maschenweite von 1 und 0,5 mm. Da alle Befunde außerhalb des Grundwassereinflussbereichs lagen, waren nur verkohlte Pflanzenreste konserviert. Insgesamt konnten 1160 Samen- und Fruchtreste von 48 Pflanzentaxa bestimmt werden (Tabelle 1, Abb. 1 und 2).[2] Von den sehr zahlreichen Holzkohlen, deren Bearbeitung noch aussteht, erwarten wir interessante Aufschlüsse zur Brennholzbeschaffung der Soldaten.

1 Vgl. dazu auch WAHL u. a., Steinturm.
2 Die Pflanzenfunde sind in der archäobotanischen Sammlung des Hessischen Landesamtes für Denkmalpflege unter der Projektnummer AK210 nach Taxa getrennt inventarisiert und zugänglich.
3 KREUZ, Umbruch.

Das Fundspektrum

Der Erhaltungsumfang der Pflanzenreste ist mit einer durchschnittlichen Konzentration von 2,2 Stück pro Liter als eher gering zu beurteilen. Dies könnte zum einen auf sauerstoffreiche Verkohlungsbedingungen offener Feuerstellen zurückzuführen sein. Gleichzeitig sind aber auch funktionale Gründe zu bedenken: Nach einer etwa 80-jährigen Nutzungszeit hätte man – entsprechend unseren Ergebnissen aus hessischen römischen Siedlungen – durchaus mehr verkohlte Abfälle im ausgegrabenen Areal erwarten können.[3] In diesem Zusammenhang ist von Interesse, dass insgesamt zwar nur wenig, aber u.a. auch ein sonst eher seltener, fragiler Mohnsamen erhalten war (Abb. 2–4). Wahrscheinlich können wir also die geringe Menge der Pflanzenfunde als Hinweis auf eher begrenzte „häusliche" Tätigkeiten der Besatzung des Wachturms interpretieren (vgl. unten).

Wenige Pflanzenfunde verweisen auf die damalige Vegetation im Umfeld der Türme. Hainbuche *Carpinus betulus* und Hasel *Corylus avellana* könnten in nahe gelegenen

Abb. 1 Neuberg-Ravolzhausen. Wp. 5/4 »An der alten Rüdigheimer Hohle«. Verkohlte Weizenreste: Körner von Emmer/Dinkel *Triticum dicoccum/spelta* dorsal (1) und lateral (2) (L. rechts bzw. oben 5,8 mm; Befund 29–30; Foto-Nr. 398-30, 399-0) und von Dinkel *Triticum spelta* dorsal (3) und lateral (4) (L. links bzw. unten 5,7 mm; Befund 192–217; Foto-Nr. 399-9, 399-21); Hüllspelzen von Dinkel (5) (L. Mitte 1,95 mm; Befund 165 bis 166; Foto-Nr. 400-5).

Abb. 2 Neuberg-Ravolzhausen, Wp. 5/4 »An der alten Rüdigheimer Hohle«. Verkohlte Kulturpflanzenreste: Körner (1) und Spindelglied (2) von Gerste *Hordeum vulgare* (Korn dorsal, L. links 6,4 mm; Befund 29–30; Foto-Nr. 397-16; Spindelglied L. 3,4 mm; Befund 73–74; Foto-Nr. 397-36); Körner von Roggen *Secale cereale* (3) (L. rechts 6 mm; Befund 29-30; Foto-Nr. 396-20) Samen von Schlafmohn *Papaver somniferum* (4) (L. 1,6 mm; Befund 29–30; Foto-Nr. 394-19); Körner der Echten Hirse *Panicum miliaceum* (5) (L. links 1,8 mm, rechts 1,9 mm; Befund 165–166; Foto-Nr. 395-34, 395-28); Samen der Erbse *Pisum sativum* (6) (L. 4,8 mm; Befund 209–208; Foto-Nr. 394-25).

Gehölzbeständen gewachsen sein. Haselnüsse waren eine gut lagerfähige und nahrhafte Ergänzung der Verpflegung. Zwergholunder *Sambucus ebulus,* Klettenlabkraut *Galium* cf. *aparine,* Ruten-/Spießmelde *Atriplex patula/hastata* und Schwarzer Nachtschatten *Solanum nigrum* lassen annehmen, dass es in der Umgebung stickstoffreiche Standorte gab. Dies ist die natürliche Folge der längeren Anwesenheit von Menschen und Tieren an einem Ort. Die Samen und Früchte dieser Ruderalarten konnten durch die Hitze der Öfen oder Lagerfeuer verkohlen.

Unter den Pflanzenresten von Ravolzhausen sind insgesamt acht verschiedene Kulturpflanzenarten erhalten, die wir auch von anderen römischen Fundstellen Hessens kennen (Abb. 1–2). Am häufigsten fanden sich Körner von Dinkel *Triticum spelta* und Vierzeiliger Spelzgerste *Hordeum vulgare.* Bei solchen Spelzgetreiden sind die Körner fest von Spelzen umschlossen, sodass zusätzlich zum Dreschen, bei dem die Ähren in Ährchen zerfallen, ein weiterer Arbeitsgang wie Mörsern zum Entspelzen des Getreides erforderlich ist. Eher selten traten Körner von Echter Hirse *Panicum miliaceum,* Nacktweizen *Triticum aestivum s. l. /durum/turgidum* und Roggen *Secale cereale* in den Proben auf (Abb. 2).

Es ist bemerkenswert, dass Roggen hier in zwei Befunden mit mehreren Körnern, in Ofengrube 1 sogar mit über 50 Stück, vertreten ist. Nach derzeitigem Forschungsstand entwickelte er sich im römischen Hessen erst im 2. Jahrhundert n. Chr. zu einem bewusst angebauten Getreide. Die genauen Zusammenhänge sind noch unbekannt.

Wir müssen annehmen, dass Gerste nicht (nur) an Pack- oder Reittiere verfüttert, sondern von den Soldaten verzehrt wurde. Viehfutter hätte kaum eine Chance gehabt, zu verkohlen, verkohlte Gerstenkörner fanden sich aber in fast allen untersuchten Befunden. Wie aus Abb. 3 (unten) zu ersehen ist, sind Gerstenkörner hier bei den Wachtürmen sogar mit höherer prozentualer Häufigkeit vertreten als in römischen Siedlungen.

Gerste wird in den Schriftquellen über das römische Heer gerne als Viehfutter bezeichnet, an Soldaten sei sie nur zur Strafe ausgegeben worden.[4] Für die mykenische Zeit wird allerdings von Homer – z. B. in der

4 JOHNSON, Kastelle 215; JUNKELMANN, Ernährung 53 ff. – Dazu muss man einschränkend sagen, dass die Schriftquellen sich auf die Legionen beziehen und zumeist auch ältere Zeitperioden betreffen, in der die Legionen noch aus Italikern bestanden. Am hessischen Limes haben wir es hingegen mit Auxiliaren der Kaiserzeit zu tun, die in den Provinzen rekrutiert worden sind (frdl. Mitt. D. Baatz sowie BAATZ, Limes).

Odyssee – die Gerste mehrfach und keineswegs abwertend als Getreide für die menschliche Ernährung in Griechenland genannt.[5] Auch im keltischen Hessen war die Gerste ein Hauptgetreide und diente der Ernährung der Bevölkerung.[6] In diesem Zusammenhang ist von Interesse, dass Gerste auch das häufigste Getreide in den Proben aus dem Limeskastell Kapersburg war.[7] Leider wissen wir nicht, woher die Einheit der Hilfstruppen in dem dem Wachturm bei Neuberg benachbarten Limeskastell Marköbel stammte, sonst könnte man über die Herkunft der Essgewohnheiten der Wachsoldaten spekulieren.

Schlafmohn *Papaver somniferum* (Abb. 2) ist eine ölhaltige, nahrhafte Kulturpflanze. Seine Samen dienten den Soldaten beim Wachposten Neuberg vielleicht zur geschmacklichen Verbesserung von Backwerk oder Suppen. Auch Hülsenfrüchte sind dort durch zwei schlecht erhaltene Reste von wahrscheinlich Linse *Lens culinaris* und Erbse *Pisum sativum* repräsentiert.

Getreiderationen der Wachmannschaft

Druschreste wie Spelzen oder Ährenspindelfragmente, die bei der Getreideaufbereitung von Dinkel oder Gerste vor Ort angefallen sein müssten, sind auffälligerweise verhältnismäßig selten in den Befunden um die Wachtürme vorhanden. Abb. 3 zeigt, dass im Umfeld der Türme Druschreste wie Spelzen und Spindelgliedfragmente erheblich geringer im Verhältnis zu Körnern anfallen, als wir es aus römischen Siedlungen gewohnt sind. Es sieht daher so aus, als sei hier vorbehandeltes, vielleicht sogar z. T. entspelztes Getreide an die Soldaten abgegeben worden. Hierfür spricht auch, dass es sich bei den potenziell mit den Kulturpflanzen gewachsenen Unkrautfunden ganz überwiegend um Samen oder Früchte von mehr als zwei Millimeter Durchmesser handelt (Abb. 4). In der 0,5 mm-Siebfraktion der Proben waren sogar überhaupt keine Unkräuter vorhanden. Dies ist ein Hinweis auf gesiebtes, gereinigtes Getreide, das den Soldaten zugeteilt wurde.

Wenn man von fünf Soldaten je Wachmannschaft ausgeht,[8] wurden rund 35 kg Getreide pro Woche benötigt. Ein Tragtier konnte leicht an einem Tag das Doppelte aus einem Umkreis von 15 km herantransportieren.[9] Es ist zu erwarten, dass das Getreide von nahe gelegenen Gutshöfen stammte. Vielleicht wirtschafteten dort z. T. sogar Verwandte der Soldaten.

5 Nach KÖRBER-GROHNE, Nutzpflanzen 52.
6 KREUZ, Umbruch
7 KREUZ, Kapersburg.
8 BAATZ, Limes 45
9 JUNKELMANN, Ernährung 91 f.

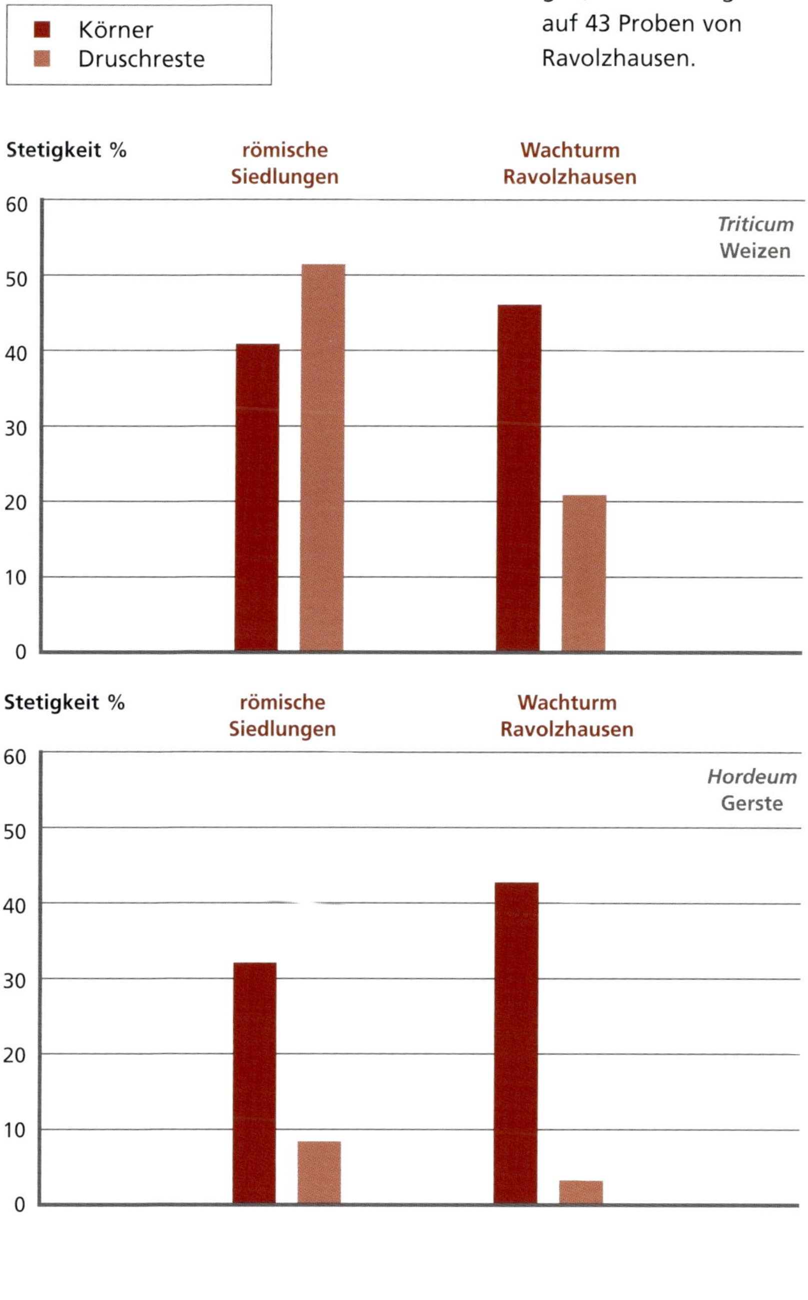

Abb. 3 Neuberg-Ravolzhausen, Wp. 5/4 »An der alten Rüdigheimer Hohle«. Prozentuale Häufigkeit (Stetigkeit) des Vorkommens von Körnern und Druschresten von Weizenarten *Triticum* (oben) und Gerste *Hordeum* im Vergleich: Links bezogen auf 179 Proben aus römischen Siedlungen, rechts bezogen auf 43 Proben von Ravolzhausen.

Tabelle 1 Neuberg-Ravolzhausen Wp. 5/4 »An der alten Rüdigheimer Hohle«. Übersicht der verkohlten Pflanzenfunde nach Befunden und ökologischen Wuchsgruppen gegliedert. *Rtyp* Pflanzenresttyp: *Sa/Fr* Samen oder Früchte, *Spi* Spindelglied, *HSB* Hüllspelzenbasis; Befundtyp: *Of* Ofen, *Gr* Grube, *Gra* Graben, *Pfo* Pfostengrube.

	Befundbezeichnung	Ofen 1	zu Ofen 1?	Ofen 3	Ofen 4	Keller 2/Ofen 5	Ofen 6	Ofen 7
	Befund	29	NNOf	113	183/184	192	172	73
	Anzahl Proben	9	2	2	2	3	1	3
	Befundtyp	Of	Of	Of	Gr/Of	Of	Of	Of
	Probenvolumen (l)	76,5	21,5	50	21	28	10	39
Botanischer Name	RTyp				Summe Pflanzenreste			
1. Ufer-/Auenvegetation								
Rumex crispus/obtusifolius	Sa/Fr	25						
Rumex cf. crispus/obtusifolius	Sa/Fr	1						
2. Grünlandartige Vegetation								
Carex muricata agg.	Sa/Fr	1						
Festuca/Lolium	Sa/Fr	1						
Lotus cf. corniculatus s. str.	Sa/Fr	1						
Polygonum aviculare agg.	Sa/Fr	1						1
Rumex acetosella agg.	Sa/Fr	3						
Rumex cf. acetosella agg.	Sa/Fr	2			1			
Stellaria graminea	Sa/Fr	1						
Trifolium campestre/dubium	Sa/Fr							1
Trifolium spec.	Sa/Fr	3						
3. Ruderalfluren								
Galium cf. aparine	Sa/Fr	23		2	1	1	3	1
Sambucus ebulus	Sa/Fr							
4. Ruderal-/Segetalvegetation undifferenziert								
Atriplex patula/hastata	Sa/Fr							
Echinochloa/Setaria	Sa/Fr	1						
Galium aparine/spurium	Sa/Fr	9						
Solanum nigrum	Sa/Fr	1						
5. Kulturpflanzen								
Hordeum distichon/vulgare	Sa/Fr	245		1	2	1	2	3
Hordeum distichon/vulgare	Spi							9
cf. Hordeum distichon/vulgare	Sa/Fr	3						
Hordeum vulgare 4-zeilig	Spi							1
Panicum miliaceum	Sa/Fr					1		
Secale cereale	Sa/Fr	53				1		
cf. Secale cereale	Sa/Fr	1				2		
Triticum spelta	HSB	11				2		6
Triticum spelta	Sa/Fr					23		
Triticum cf. spelta	HSB	2						
Triticum dicoccum/spelta	HSB	3			2			
Triticum dicoccum/spelta	Sa/Fr	20		1	4	7		
Triticum cf. aestivum s.l./durum/turgidum	Sa/Fr	1						
Triticum aest. s.l./dur./turg./dicoccum	Sa/Fr							
Triticum aest. s.l./dur./turg./spelta	Sa/Fr					6		
Triticum spec.	Sa/Fr	4			2	19	7	
Cerealia	Sa/Fr	147		9	5	20	5	4
Cerealia	Spi	6						
Papaver somniferum	Sa/Fr	1						
cf. Lens culinaris	Sa/Fr						1	
cf. Pisum sativum	Sa/Fr	1						
6. Unkräuter in Hackfrucht und Gärten								
Setaria verticillata/viridis	Sa/Fr				1			
7. Unkräuter in Halmfrucht								
Agrostemma githago	Sa/Fr	4				1		
Bromus cf. secalinus	Sa/Fr	2						
cf. Orlaya grandiflora	Sa/Fr	1						
Polygonum convolvulus	Sa/Fr				1	3		
Vicia hirsuta	Sa/Fr	22			3	2	1	
Vicia cf. hirsuta	Sa/Fr						1	
Vicia hirsuta/tetrasperma	Sa/Fr	12						
10. Laubwälder/Gebüsche								
Carpinus betulus	Fr			1				
Corylus avellana	Sa/Fr	15			1			2
cf. Corylus avellana	Sa/Fr				1			
11. Varia								
Fabaceae	Sa/Fr	1						
Galium spec.	Sa/Fr	7						
Panicoideae	Sa/Fr							
Poaceae	Sa/Fr	3						
Polygonum convolvulus/dumetorum	Sa/Fr					1		
Polygonum lapathifolium/persicaria	Sa/Fr	1			1			
Polygonum/Rumex	Sa/Fr					1		
Vicia spec.	Sa/Fr	6				3		1
Viola spec.	Sa/Fr							
Knochen unbestimmt		+	+		+	+	+	+

Ofen 8re	Ofen 8li	Abfallgruben				Keller 1	Keller 3			Turm 1				
165	209	33	81	13	95	65	197	116	124	124-PfoO	124-PfoW	NN1	NN2	
1	1	2	1	1	1	4	2	2	2	1	1	1	1	
Of	Of	Gr	Gr	Gr	Gr	Gr	Gr	Gr	Gra	Pfo	Pfo			
8	31	20	7	9	10	40	21	38	19,5	10	11	11	19	
Summe Pflanzenreste														Deutscher Name
	8													Krauser/Stumpfblättriger Ampfer
														Krauser/Stumpfblättriger Ampfer
														Stachelsegge
														Schwingel/Lolch
														Gewöhnlicher Hornklee
1								1						Vogelknöterich
														Gewöhnlicher Kleiner Sauerampfer
														Gewöhnlicher Kleiner Sauerampfer
														Grassternmiere
														Kleiner Klee/Feldklee
														Klee
2								1						Klettenlabkraut
1														Zwergholunder
2														Ruten-/Spießmelde
														Hühnerhirse/Borstenhirse
														Kletten-/Saatlabkraut
														Schwarzer Nachtschatten
		1	1		1	2	2							Kulturgerste
														Kulturgerste
														Kulturgerste
														Gerste, 4-zeilig
7														Echte Hirse
														Roggen
														Roggen
153	9						1							Dinkel
2	4													Dinkel
														Dinkel
														Emmer/Dinkel
	4	1	6										2	Emmer/Dinkel
								1						Nacktweizen
												1		Nacktweizen/Emmer
														Nacktweizen/Dinkel
7					1			10						Weizen undifferenziert
12	10					1	1	10						Getreide
														Getreide
														Schlafmohn
														Linse
	1													Erbse
														Quirlige/Grüne Borstenhirse
														Kornrade
	1													Roggentrespe
														Großblütiger Breitsame
1								3						Windenknöterich
	8							3						Rauhhaarige Wicke
								2						Rauhhaarige Wicke
1						1								Rauhhaarige Wicke/Viersamige Wicke
														Hainbuche
								2						Hasel
														Hasel
														Hülsenfrüchte
														Labkraut
1														Hirseartige
1														Süßgräser
														Winden-/Heckenknöterich
								1						Ampfer-/Pfirsichblättriger Knöterich
														Knöterich/Ampfer
														Wicke
1														Veilchen
	+	+		+		+	+						+	Knochen/Zähne

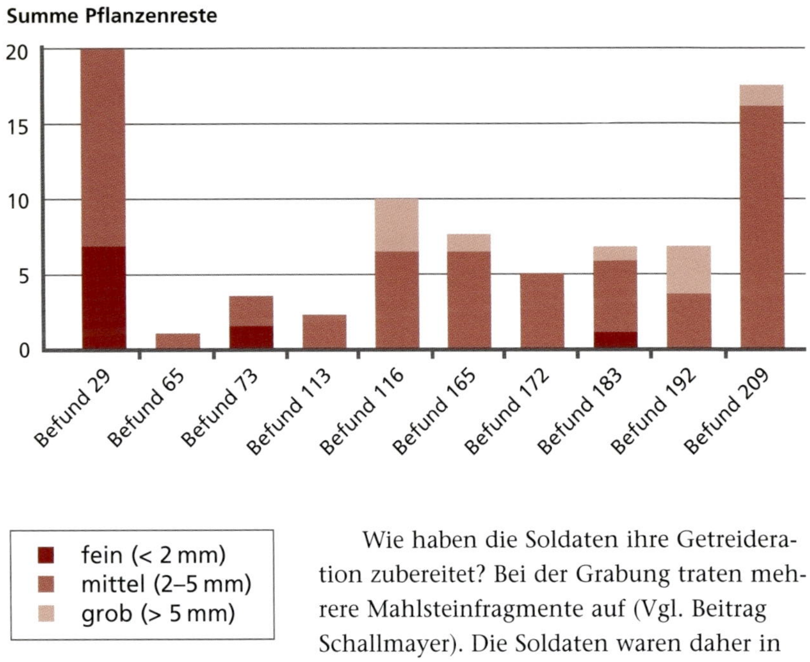

Abb. 4 Neuberg-Ravolzhausen Wp. 5/4 »An der alten Rüdigheimer Hohle«. Anzahl der gefundenen Samen und Früchte potenzieller Unkräuter gegliedert nach Größenmaßen von fein bis grob. Es dominieren Samen und Früchte > 2 mm. Dargestellt sind nur diejenigen der 22 untersuchten Befunde die Unkrautreste enthielten, weitere Erläuterungen im Text.

Wie haben die Soldaten ihre Getreideration zubereitet? Bei der Grabung traten mehrere Mahlsteinfragmente auf (Vgl. Beitrag Schallmayer). Die Soldaten waren daher in der Lage, vor Ort Getreide zu Mehl zu vermahlen und in Öfen Brot oder *sub testu* unter Gefäßen im offenen Feuer Fladen daraus zuzubereiten, wie man auch von anderen Befunden und aus Schrift- und Bildquellen weiß.[10] Eine Tagesration von 1 kg Getreide pro Kopf lässt sich in etwa einer halben Stunde mit einer steinernen Rotationsmühle mahlen. Dies ergab ein eigener Mahlversuch mit einer römischen Handmühle im Saalburgmuseum.[11] Der Vorgang des Brotbackens selbst ist zeitaufwendiger, u. a. weil der Ofen zuvor stundenlang vorgeheizt werden muss.

Von Mehl bzw. Backvorgängen bleiben im Trockenbodenbereich gewöhnlich keine Überreste erhalten, es sei denn, es ist einmal ein ganzes Gebäckstück verkohlt in den Abfall gelangt. Wir fanden hier in den Bodeneintiefungen aber ganze verkohlte Körner der Kulturgetreide. Die Überlegung liegt daher nahe, dass sich die Soldaten den einen oder anderen Eintopf aus ganzen Körnern von Getreide oder aus Hülsenfrüchten zubereitet haben. Dieser war bei Gelegenheit auch einmal angereichert mit ein wenig Fleisch, wie die wenigen verbrannten Knochenfunde aus den Proben vermuten lassen. Interessanterweise fehlen Fischreste, obwohl der Fallbach heute in nur 250–300 m Entfernung von der Turmstelle verläuft. Das wäre auch die nächstgelegene Stelle zum Wasserholen gewesen, die sich allerdings jenseits des Limes, im „Feindesland“, befand. Diesseits des Limes verläuft der Krebsbach heute etwa 1 km nordwestlich des Wachturms. Das war zum täglichen Wasserholen eine weite Entfernung.

Die Untersuchungen liefern erste Informationen zur Nahrungsversorgung der römischen Wachmannschaften am Limes bei Ravolzhausen im 2. Jahrhundert n. Chr. Ob die hier gewonnenen archäobotanischen Ergebnisse tatsächlich verallgemeinerbare Alltagsbedingungen repräsentieren, müssen allerdings künftig noch weitere interdisziplinäre Untersuchungen am Limes zeigen.

Dr. Angela Kreuz, Archäologische und Paläontologische Denkmalpflege, Landesamt für Denkmalpflege Hessen, Sachgebiet Naturwissenschaften – Archäobotanik, 65203 Wiesbaden, E-Mail: a.kreuz@denkmalpflege-hessen.de

10 U.a. JOHNSON, Kastelle 217.
11 KREUZ U. BAATZ, Darren.

Literaturverzeichnis

BAATZ, Limes
D. Baatz, Der römische Limes. Archäologische Ausflüge zwischen Rhein und Donau (Berlin 2000).

JOHNSON, Kastelle
A. Johnson, Römische Kastelle des 1. und 2. Jahrhunderts n. Chr. in Britannien und in den germanischen Provinzen des Römerreiches. Kulturgeschichte der antiken Welt 37 (Mainz 1990).

JUNKELMANN, Ernährung
M. Junkelmann, Panis militaris. Die Ernährung der römischen Soldaten oder der Grundstoff der Macht. Kulturgeschichte der Antiken Welt 75 (Mainz 1997).

KÖRBER-GROHNE, Nutzpflanzen
U. Körber-Grohne, Nutzpflanzen in Deutschland. Kulturgeschichte und Biologie (Stuttgart 1988).

KREUZ, Genuß
A. Kreuz, Genuß im Liegen oder fast-food am Lagerfeuer? Kulinarische Möglichkeiten im römischen Hessen. In: E. Schallmayer (Hrsg.), Hundert Jahre Saalburg. Vom römischen Grenzposten zum europäischen Museum (Mainz 1997) 174–183.

KREUZ, Umbruch
A. Kreuz, Landwirtschaft im Umbruch? Archäobotanische Untersuchungen zu den Jahrhunderten um Christi Geburt in Hessen und Mainfranken. Bericht der Römisch-Germanischen Kommission 80, 2004 (2005), 97–292.

KREUZ, Kapersburg
A. Kreuz, Archäobotanische Untersuchung im Limeskastell Kapersburg, Taunus – erste Hinweise zur Ernährung der Soldaten und Arbeitstiere. HessenArchäologie 2005 (i. Dr.).

KREUZ u. BAATZ, Darren
A. Kreuz/D. Baatz, Try and error. Gedanken und Erfahrungen zum Darren und Entspelzen von Getreide in den Jahrhunderten um Christi Geburt. Denkmalpflege und Kulturgeschichte 2003,1, 20–25.

WAHL u. a., Steinturm
J. Wahl/E. Schallmayer/J. Wahl, Untersuchungen an Wp. 4/5 – Steinturm. Fundberichte aus Hessen 15 (1975), 1977, 253–302.

Abbildungsnachweis

Abb 1, 2 Fotos H. von Schlieben, LfDH;
Abb 3, 4 Grafik E. Schäfer LfDH.

VON ZWEI SEITEN BETRACHTET – ÜBERLEGUNGEN ZUR LIMESMAUER ZWISCHEN OSTERBURKEN-BOFSHEIM UND JAGSTHAUSEN AN DER STRECKE 8[1]

Von Thomas Becker

Funktionelle Zusammenhänge eines Sachverhalts lassen sich normalerweise von zwei Seiten erschließen: Einerseits steht die Beobachtung von Regelmäßigkeiten zur Funktionsableitung zur Verfügung, andererseits kann die Analyse von Abweichungen Aussagen zur Funktion ermöglichen.

Am Obergermanisch-Raetischen Limes fanden beide Vorgehensweisen beim Aufbau von Erklärungsmodellen zur Funktion seiner Grenzanlagen und taktischen Gliederung Verwendung. Dabei zeigt sich vor allem, dass das über lange Jahre generierte Bild einer einheitlich funktionierenden Grenze zu modifizieren ist, da sich für verschiedenste Abschnitte unterschiedliche Merkmale oder Besonderheiten herausarbeiten lassen, die zum Teil funktionsunabhängig sind, sich aber auch durch andere Umstände wie äußere Einwirkungen erklären lassen. Hierzu gehört das Phänomen des Mauerbaus am sonst durch Palisade, Wall und Graben gesicherten Abschnitt in der Provinz Obergermanien. Dieses konnte für drei Abschnitte der 383 km Provinzgrenze nachgewiesen werden, nämlich an der Strecke 3 im Taunus zwischen den Turmstellen 58 und 63, im Odenwald an der Strecke 10 zwischen den Turmstellen 33 und 34 und an der vorderen Grenzlinie der Strecke 8 zwischen den Türmen 18 und 58.[2] Für die beiden erstgenannten Streckenteile wird der geologische Untergrund – an diesen Stellen liegt das anstehende Gestein direkt unter der Oberfläche – als Ursache für die Errichtung einer Mauer angenommen, da das Einbringen von Wall und Graben bzw. Palisade zu aufwendig erschien.[3] Dies mag für den letztgenannten Abschnitt keine Geltung besitzen, da Wall und Graben vollständig ausgeführt wurden. Aufgrund dieser und anderer Besonderheiten des Abschnitts erscheint es lohnenswert, die singulären Aspekte an der Strecke 8 näher zu analysieren.

Die Mauerbefunde

Bei den Untersuchungen der Reichslimeskommission konnte der Mauerverlauf an verschiedenen Stellen durch Suchschnitte nachgewiesen werden. Obertägig sichtbare Reste, beispielsweise in Form von Schuttwällen, gab es bereits zu dieser Zeit nicht mehr. Der nördlichste Nachweis gelang zwischen den Wachtürmen 8/18 und 8/19 südlich des Ortes Bofsheim (Abb. 1). An 26 Stellen bis zum Wachturm 8/57 nördlich von Jagsthausen belegte der Streckenkommissar Kurt Schumacher die Mauer, hinzu kommt der Beleg durch die Grabungen 1970 im Bereich des Wachturms 8/44 und der Luftbildbefund

1 Die nachfolgenden Ausführungen sind der Inhalt des angekündigten Vortrags für das Kolloquium, der aus persönlichen Gründen nicht gehalten werden konnte. Für Unterstützung und Hinweise danke ich herzlich A. Gaubatz-Sattler (Karlsruhe), K. Frank (Bonn) und A. Thiel (Esslingen).

2 ORL A, Strecke 3 (1936) 37. ORL A, Strecke 7–9 31–33. ORL A, Strecke 10 (1931) 69–75.

3 SCHALLMAYER, Limesmauer 552–564. BAATZ, Limes 134–135.

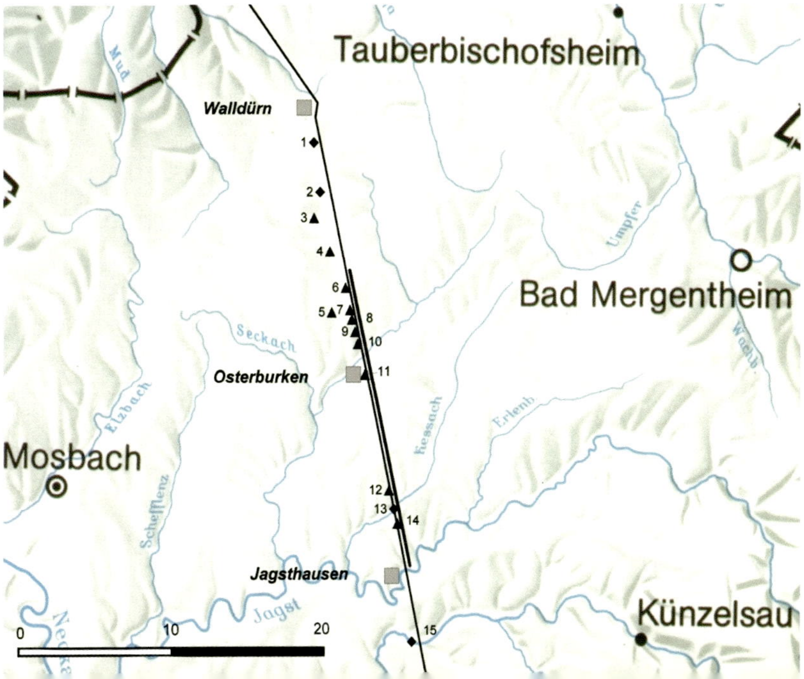

Abb. 1 Karte des Limesverlaufes zwischen Walldürn und Jagsthausen mit der Eintragung des Mauerabschnitts (doppelte Linienführung), den Auxiliarkastellen (graue Quadrate), den Kleinkastellen (Rauten) und Sonderbauten (Dreiecken). Die Nummerierung entspricht den Nummern in Tabelle 2.

Abb. 2 Osterburken, zwischen Wp 8/34 und 8/35. Der Verlauf der Mauer ist schwach als dunkle Bodenverfärbung im jungen Getreide zu erkennen.

(Abb. 2) zwischen 8/35 und 8/36 (Tabelle 1). Die Gesamtlänge des Abschnitts beträgt wahrscheinlich 17,6 km.

Der nördliche Beginn der Mauer scheint mit der Änderung der topografischen Situation im Ortsbereich von Bofsheim in Verbindung zu stehen. Hier verengt sich das Tal des Rinschbaches nach Süden, während von Osten der Kerkergraben ins Tal mündet. Im Bereich des Talgrundes des Kerkergrabens oder an dessen Südhang muss der Beginn der Mauer liegen.

Das südlichste Ende kann nicht mit Sicherheit nachgewiesen werden. Zwischen den Türmen 8/56 und 8/57 liegt der südlichste Nachweis, wobei ein Auslaufen der Mauer in diesem Bereich – einer Hochfläche zwischen Kessach- und Jagsttal – wenig sinnvoll erscheint. Denkbar wäre einerseits ein Ende am steilen Taleinschnitt beim Turm 8/57, begründet durch die Änderung der topografischen Situation. Anderseits kann der weitere Verlauf bis zur Jagst auch durch starke nachrömische Störungen, vor allem durch Anlage von landwirtschaftlichen Terrassierungen (Weinbau) stark gestört sein. Der Befund eines Kalkofens im Bereich des Turms 8/57 spricht in jedem Fall für beide Interpretationsansätze. Der bedeutendere geografische Einschnitt ist sicherlich der Abfall zur Jagst hin, sodass man den Mauerverlauf wahrscheinlich bis hierher rekonstruieren kann, was in der bisherigen Forschung auch so angenommen wird.[4] Der Wechsel auf der Höhe eines Kastellstandorts ist für Übergangspunkte auch an anderer Stelle beobachtet worden, was ebenfalls für das Jagsttal als Endpunkt der Mauer spricht.[5]

Ein durchgängiger Verlauf der Mauer kann nicht sicher belegt werden. Dies betrifft vor allem den Übergang über die Kirnau und die Kessach sowie den Abschnitt zwischen den Wachtürmen 8/29 und 8/32. In letztgenanntem Bereich könnte die Mauer durch die starke landwirtschaftliche Nutzung bereits vollständig abgetragen sein, während die Talquerungen möglicherweise stark durch nachrömisches Sediment überdeckt wurden. Dies deuten jedenfalls die Abdeckungen über dem Bereich des Vicus von Osterburken und der römischen Fundstelle im Kessachtal an.[6] Andererseits muss anhand des am nördlichen Kirnauhangs vorgefundenen Abschlusses der Mauer überlegt werden, ob die Talquerung überhaupt mit einer durchlaufenden Mauer durchzogen war. Diese Unterbrechung könnte mit der Talsituation erklärt werden, aber auch durch einen Durchgang entstanden sein, wie er an der Wachturmstelle 8/44 belegt ist.[7]

Die Mauer selbst weist an aufgedeckten Bereichen eine scheinbar uneinheitliche Ausführung auf. Die Fundamentstärke – Reste des aufgehenden Mauerwerks konnten lediglich an einer Stelle beobachtet werden – variiert zwischen 0,5 und 1,25 m (Tabelle 1). Dabei konzentriert sich die Mauerstärke über 1 m auf den Bereich nördlich der Kirnau, während sich südlich dieses Taleinschnitts mit einer Ausnahme nur Maße deutlich unter 1 m finden. Die gemessene Breite zwi-

4 BAATZ, Limes 234. PLANCK U. BECK, Südwestdeutschland 60.

5 BECKER, Überlegungen 56–57.

6 Über dem Benefiziarier-Heiligtum von Osterburken lagen 3,5–4 m starke Planier- und Aufschwemmschichten (SCHALLMAYER, Ausgrabung 138), die Fundstelle im Kessachtal (8/48, vgl. Tabelle 2) fand sich in einer Tiefe von 1,7 m (ORL A Strecke 7–9, 113).

7 MAUSER, Notuntersuchungen 24–25.

Turm (-bereich)	Breite	Tiefe	Abstand zu Pal./Grab.	Sonstiges	ORL A Strecke 7–9
18–19	–	–	–	–	93
20–21	–	–	–	–	94
21	–	–	–	Lücke zum Turm 0,2–0,5 m beidseitig	94
21–22	1,2 m	–	–	–	94
22–23	–	–	20 m (Palisade)	16 m langes Stück aufgedeckt	95
25–26	1,2 m	–	20 m (Palisade)	–	96–97
26	–	–	–	Lücke zum Turm 0,3 bzw. 0,45 m	97
27–28	1,2 bis 1,25 m	5–6 Lagen 0,68 m	–	Mauerabschluss; eine Lage des gesetzten Mauerwerks erhalten, „nicht weniger sorgfältig ausgeführt als die Turm- oder Kastellmauern", kein Hinweise auf Mörtel	99
28	–	–	–	Mauerreste vom Turm oder Limesmauer?	101
29	–	–	–	–	104
32–33	1 m	–	25,8 m (Graben)	–	106
33	–	–	–	Mauerreste vom Turm oder Limesmauer?	106
34–35	–	–	–	–	107
35–36	–	–	–	Luftbildbefund	–
42	0,75–0,8 m	1–2 Lagen	15,85 m (Palisade)	–	110
44	0,8 m	–	19 m (Graben)	Intentionelle Unterbrechung in der Mauer	–
44–45	0,75 m	–	–	–	111
47–48	0,75 m	–	etwa 18 m (Palisade)	–	112
47–48	0,7–0,8 m	–	22,5 m (Palisade)	–	113
48–49	0,7–0,8 m	–	22,5 m (Palisade)	–	113
50	0,7 m	–	–	Lücke zum Turm 0,4 m an Südseite, 1,35 m von der Turmfront zurückspringend	114
51	–	–	–	–	114
53	0,85 m	–	–	Lücke zum Turm 0,65 m an Südseite, 1,05 m von der Turmfront zurückspringend	115
53–54	0,5–0,9 m	3 Lagen	–	–	116
54	0,64 m	–	–	Lücke zum Turm 0,18–0,2 m an Südseite, 1 m von der Turmfront zurückspringend	116
55–56	0,8–0,85 m	–	–	–	118
56	0,7 m	2 Lagen	–	1,55 m von der Rückfront des Turmes zurückspringend	117
56–57	0,8–0,85 m	–	–	–	118

Tabelle 1 Nachweise der Limesmauer zwischen Wp 8/18 und 9/1.

schen den Türmen 8/32 und 8/33 fällt mit genau 1 m aus dem üblichen Schema heraus, was auch für den Abstand zwischen Palisade und Graben zur Mauer gilt. Liegt diese normalerweise zwischen 15,85 und 22,5 m, wurde hier ein Abstand zwischen Graben und Mauer von 25,8 m gemessen. Es kann folglich vermutet werden, dass der Streckenkommissar bei seiner Untersuchung einen anderen Mauerrest als die Limesmauer beobachtet hat. Hieraus ergibt sich möglicherweise eine Abschnittsaufteilung des Mauerverlaufs, bei dem ein Teilabschnitt nördlich der Kirnau von 4,4 km Länge zu unterteilen ist. Für den restlichen Verlauf der Mauer ergibt sich daraus ein Abschnitt von 13,2 km, auf dem allerdings anhand von Mauerstärken oder Abständen zu Graben und Palisade keine weitere Untertcilung vorgenommen werden kann. Es sei nur bemerkt, dass die Mitte dieses Teils mit jeweils 6,6 km im Bereich der Turmstelle 8/44 liegt, die aufgrund ihrer topografischen Gegebenheiten hervorzuheben ist.[8]

Die variierenden Abstände zwischen Mauer und Graben bzw. Palisade erklären sich möglicherweise mit den unterschiedlichen Abständen der Türme zu Graben und

8 ORL A Strecke 7–9, 111. MAUSER, Notuntersuchungen 22.

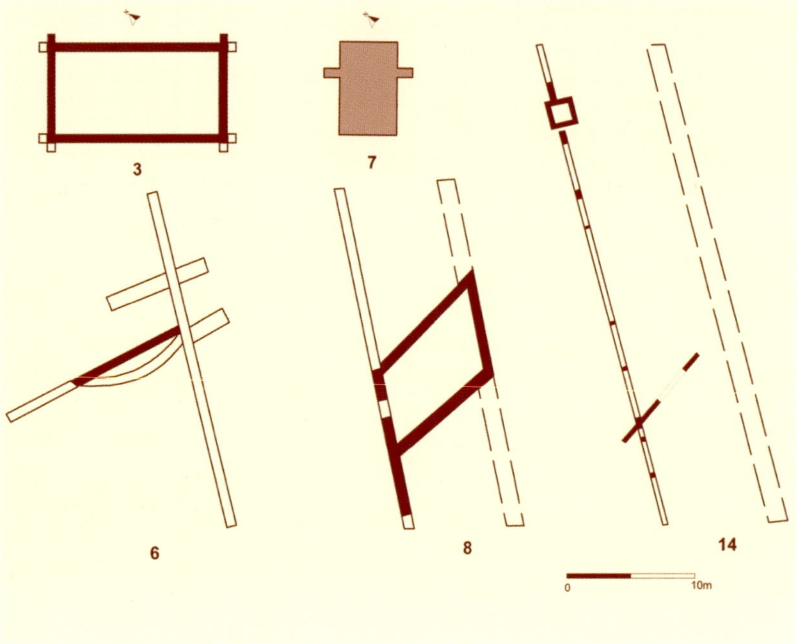

Abb. 3 Zusammenstellung verschiedener Einbauten entlang des Mauerverlaufs. Wenn nicht anders angegeben sind die Zeichnungen genordet. Die ausgegrabenen Partien sind soweit nachvollziehbar schwarz unterlegt, der Verlauf des Limesgrabens gestrichelt. Beim grau hinterlegten Bau 7 gab es keine detaillierten Angaben zu einer klareren Umsetzung.

Palisade. Am besprochenen Abschnitt schwankt dieser zwischen 16,5 und 20 m. Betrachtet man die Stellen, an denen die Mauern auf die Türme stoßen, so sind diese meist im vorderen Drittel der Seitenwände zu finden. Zwischen den Turmwänden und den anstoßenden Mauerenden lässt sich meist ein Abstand von 0,18–0,65 m, seltener eine Baufuge feststellen.

Die Türme wurden folglich zur Fluchtbestimmung der Mauer herangezogen. Damit erklärt sich auch der schwankende Abstand zwischen Mauer und Palisadengraben, da die Einbindung der Türme in den Mauerverlauf offensichtlich höhere Priorität hatte als eine parallele Führung der Mauer zur Palisaden-Graben/Wall-Linie.

Über das ursprüngliche Aussehen der Mauer kann wenig gesagt werden, da sich das aufgehende Mauerwerk lediglich an einer Stelle erhalten hat. Mörtelspuren fanden sich an genannter Stelle zwischen den Wachtürmen 8/27 und 8/28 nicht, wobei dies keinen repräsentativen Charakter für ein Fehlen haben muss. Die Fundamentbreite erlaubt keine generelle Aussage zur Höhe der Mauer, doch sei hier der Vergleich mit anderen Mauerabschnitten erlaubt. Der Mauerabschnitt am Odenwaldlimes weist eine Fundamentbreite 1 m auf, während bei der Trockenmauer im Taunus eine Breite von 2–2,5 m gemessen werden konnte. Die Raetische Mauer hat im Vergleich dazu eine Mauerstärke von 0,9–1,4 m, vornehmlich aber 1,2 m – die Fundamentbreite wurde hier nicht gemessen.[9] Hinweise auf eine Zinnenbekrönung wie am Odenwaldlimes liegen ebenso wenig vor wie Hinweise auf einen Verputz des Mauerwerks.

Einbauten am Mauerverlauf

Am Abschnitt der Strecke 8, an dem die Mauer nachgewiesen wurde, finden sich insgesamt sieben Bauten (Tabelle 2, Nr. 6–11, 14), die vom Grundrissschema der Wachtürme abweichen. Dies ergibt eine Dichte von „Sonderbauten" entlang der Grenzlinie, wie sie an den benachbarten Abschnitten nicht belegbar ist.[10] Auffallend ist zunächst die Positionierung der Anlagen im Gelände, bei der sich kein direkter Bezug zu den Turmstellen beobachten lässt. Die Entfernungen zu den nächsten Türmen variieren dabei zwischen 100 und 150 m. Auch bei der Lage im Gelände lassen sich keine Regelhaftigkeiten ablesen, die beispielsweise auf eine taktische Positionierung schließen lassen. Es finden sich Bauten in Tallagen mit überhöhtem Vorfeld (6), in Hanglagen (8) oder in Kuppen- bzw. Sattellagen (10).

Eine ähnlich große Varianz tritt bei den Grundrissen dieser Sonderbauten auf. Obwohl ein Teil der Anlagen nicht vollständig ausgegraben wurde (6, 9, 10, 11, 13, 14), finden sich hier Bauformen ohne gängige Vergleiche. Hierzu zählen vor allem schräg zur Limesmauer ausgerichtete Gebäude, die nur als Einzelmauer nachgewiesen sind (13; Abb. 3.6, 14), oder bei Osterburken in der Flur „Vordere Kalbe" als ein Bau in Parallelogrammform ausgegraben wurde (Abb. 3.8). Südlich des Wachturms 8/25 fand sich ein rechteckiger Bau, der die Flucht der Mauer aufnimmt

9 SCHALLMAYER, Limesmauer 559. ORL A Strecke 3 (1936), 37. ORL A, Strecke 14 (1933) 33. ORL A, Strecke 15 (1933) 36.

10 Auf der gesamten Länge der Strecke 7 finden sich drei Sonderbauten, bei Strecke 9 sogar nur ein einziger: ORL A, Strecke 7–9, 57 ff.; 121 ff.

(Abb. 3.7). Dies gilt auch für den Bau an der Limesmauer zwischen 8/27 und 8/28 (9). Bei allen anderen Sonderbauten lässt sich das Verhältnis zum Mauerverlauf aufgrund schlechter Erhaltung nicht mehr bestimmen (7).

Zur Bauform der Einbauten sind nur wenige Angaben vorhanden. Die beiden vollständig ausgegrabenen Grundrisse (7, 8) haben einen Flächeninhalt von 126 und 266 m². Die Mauern weisen Stärken von 0,75, 1,15 und 0,7 m auf, was sich mit den Mauerstärken der Wachtürme deckt.[11] Es scheint daher möglich, die Einbauten mehrstöckig zu rekonstruieren.

11 BECKER, Wachtürme 18–19, Taf. 74 f.

Tabelle 2 Nachgewiesene Einbauten entlang der besprochenen Limeslinie.

Nr.	Bereich Limesstrecke	Beschreibung	Funde	ORL Strecke 7–9/Literatur
1	Buchen-Hettingen „Hönehaus“	Kleinkastell in 78 m Entfernung parallel zum Palisadengraben, ca. 46 x 39,5 m, Mauerstärke 1–1,1 m, Tore in West- und Ostseite, Innenbebauung unklar	Diverse	83–84, 207–216/SCHALLMAYER, 1200 Jahre Walldrün 74–76; BECKER, Buchen 5–6.
2	Buchen-Rinschheim „Hofäcker“	Kleinkastell in 250 m Entfernung schräg zum Palisadengraben stehend, ca. 60 x 50 m, Mauerstärke 1 bis 1,15 m, Tore in West- und Ost(?)seite, Pfosten eines umlaufenden Wehrgangs, unstrukturierte Innenbebauung	Diverse	87, 217–224/FRITSCH, Terra sigillata 70–72; SCHALLMAYER, 1200 Jahre Walldürn 76–78; BECKER, Fibelfund 6–7.
3	Buchen-Götzingen „Gehräcker“	Mauerviereck 27,65 x 15,05 m, parallel mit Langseite zum Limes (1,2 km Abstand), Fundamenttiefe bis 0,6 m, Mauerstärke 1,3 m, Verstärkung der Ecken mit 1,3 m ausspringenden Stützpfeilern, Wegstück vor Ostseite (Eingang?), keine Hinweise auf Innengliederung	Terra Sigillata	90/ORL A Probeheft 24–25; WAGNER, Fundstätten 409.
4	Osterburken-Bofheim „Heunehaus“	Mauerwerk, Abstand zum Limes 300 m	Römische Münzen?	92/ORL A Probeheft 25.
5	Osterburken „Barnholz“	Gebäude	–	WAGNER, Fundstättten 431.
6	Osterburken-Bofheim „Im Erloh“ (Wp 21–22)	17,2 m lange, 0,75 m breite Mauer, schräg nach hinten von der Limesmauer abzweigend, neben und vor der Limesmauer 0,5 m starke Steindämme	–	94/ORL A Probeheft 16.
7	Osterburken „Barnholz“ (Wp 25–26)	Einbau in die Limesmauer, Rechteck mit 9 m Breite und 14 m Tiefe	–	96/ORL A Probeheft 16.
8	Osterburken „Vordere Kalbe“ (Wp 25–26)	Einbau an die Limesmauer, schiefwinkliges Parallelogramm mit 11–12 m Breite und 20 m Tiefe, Mauerstärke 1,15 m, an Südostseite Anbau von mind. 4,3 x 6 m, überlagert Wall und Graben	–	97/ORL A Probeheft 15–16.
9	Osterburken „Affeldern“ (Wp 27–28)	Einbau (?) 21 m lange, 2,5 m breite Stückung mit Strebepfeilern auf Westseite der Mauer, auf Ostseite 5,5 m lange und etwa 2,5 m lange Stückung	–	100/ORL A Probeheft 15. GAUBATZ-SATTLER/SEIDENSPINNER 49–50 Nr. 3.
10	Osterburken „Salzberg“ (Wp 29)	Einbau (?) in Unterbrechung des großen Grabens, Breite 4,5–6,7 m, Länge mind. 5 m	–	104/GAUBATZ-SATTLER/SEIDENSPINNER 54–55 Nr. 20.
11	Osterburken „Dietschäcker“ (Wp 32–33)	Mauerwerk	–	105
12	Widdern-Unterkessach (Wp 48)	Baurest aus zwei im Abstand von 5 m quer zum Fluss laufenden Mauern, nördliche 0,7 m, südliche 0,4 m stark, 6 m weiter südlich 7 m breites Pflaster; Abstand zur Palisade 204 m	Römische Keramik (u. a. Terra Sigillata); Hufeisen	113/THIEL, Jagsthausen 31.
13	Schöntal-Oberkessach „Glasenberg“ (Wp 51–52)	Südostecke eines Gebäudes, Mauerstärke 0,7 m, 90 m hinter dem Palisadengräbchen schräg zum Limesverlauf	–	115
14	Schöntal-Oberkessach „Sauhaus“ (Wp 53)	Nordwest-Südost ziehende Mauer, schneidet Limesmauerverlauf Stärke 0,85 m	–	116/THIEL, Jagsthausen 31.
15	Forchtenberg-Sindringen	Kleinkastell in 600 m Entfernung leicht schräg zum Palisadenverlauf stehend, Reste der Ostseite und der Südostecke erfasst, geschätzte Länge der Ostseite 25,6 m, Reste einer steinernen Innenbebauung	–	127–128/THIEL, Jagsthausen 32–33.

Bei sämtlichen Bauten direkt an der Limesmauer berichtet die Reichslimeskommission nichts zum Verhältnis zwischen Bau und Mauer. Während bei den Turmfundamenten durchgehend Baufugen oder gar Lücken beschrieben wurden (s. o.), gibt es ähnliche Beobachtungen zu keinem der Einbauten. Es scheint allerdings unsicher, hieraus auf eine Gleichzeitigkeit bei der Errichtung zu schließen, da die Erhaltungsbedingungen oft keine Aussagen zuließen oder keine Fragestellung in dieser Richtung vorlag. Zumindest bei dem Gebäude im „Barnholz“ (7) kann von einer zeitgleichen Errichtung ausgegangen werden, da sonst sicherlich noch Spuren vom Fundament der Limesmauer oder deren Ausbruchsgrube im Gebäudeinneren beobachtet worden wären.

Auffällig bei sämtlichen Einbauten entlang der Limesmauer ist das vollständige Ausbleiben von Funden. Die zum Teil recht umfangreichen Grabungen der Reichslimeskommission haben hier keinerlei Keramik oder anderen Kulturabfall erbracht. Dies erstaunt um so mehr vor dem Hintergrund, dass aus einigen Wachtürmen entlang des besprochenen Abschnitts Fundmaterial geborgen wurde.[12] Hier sind vor allem die Turmstelle 8/26 und 8/54 zu nennen, aus denen Scherben einiger Töpfe und Schüsseln geborgen wurden, die aufgrund ihrer Form sicherlich im 2., zum Teil aber auch noch im 3. Jahrhundert hergestellt wurden, ohne das hier Randformen des fortgeschrittenen 3. Jahrhunderts zu identifizieren sind. Aus dieser geringen statistischen Menge Rückschlüssel auf die Besetzung der Türme und damit möglicherweise auch auf die Nutzungszeit der Mauer zu ziehen, verbietet sich. Die Menge der aus den Türmen geborgenen Keramik bleibt allerdings im Vergleich zu anderen Limesabschnitten gering, wo zum Teil Gefäßspektren von über 100 Gefäßindividuen aus einer einzelnen Turmstelle geborgen wurden.[13] Vor diesem Hintergrund erstaunt das Ausbleiben von Funden aus den Einbauten um so mehr, da die Verlustrate an den Turmstellen scheinbar relativ hoch ist.

Bauten im Rückraum der Grenzlinie

Nördlich des Mauerabschnitts am Westrand des Rinschbachtals finden sich zwei römische Gebäude (Tabelle 2, Nr. 3, 4). Die Lage wird mit der Führung des Begleitweges auf den westlichen Höhen oberhalb des Tales begründet und einer Überwachung des Weges oder landwirtschaftlicher Nutzung zugeschrieben. Gemeinsam ist ihre rückwärtige Positionierung mit der Lage des Kleinkastells Rinschheim, das ebenfalls nicht direkt an der Linie, sondern 250 m dahinter gebaut wurde (2).

Die herausgehobene Lage der Bauten, von denen aus man den Limesabschnitt südlich des Kleinkastells Rinschheim und die Wachtürme 8/8 bis 8/18 gut einsehen konnte, lässt eher an eine militärische Funktion der Bauten denken. Anscheinend liegen die Gebäude singulär in der Landschaft, ohne dass ein Zusammenhang zu einem Gutshofbetrieb durch weitere Gebäude vermutet werden kann.[14] Einzelgebäude inmitten der Landwirtschaftsflächen sind aus dem Limeshinterland bislang nur vereinzelt nachgewiesen,[15] sodass davon ausgegangen werden kann, dass sie nicht zum üblichen Baubestand landwirtschaftlicher Betriebe in römischer Zeit gehörten. Hierzu kommt die an anderen Abschnitten des Limes aufgestellte Überlegung eines Korridors entlang der Grenze, der frei von ziviler landwirtschaftlicher Besiedlung bleiben musste.[16]

Während die Anlage bei Bofsheim (4) aufgrund fehlender Überlieferung nicht näher eingeordnet werden kann, ist die Beschreibung des Grundrisses auf den „Gehräckern“ bei Bofsheim so umfangreich, dass sie eine Rekonstruktion des Gebäudes erlaubt (3). Hierbei erscheinen vor allem die Funda-

12 ORL A, Strecke 7–9, 208–209, 211: Wp 20, 25, 26, 32, 39, 46, 48, 54.

13 BECKER, Wachttürme 198–207 mit über 100 verschiedenen Gefäßresten aus dem Wachtturm 3/69. WAHL u. a., Steinturm, führen 130 Katalognummern verschiedener Keramikgefäße auf.

14 In der Streckenbeschreibung wird von weiteren Gebäuden in der Umgebung von (3) gesprochen (ORL A, Strecke 7–9, 90), die aber bereits von Schumacher als mittelalterliche Hofwüstung erkannt wurden (ORL A, Probeheft 24).

15 THIEL, Jagsthausen 240 Nr. 21 mit Anm. 683. PFAHL, Besiedlung 119.

16 LINDENTHAL, Zivilfreie Zone.

mentstärke von ca. 1,3 m und die Mauervorsprünge bemerkenswert, die zumindest an der Ost-, also der dem Tal zugewandten Seite vorgefunden wurden. Der Grundriss (Abb. 3.3) – leider gehen hier die Angaben von Schumacher und Fabricius auseinander – erinnert stark an einen kleinen, als Speicher angesprochen Bautyp, wie er aus anderem Kontext bekannt ist.[17] Die Fundamentbreite lässt sicher eine zweigeschossige Rekonstruktion des Gebäudes zu. Ob sich anhand des Grundrisses ein Speicherbau zur Versorgung der Besatzungen der Kleinkastelle und Türme im Norden des Osterburkener Kastells ableiten lässt oder eine rückwärtige Überwachungsfunktion der Strecke abgeleitet werden kann, muss offen bleiben.

Ein weiteres Gebäude im Rückraum des Grenzverlaufs fand sich im südlicheren Verlauf des Rinschbachstals, wo die Existenz eines römischen Baus ohne detaillierte Angaben zur Bauform überliefert ist (5). Es befindet sich an einem Abschnitt des Rinschbachs, der hier im Gegensatz zum Verlauf bei Götzingen und Bofsheim sehr stark ins Gelände eingeschnitten ist, etwas erhöht über dem Bachlauf. Die steilen Talhänge erlauben noch heute keine landwirtschaftliche Nutzung, sodass dies auch für die römische Zeit kaum rekonstruiert werden kann. Auch hier ist die Positionierung als einzelnes Gebäude eher ungewöhnlich, wie oben bereits für das Gebäude auf den „Gehräckern“ ausgeführt wurde. Leider sind weitere Aussagen aufgrund fehlender Angaben zum Grundriss nicht möglich, doch möchte man aufgrund der topografischen Situation vielleicht an eine strategische Positionierung zur Sicherung des Taldurchgangs denken. Dies könnte möglicherweise durch die nahe Lage vorrömischer (hallstattzeitlicher?) Siedlungsreste, die vielleicht als Indiz für eine alte Wegeführung in diesem Bereich sprechen könnten, bestätigt zu werden.

Überlegungen zur Chronologie und Funktion

Zur Einordnung des besprochenen Grenzabschnitts mit seinem Bauelement „Mauer“ in das Sicherungskonzept des Obergermanisch-Raetischen Limes bedarf es einer zeitlichen Einordnung der Mauer. Die Vorverlegung der Grenzlinie wird in der Forschung aufgrund neuerer Befunde stark diskutiert, kann aber ohne Daten von der Grenzlinie selbst, wie wir sie vom Raetischen Abschnitt mit den Dendrodaten aus dem Rotbachtal bei Schwäbisch Gmünd und von Schwabsberg bei Rainau haben, nicht endgültig gelöst werden[18]. Unbestritten ist dabei die Errichtung der Steintürme im Zusammenhang mit der Einrichtung der Grenzlinie. Der Ausbau der Grenzsicherung mit Wall und Graben wird dann wohl zu Beginn des 3. Jahrhunderts anzusetzen sein. Dies deuten einige Funde aus dem Bereich des Walles im Taunus an, zumal die Palisade mindestens abschnittsweise zu diesem Zeitpunkte keine Erneuerung mehr erfährt[19]. Zum Zeitpunkt der Errichtung der Mauer hatten die Türme

17 NUBER U. SEITZ, Sontheim 172 mit den Ausmaßen 14 x 24 m bei einer Mauerstärke von 1 m. Die Horrea am Obergermanisch-Raetischen Limes haben ebenfalls eine langrechteckige Bauform mit 20–30 m Länge und 10–14 m Breite: JOHNSON, Kastelle 164. – An einer Gebäudeseite angebrachte Stützpfeiler werden eher mit einer Absicherung in Hanglangen in Zusammenhang gebracht: PFAHL, Besiedlung 117–118.

18 Zuletzt diskutiert KORTÜM, Osterburken, anhand der neuesten Ergebnisse der dortigen Grabungen eine Errichtung bzw. einen Ausbau der Grenzlinie in den 60er-Jahren des 2. Jahrhunderts, evtl. innerhalb einer ersten, früher anzusetzenden Vorverlegung (aufgrund des älteren Nymphaeums unter dem Beneficiarier-Weihebezirk). Möglicherweise korrespondiert dieser Ansatz mit der Beobachtung vom Kastellplatz Schwäbisch Gmünd „Schirenhof“, wo neben den Dendrodaten aus den 60er Jahren des 2. Jahrhunderts vom Rotenbachtal und aus dem Vicus auch ein Datum 138 n. Chr. aus dem Vicus bekannt ist (zuletzt BECKER, Überlegungen 60 Anm. 47). Hier wird die von Kortüm angekündigte weitere Auswertung der Osterburkener Befunde hoffentlich Aufschlüsse erbringen.

19 Zu den Funden vgl. BECKER, Fibelfund. Der Nachweis der Palisadenhölzer in Hammersbach-Marköbel mit einem durchgängigen Fällungsdatum von 119/20 n. Chr. legt nahe, dass in diesem Abschnitt die Palisade nach Verwitterung der Hölzer nicht erneuert und möglicherweise durch Wall und Graben ersetzt wurde (E. SCHALLMAYER, Neue Forschungen am Limes in Hessen. Denkmalpflege und Kulturgeschichte 3. 2005, 18–19). Befunde aus der Wetterau legen für den Bereich der Wetterau diese Rekonstruktion nahe (BERGMANN, Staatsgrenze). Inwieweit dies übergangslos geschah und dieser Befund auf die gesamte Länge des Obergermanischen Limes übertragbar ist, bleibt offen. Zumindest kann eine Erneuerung der Palisade in Bereichen wie am Kleinkastell Hönehaus angenommen werden, wo der Graben nicht ausgeführt wurde (ORL A Str. 7–9, 81–86). Möglicherweise muss hier aber auch über andere Sicherungsmaßnahmen nachgedacht werden, die sich archäologisch nicht belegen lassen (alleinige Ausführung des Walls, Heckensicherung).

sicher Bestand, da der Mauerverlauf die Türme durchgängig mit einbindet. Gleiches gilt wohl auch für den Verlauf von Wall und Graben, der zeitlich vor dem Mauerbau errichtet sein muss, da er unabhängig vom Mauerabschnitt durchgängig angelegt ist. Gegen eine relativchronologisch frühere Entstehung der Mauer spricht auch der große Abstand zwischen Palisade und Mauer, die deutlich größer ist als der vergleichbare Abstand an der Raetischen Mauer und der bei einem Ersatz von Palisade durch Mauer deutlich geringer wäre, wie die beiden anderen Mauerabschnitte am Obergermanischen Limes belegen.[20] Frühe Verstärkungen in der Sicherung der Grenzlinie sind am Obergermanischen Abschnitt durchaus bekannt, dort aber jeweils als Wall-Graben-Sicherung ausgeführt.[21] Aus der Übersicht folgt in jedem Fall, dass die Mauer nach der Errichtung von Wall und Graben, also im Verlauf des 3. Jahrhunderts bis zur Aufgabe der Grenze, entstanden sein muss. Ob diese dabei durchgehend auf dem 17,6 km langen Abschnitt errichtet oder die oben angedeuteten Abschnitte nacheinander gebaut wurden, muss beim derzeitigen Forschungsstand offen bleiben.

Die Entstehung der Einbauten am Mauerverlauf kann noch weniger gut zeitlich eingeordnet werden. Eine Beschreibung der Verhältnisse in den Maueranschlüssen fand bei den einzelnen Bauten an der Mauer nicht statt, womit nicht unbedingt von einer Gleichzeitigkeit ausgegangen werden kann. Außerdem fehlt aus den Bauten bisher jegliches Fundmaterial, was bei einer zeitlichen Einordnung weiterhelfen könnte. Ein einziger, relativchronologischer Ansatz konnte beim Bau auf der „Vorderen Kalbe“ (8) beobachtet werden. Dort überschneidet der östliche Abschluss des Gebäudes den Verlauf des Grabens und liegt somit mitten im Wallkörper. Der westliche Abschluss wird durch die Limesmauer gebildet. Abgesehen von fortifikatorischen Überlegungen, die gegen eine Errichtung vor den Mauerverlauf sprechen würden, spricht die Lage über dem Graben für eine Errichtung, als dieser bereits außer Funktion war. Zudem berichtet der Streckenkommissar von keiner verstärkten Fundamentierung im Grabenbereich, was für ein fortgeschrittenes Verfüllungsstadium sprechen könnte. An anderen Abschnitten der Grenze konnte alamannische Keramik weit unten aus der Grabenfüllung geborgen werden, sodass von einer langsamen Sedimentation des Grabenverlaufs auszugehen ist.[22]

Entlang des Mauerverlaufs fanden sich an verschiedenen Stellen Kalköfen,[23] die mit dem Bau der Mauer in römischer Zeit, möglicherweise aber auch mit einer sekundären Nutzung des Steinmaterials in nachrömischer Zeit zur Kalkgewinnung in Zusammenhang stehen können. Die Massierung der Öfen kann möglicherweise auch forschungsbedingte Ursachen haben, da die Reichs-Limeskommission vornehmlich von solchen Denkmälern in der Nähe der Grenze berichtete. Einige Öfen können aufgrund fehlenden Fundmaterials zeitlich nicht näher eingeordnet werden. Hinzu kommen hier drei Ziegelöfen im Mauerverlauf auf der Ebene nördlich der Kirnau.[24] Der Produktionszeitraum der Ziegelöfen wird in die römische Zeit gesetzt, ohne dass über entsprechende Abfallprodukte dieser Ansatz bestätigt wird und die Betriebe aufgrund fehlender Ziegelstempel sicher als militärisch zu charakterisieren wären. Die Lage an der Grenze und die Bedienung aus dem Graben heraus legen

20 SCHALLMAYER, Limesmauer 552–564. BAATZ, Limes 134–135.

21 Hier ist zum einen die Absicherung der Idsteiner Senke (BAATZ, Limes 121–122), zum anderen die sog. Sybillenspur bei Dettingen unter Teck (PLANCK, Lautertal) zu nennen. Möglicherweise gehört hierzu auch der auf einer längeren Strecke nachgewiesene Spitzgraben bei Hanau-Mittelbuchen, der im Zusammenhang mit der verstärkten Sicherung einer älteren Grenzlinie stehen könnte (REUTER, Hanau-Mittelbuchen). – Eine Verstärkung der Grenzsicherung kann scheinbar auch durch eine doppelte Palisade geschehen (BENDER, Doppelpalisade).

22 BERGMANN, Staatsgrenze.

23 Es fanden sich am besprochenen Abschnitt folgende Kalköfen: Zwei Öfen zwischen Wp 8/26 und 27 (ORL A Str. 7–9, 98); zwei Öfen zwischen Wp 8/27 und 28 (ebd. 100); ein Ofen zwischen Wp 8/53 und 54 (ebd. 116); ein Ofen bei Wp 8/57 (ebd. 118). Hinzu kommt ein Ofen im südlichen Anschluss an den Mauerverlauf zwischen Wp 9/3 und 4 (ebd.123).

24 Es wurden zwei Ziegelöfen zwischen Wp 8/26 und 27 und ein Ziegelofen zwischen Wp 8/27 und 28 dokumentiert (ORL A, Str. 7–9, 98 u. 10).

eine solche Vermutung jedoch nahe. Eine ähnliche Situation von Ziegelöfen mit Bedienung der Feuerung aus dem Graben ist auch von anderer Stelle der Grenze bekannt. Das Fehlen von Produktionsabfällen spricht möglicherweise für eine kurzzeitige Nutzung. Mindestens bei den Öfen zwischen Wp 8/26 und 27 ist von einem zeitgleichen Betrieb in römischer Zeit auszugehen, als der Graben noch offen stand. Die Keramikfunde im Zusammenhang der Kalk- bzw. Ziegelöfen belegen eine Entstehung und Produktion in römischer Zeit. Blickt man vor diesem Hintergrund zurück auf die chronologische Einordnung des Einbaus an der „Vorderen Kalbe" **(8)**, muss dieser nach dem Betrieb der Kalk- und Ziegelöfen datieren.

Da bei dem Einbau im Osterburkener „Barnholz" eine Gleichzeitigkeit anhand der fehlenden Durchführung der Limesmauer durch den Einbau, wie oben ausgeführt wurde, vermutet werden kann, muss wohl von einer Entstehung zu unterschiedlichen Zeitpunkten ausgegangen werden. Dabei sind die vier schräg zum Verlauf der Limesmauer ausgerichteten Bauten **(6, 8, 13, 14)** später anzusetzen und aufgrund der Bauform als Parallelogramm **(8)** möglicherweise auch nachrömisch zu datieren. Von den übrigen Einbauten **(9–11)** liegen zu wenige Erkenntnisse vor, sodass keine Aussagen bzw. Vermutungen zur Entstehung der Bauten getroffen werden könnten.

Vor dem Hintergrund einer Entstehung der Limesmauer im 3. Jahrhundert ist man versucht, diese in den Zusammenhang mit den in verschiedenen Bereichen des Obergermanischen Limesabschnitts beobachteten Reduktionen und Umbauten an den Kastellplätzen zu bringen.[25] Dies lässt sich auch für den Abschnitt der Strecken 7 bis 9 an verschiedenen Kastellplätzen vor allem des nördlichen Teils beobachten.[26] Möglicherweise läuft auch die Besetzung einiger Kleinkastelle an diesem Abschnitt in der ersten Hälfte des 3. Jahrhunderts aus. Dies kann anhand des Fundmaterials zumindest für das Kleinkastell Rinschheim vermutet werden.[27] Der Bau der Mauer ist in diesem Zusammenhang einerseits als zusätzliche Verstärkung anzusehen, wenn man sie in zeitgleicher Funktion zu Wall und Graben (und Palisade)[28] sieht. Gerade die neuere Forschung rekonstruiert die Funktion der Grenzsicherung deutlich modifizierter, als dies durch die Reichslimeskommission noch in der ersten Hälfte des 20. Jahrhunderts geschah. Jüngst hat E. Schallmayer diesen Wandel charakteristisch zusammengefasst. Der heutige Blick sieht hier auch „Aspekte wie ‚Kleiner Grenzverkehr', wirtschaftlicher Austausch, bevölkerungspolitische Lenkung, Abwehr von internationaler Kriminalität".[29] Das heißt, der Grenzbefestigung kommt vor allem die Funktion der Grenzkontrolle, weniger der militärischen Abwehr zu. Vor diesem Hintergrund kann der Mauerbau auch eine Reduktion darstellen, da sie den „Kleinen Grenzverkehr" wahrscheinlich besser steuern kann und damit vor allem eine weniger intensive Überwachung nötig hat. Die daraus resultierende Reduktion der Turmbesatzungen bzw. der besetzten Türme wird auch für andere Teile des Grenzverlaufs vermutet, wobei zu diskutieren wäre, inwieweit vereinzelte späte Funde – aufgrund der geringeren Verlustwahrscheinlichkeit – auch für eine durchgängige Besetzung sprechen können.[30] Die

25 SCHOLZ, Reduktion. DERS., Kastellbäder. REUTER, Limesfall.

26 Miltenberg-Ostkastell: SCHOLZ, Reduktion 136–137 (reduzierter Einbau). Walldürn: ORL B 39 (1903) 6–7 (Turmartiger Anbau an die Porta principalis dextra), Osterburken: ORL B 40 (1895) 7–8 (Tore zum Teil zugemauert). Für die anschließenden Kastelle Jagsthausen und Öhringen ist unsere Wissensbasis für Aussagen in dieser Richtung zu gering.

27 Die Verteilung der gefundenen verzierten Terra Sigillata-Gefäße Rheinzaberner Provenienz (19 Stücke) zeigt nur eine Scherbe der Bernhard Gruppe IIIa des Töpfers Julius II – Julianus I. Im Vergleich mit den Kastellplätzen Miltenberg-Ost und Walldürn müsste der Anteil deutlich höher liegen (BECKER, Buchen 7 m. Anm. 28–30). Das Kleinkastell Hönehaus scheint dagegen länger besetzt zu sein (ebd. 5).

28 Auf die durch Neufunde entstandene Diskussion zur zeitgleichen Existenz von Palisade mit Wall und Graben wurde bereits an anderer Stelle hingewiesen (vgl. Anm. 19).

29 SCHALLMAYER, Grenzschutz.

30 REUTER, Limesfall 81 vermutet eine Aufgabe der Grenzüberwachung über die Türme im Lauf der 1. Hälfte des 3. Jahrhunderts. Hiergegen sprechen sicherlich die Funde des späten Rheinzaberner Töpfers Pervincus vergesellschaftet mit anderen späten Sigillata-Formen aus dem Wachturm 3/51 (BECKER, Wachttürme 154 Kat.-Nr. 9–15), zumal der Turm nicht an einem strategisch herausragendem Punkt (Übergang, weite Übersicht, nähe zum Kastell) liegt.

Abb. 4 Karte des Limesverlaufs im Bereich der Strecken 7 und 8. Eingetragen sind germanische Siedlungsstellen im Limesvorfeld (schwarze Punkte) und potenzielle Verkehrsverbindungen zwischen dem Römischen Reich und der *Germania magna* im besprochenen Abschnitt (Pfeile).

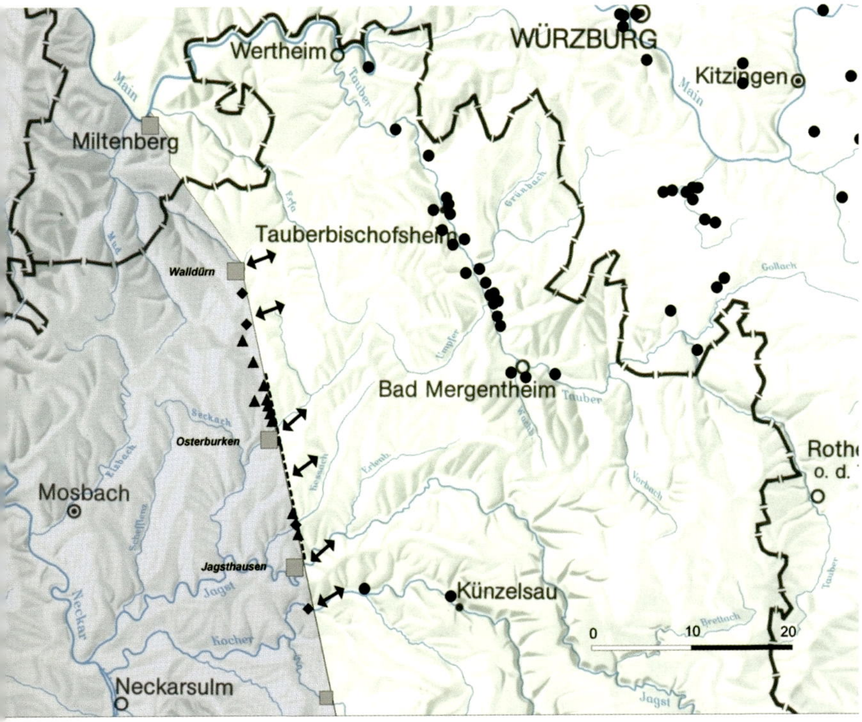

Reduktionen an den Kastellen bzw. den Badegebäude spricht in jedem Fall für eine verringerte Anzahl an Soldaten in diesem Grenzabschnitt und damit vielleicht auch für die Aufgabe der Türme aufgrund des Mangels als Turmbesatzungen.

Geht man von der Errichtung der Mauer aus Gründen der zusätzlichen Sicherung aus, wie die vorausgesetzten Ausführungen belegt haben, stellt sich natürlich die Frage nach dem Grund für die Wahl dieses Abschnitts für diese Sicherungsmaßnahme. Der Auswahl dieses Abschnitts können verschiedene Ursachen zugrunde liegen. Im Vergleich mit anderen Abschnitten mit ähnlicher bzw. zusätzlicher Sicherung können hier sowohl geologische[31], topografische und strategische[32] Gründe für die Errichtung eine Rolle spielen. Es wird im Folgenden zu prüfen sein, ob sich für den vorgestellten Streckenabschnitt ähnliche Gründe für eine Errichtung finden lassen.

Die verkehrsgeografische Situation für den Abschnitt ist schwierig zu beurteilen. Dabei kann auf die Lage von Kleinkastellen und Sonderbauten zurückgegriffen werden, da eine mögliche Begründung für die Positionierung die Sicherung von Übergängen über die Grenzlinie ist (Abb. 4).[33] Dies wird auch für die Position des Kleinkastells Rinschheim (2) angenommen, ohne dass es archäologische Hinweise für die Existenz einer Straße ins Limesvorland gibt. Bei sämtlichen angenommenen Übergängen ist eine vergleichbare Situation zu beobachten, nach der die Position eines Kastells für die Existenz einer Straße herangezogen wird. Dies gilt an diesem Abschnitt vor allem für die Tallagen der Kastelle Osterburken und Jagsthausen.[34] Straßenquerungen in anderer topografischer Lage, vornehmlich im Bereich von Höhenrücken, wurden ebenfalls vermutet. In Anlehnung an diese typischen Altstraßenführungen findet sich südlich von Jagsthausen, außerhalb des hier besprochenen Abschnitts, ein mögliche Querung der Grenze, ohne dass durch Grabungen eine Übergangssituation belegt werden konnte.[35] In topografisch ähnlicher Lage befindet sich die Turmstelle 8/44, an der bei den Grabungen auch eine Unterbrechung in der Limesmauer festgestellt wurde. Die Altstraßenforschung rekonstruiert hier allerdings keine Wegeführung, zumal in Palisade und Graben keine Unterbrechung nachgewiesen ist und somit die Mauerlücke wahrscheinlich eine andere Ursache hatte.[36] Hier bedarf es sicherlich noch grundlegender Arbeit von Seiten der Straßenforschung[37], doch deutet

31 Der Bau der Mauern im Taunus und Odenwald ist durch das hoch unter der Oberfläche anstehende Grundgestein verursacht, das ein Einbringen der Palisade bzw. des Grabens schwierig bzw. unmöglich machte (vgl. Anm. 2 und 3).
32 Für die verstärkte Sicherung der Idsteiner Senke und des Lautertals sprechen die topografische Situation (Taleinschnitte) und die dadurch entstehende strategische (günstige Einfallsmöglichkeit) und verkehrsgeografische Bedeutung: vgl. PLANCK, Lautertal 420–421.
33 Hierzu zuletzt THIEL, Funktion 69.
34 ORL A, Probeheft 29; THIEL, Jagsthausen, 33. Die Existenz eines Übergangs in Osterburken ist archäologisch dadurch belegt, dass eine Straße vom Kastell zur Grenze hin ausgegraben werden konnte.
35 THIEL, Jagsthausen 241–242.
36 MAUSER, Notuntersuchungen 24–25.
37 Neuere grundlegende Untersuchungen zum römischen Straßennetz in diesem Bereich gibt es bisher nicht. Überblicksdarstellungen zur römischen Besiedlung der Region gehen auf diese Frage nicht ein (SCHALLMAYER, Kreisbeschreibungen), sodass hier auf die älteren Arbeiten verwiesen sei: J. NAEHER, Das römische Straßennetz in den Zehntlanden. Bonner Jahrbücher 71, 1881, 1–106; ORL A, Probeheft 27–30; K. SCHUMACHER, die römischen Heerstraßen zwischen Main und Neckar. ORL A IV Strecke 6 (1933) 71–102. – Die allgemeine Straßenforschung setzt hier unabhängig vom Publikationszeitpunkt andere zeitliche (WÜRTZ, Straßennetz) oder regionale Schwerpunkte (LÖFFLER, Baden. KURT, Rhein und Main).

sich bei dem derzeitigen Stand zumindest an, dass sich die verkehrsgeografische Situation an diesem Abschnitt nicht unbedingt von der der übrigen Grenzlinie unterscheidet und damit als Grund für die Errichtung der Mauer herangezogen werden kann.

Die geologische Situation in diesem Bereich verlangt nicht unbedingt die Errichtung einer Mauer, beispielsweise aufgrund anstehenden, harten Gesteins, das ein Ausheben des Grabens nicht möglich macht. Dies belegt die durchgängige Ausführung des Grabens am gesamten Mauerverlauf. Der Untergrund des gesamten Mauerverlaufs besteht fast vollständig aus Oberem, Mittlerem und Unterem Muschelkalk, lediglich im Bereich zwischen Osterburken und der Autobahn A 81 wird dieser teilweise vom Unteren Keuper überdeckt.[38] Möglicherweise ist diese geologische Situation aber dafür verantwortlich, dass im nördlichen Anschluss auf kürzeren Strecken der Graben nicht ausgeführt wurde. In den Bereichen steht nach der geologischen Karte vor allem der Mittlere Muschelkalk an.[39] Dies impliziert eine gute Kenntnis des Untergrunds bei den Bau ausführenden Einheiten, da vor allem das Auslaufen des Grabens im Anschluss an den Wachturm 7/46 nicht den Eindruck eines abrupten, sondern eines auslaufenden Endes macht.

Dafür begünstigt die geologische Situation die Errichtung einer Mauer, da das Baumaterial lokal anstehend ist. Das Baumaterial des Mauerwerks wird vom Streckenkommissar nicht beschrieben, jedoch zeigte die Grabung am Wachturm 8/44 im Jahr 1970 eine Errichtung von Mauer und Turm aus Muschelkalk.[40] Das Baumaterial wurde folglich vor Ort, wahrscheinlich sogar im näheren Umfeld der Strecke, gewonnen. Auch die hohe Zahl der nachgewiesenen Kalköfen spricht für einen Rohmaterialabbau entlang der Strecke – anders als bei anderen römischen Kalkbrennereien konnte das Material am Bauort gebrochen, gebrannt und verwendet werden. Es zeigt sich jedoch vor allem aufgrund der begrenzten Ausführung der Mauer im Bereich des Muschelkalkvorkommens und der fehlenden Ersatzfunktion für den Graben, dass die Geologie nicht die Ursache für die Errichtung der Mauer war.

Als weitere Möglichkeit zur Erklärung der Mauer bleibt die besondere strategische Situation. Schon E. Fabricius dachte im Limeswerk an eine potenzielle Bedrohung dieses Abschnitts durch im siedlungsgünstigen Taubertal ansässige Germanen und ein dadurch bedingtes zusätzliches Sicherheitsbedürfnis.[41] Die neueren Untersuchungen, vor allem durch K. Frank, ergaben eine dichte Besiedlung dieser Region im 2. und 3. und – nach einer Lücke zum Zeitpunkt des Limesendes – eine Intensivierung im 4. und 5. Jahrhundert (Abb. 4).[42] Das Fundmaterial belegt enge Handelsbeziehungen zum Römischen Reich. In der Spätzeit kommt hier möglicherweise auch Plünderungsgut hinzu, da aus den Limeskastellen des besprochenen Abschnitts auch Hinweise auf kriegerische Übergriffe nachgewiesen sind[43]. Dieser germanische Siedlungsschwerpunkt, vor allem vor dem Hintergrund einer fehlenden Vorfeldbesiedlung im weiteren Limesverlauf, scheint der Grund für den Mauerbau in diesem Bereich zu sein.

Die vorangegangene Analyse der verkehrstopografischen Situation entlang des Limesabschnitts zeigte mögliche Verbindungen zwischen der Grenze und dem germanischen Siedlungsgebiet auf, würde aber eine Ausdehnung der zusätzlichen Sicherung vor allem nach Norden erwarten lassen. Um den im Vergleich dazu weiter im Süden festgelegten Beginn im Bereich des Bofsheimer Kergrabens zu erklären, scheint die Verbreitung der germanischen Vorfeldbesiedlung nicht auszureichen. Hier muss ein weiterer Faktor Auswirkungen auf den Anfangspunkt der Mauer gehabt haben. Dieser könnte in

38 Geologische Karte Baden-Württemberg 1:25 000 Blätter 6422 Walldürn, 6522 Adelsheim, 6622 Möckmühl.
39 ORL A Strecke 7–9, 80–92. Die genannten Abschnitte finden sich auf dem Blatt 6422 Walldürn der Geologischen Karte Baden-Württemberg 1:25 000. Der Unterschied zwischen Mittlerem Muschelkalk auf der einen Seite und dem Oberen und Unteren Muschelkalk auf der anderen im Bezug auf das Aussetzen des Grabens muss hier offen bleiben.
40 MAUSER, Notuntersuchungen 21.
41 ORL A Strecke 7–9, 31.
42 FRANK, Siedlungen. DERS., Nachbarn. KRAUSSE, Taubertal.
43 GAUBATZ-SATTLER U. SEIDENSPINNER, Stadtkataster 32 mit weiterer Literatur.

den siedlungsgeografischen Voraussetzungen im Bereich des Römischen Reiches zu suchen sein. Hier finden wir mit dem östlichen Teil des Odenwaldes ein siedlungsungünstiges Gebiet. Diese naturräumlichen Gegebenheiten spiegeln sich sehr deutlich im Verteilungsbild der ländlichen Siedlungen wider, da in dieser Region bislang keine Siedlungsstellen bekannt sind[44]. Zum Schutz des Hinterlandes scheint folglich der Beginn der Mauer erst ab der genannten Stelle notwendig und sinnvoll gewesen zu sein. Möglicherweise muss in diesem Zusammenhang auch der Blick auf die Bauten im Rückraum der Grenzlinie im Bereich des Rinschbachtals (3, 4) gerichtet werden. Vielleicht sind hierin die Bestandteile einer zusätzlichen Sicherung im Anschluss an den Mauerverlauf zu sehen, ohne dass dies bisher durch eine Datierung über Fundmaterial bestätigt werden konnte. Jedoch scheint die mögliche visuelle Überwachung der Limeslinie von diesen Bauten aus für eine militärische Funktion der Gebäude und damit für eine zusätzliche Sicherung zu sprechen. In Zusammenhang mit den aufgeführten Reduktionen und verschiedenen Funden aus der Spätzeit des Limes sind diese Befunde möglicherweise als reduzierte Sicherungsmaßnahme der grenze zu sehen[45]. Auch das nicht näher bekannte Gebäude im weiteren Verlauf des Rinschbachtals Richtung Süden (5) könnte eine Überwachungsfunktion des Taldurchgangs wahrgenommen haben.

Das südliche Ende des Mauerverlaufs bei Jagsthausen scheint vor dem Hintergrund des Schutzes für das Hinterland ungewöhnlich, da die dicht besiedelte Region an Kirnau, Jagst und Kocher über diesen Abschnitt hinausgeht[46]. Möglicherweise war eine Verlängerung nach Süden hin nicht notwendig, da keine direkte Bedrohung unmittelbar gegeben war. Diese erklärt sich durch die geomorphologische Gliederung des Limesvorfeldes in diesem Bereich durch stark West-Ost laufende Flusstäler und damit fehlenden natürlichen Verkehrsverbindungen **(Abb. 4)**. Somit entsteht eine natürliche Sperrung.

Beim derzeitigen Informationsstand bleiben manche Fragen zu Aussehen, Funktion und Datierung der Limesmauer zwischen Osterburken-Bofsheim und Jagsthausen offen. In der Untersuchung konnte jedoch gezeigt werden, dass es sich wohl um ein Bauwerk der Spätzeit der Grenze handelt, dass ein Licht auf einen besonderen Limesabschnitt wirft. Es zeigte sich vor allem, dass bei einer genauen Analyse der Daten aus dem Grundwerk „Der Obergermanisch-Raetische Limes des Roemerreiches“ mit seinen 15 Strecken- und 93 Kastellbeschreibungen unter aktuellen Forschungsgesichtpunkten manche neuen Erkenntnisse gewonnen werden können.

Thomas Becker M.A., Rheinisches Amt für Bodendenkmalpflege, Endenicher Straße 133, 53115 Bonn

44 SOMMER, Zivilsiedlungen 297 Abb. 7. KRAUSSE, Taubertal 23 Abb. 6.

45 Kleinkastell Haselburg, Walldürn-Reinhardsachsen: 1 Gallienus-Münze (H.U. NUBER, Das römische Kastell Haselburg. Freiburger Universitätsblätter 65, 1979, 63 ff.). Kastell Walldürn: 1 Gallienus-Münze (SCHALLMAYER, Walldürn 204 Tab. 2).

46 Vgl. Anm. 44.

Literaturverzeichnis

BAATZ, Limes
D. Baatz, Der römische Limes – Archäologische Ausflüge zwischen Rhein und Donau (Berlin 4. Aufl. 2000).

BECKER, Buchen
Th. Becker, Der römische Limes auf Buchener Gemeindegebiet. Der Wartturm 42.3, 2001, 3–9.

BECKER, Fibelfund
Th. Becker, Ein Fibelfund aus dem Limeswall beim Wachtturm 3/31 im Taunus. Saalburg-Jahrb. 50, 2000 (2001) 105–106.

BECKER, Überlegungen
Th. Becker, Überlegungen zur taktischen Gliederung des raetischen Limes. Jahr. Heimat- u. Altver. Heidenheim 2003/2004 (2004) 52–68.

BECKER, Wachttürme
Th. Becker, Die Wachttürme zwischen den Kastellen Zugmantel und Saalburg (unpubl. Magisterarbeit, Freiburg 1998).

BENDER, Doppelpalisade
St. Bender, Die Doppelpalisade am Limes im Vorfeld des Kastells Arnsburg. In: Kolloquium Arnsburg 47–53.

BERGMANN, Staatsgrenze
C. Bergmann, Von der Staatsgrenze zum Müllhaufen. Hessen Archäologie 2001 (Stuttgart 2002) 101–102.

FRANK, Nachbarn
K. Frank, Bedrohliche Gegner? Wankelmütige Nachbarn im Norden. In: Archäologisches Landesmuseum Baden-Württemberg (Hrsg.), Imperium Romanum – Roms Provinzen an Neckar, Rhein und Donau (Stuttgart 2005) 142–146.

FRANK, Siedlungen
K. Frank, Zwei germanische Siedlungen des 3. Jahrhunderts n. Chr. im Vorfeld des obergermanischen Limes im nordöstlichen Baden-Württemberg. In: S. Biegert/S. von-Schnurbein/B. Steidl/D. Walter (Hrsg.), Beiträge zur germanischen Keramik zwischen Donau und Teutoburger Wald. Kolloquium Frankfurt 1998. Kolloquien zur Vor- und Frühgeschichte 4 (Bonn 2. Aufl. 2000) 171–181.

FRITSCH, Terra Sigillata
O. Fritsch, Terra-Sigillata-Gefäße gefunden im Großherzogtum Baden (Karlsruhe 1913).

GAUBATZ-SATTLER u. SEIDENSPINNER
A. Gaubatz-Sattler, W. Seidenspinner, Osterburken. Archäologischer Stadtkataster Baden-Württemberg 16 (Stuttgart 2001).

JOHNSON, Kastelle
A. Johnson, Römische Kastelle des 1. und 2. Jahrhunderts n. Chr. in Britannien und in den germanischen Provinzen des Römerreiches. Kulturgeschichte der antiken Welt 37 (Mainz 1987).

Kolloquium Arnsburg
E. Schallmayer (Hrsg.), Limes Imperii Romani. Beiträge zum Fachkolloquium „Weltkulturerbe Limes" November 2001 in Lich-Arnsburg. Saalburg-Schriften 6 (Bad Homburg 2004).

KORTÜM, Osterburken
K. Kortüm, Osterburken - Römischer Grenzposten zwischen Neckartal und Taubergrund. Denkmalpflege in Baden-Württemberg 35.1, 2006, 39–46.

KRAUSSE, Taubertal
D. Krausse, Auf der anderen Seite des Limes – Archäologische Schwerpunktgrabung in einer germanischen Siedlung im Taubertal. Denkmalpflege in Baden-Württemberg 35.1, 2006, 19–26.

KURT, Rhein und Main
A. Kurt, Zur Geschichte von Straßen und Verkehr im Land zwischen Rhein und Main (Dissertation Frankfurt 1956).

LINDENTHAL, Zivilfreie Zone
J. Lindenthal, Eine zivilfreie Zone am Wetteraulimes. In: Kolloquium Arnsburg 93–96.

LÖFFLER, Baden
R. Löffler, Geschichte des Verkehrs in Baden, insbesondere der Nachrichten- und Personenbeförderung von der Römerzeit bis 1872 (Heidelberg 1910).

MAUSER, Notuntersuchungen
P. F. Mauser, Notuntersuchungen und neue Ergebnisse am römischen Limes bei Osterburken. Archäologische Nachrichten aus Baden 6, 1971, 21–27.

NUBER u. SEITZ, Sontheim
H. U. Nuber, G. Seitz, Sontheim/Brenz, „Braike", Kreis Heidenheim – ein Straßenburgus? Archäol. Ausgr. Baden-Württemberg 1991 (Stuttgart 1992) 169–174.

ORL A, Probeheft
W. Schumacher, Probeheft aus Abt. A: Strecke Hönehaus-Tolnaishof. ORL Abtl. A (Heidelberg 1897).

ORL A, Strecke 7–9
E. Fabricius, Der Obergermanische Limes von Miltenberg am Main bis zum Haghof bei Welzheim. ORL A IV Strecke 7–9 (Berlin, Leipzig 1931/1933) 1–224.

PFAHL, Besiedlung
St. F. Pfahl, Die römische und frühalamannische Besiedlung zwischen Donau, Brenz und Nau. Materialheft zur Archäologie Baden-Württemberg 48 (Stuttgart 1999).

PLANCK, Lautertal
D. Planck, Ein bisher unbekannter römischer Limes im Lautertal bei Dettingen unter Teck, Kreis Esslingen. Fundber. Baden-Württemberg 12, 1987, 405–429.

PLANCK U. BECK, Südwestdeutschland
D. Planck u. W. Beck, Der Limes in Südwestdeutschland (Stuttgart 1987).

REUTER, Hanau-Mittelbuchen
M. Reuter, Die römischen Kleinkastelle von Hanau-Mittelbuchen und der Verlauf des östlichen Wetteraulimes unter Domitian. In: Kolloquium Arnsburg 97–106.

REUTER, Limesfall
M. Reuter, Der Limesfall im Spiegel ausgewählter Befunde in Kleinkastellen und Wachttürmen. In: E. Schallmayer (Hrsg.), Niederbieber, Postumus und der Limesfall – Stationen eines politischen Prozesses. Bericht des 1. Saalburgkolloquiums. Saalburg-Schriften 3 (Bad Homburg 1996) 76–83.

SCHALLMAYER, 1200 Jahre Walldürn
E. Schallmayer, Der römische Kastellort von Walldürn. In: P. Assion (Hrsg.), 1200 Jahre Walldürn (Walldürn 1995) 17–84.

SCHALLMAYER, Ausgrabung
E. Schallmayer, Ausgrabung eines Benefiziarier-Weihebezirkes und römischer Holzbauten in Osterburken, Neckar-Odenwald-Kreis. Arch. Ausgrabungen Baden-Württemberg 1982, 138–146.

SCHALLMAYER, Grenzschutz
E. Schallmayer, Der Römische Limes: Grenzschutz für Germanien und Gallien. In: „Mit der Antike in die Zukunft: Der Limes auf dem Weg zum Weltkulturerbe". Saalburg-Schriften 7, (Bad Homburg 2005) 107–108.

SCHALLMAYER, Kreisbeschreibungen
E. Schallmayer, Römerzeit. In: Kreisbeschreibungen des Landes Baden-Württemberg: Der Neckar-Odenwald-Kreis Bd. 1 (Sigmaringen 1992) 45–63.

SCHALLMAYER, Limesmauer
E. Schallmayer, Untersuchung an der Limesmauer im „Hohewald" bei Schlossau, Neckar-Odenwald-Kreis. Fundber. Baden-Württemberg 6, 1981, 552–564.

SCHALLMAYER, Walldürn
E. Schallmayer, Neue Funde aus dem römischen Kastell- und Lagerdorfbereich von

Walldürn, Neckar-Odenwald-Kreis. Fundber. Baden-Württemberg 10, 1986, 197–252.

SCHOLZ, Kastellbäder
M. Scholz, Reduktion und Umnutzung von Kastellbädern im Limesgebiet während des 3. Jahrhunderts. In: Ch. Bücker u. a. (Hrsg.), Regio Archaeologica – Archäologie und Geschichte an Ober- und Hochrhein. Festschrift für Gerhard Fingerlin. Internationale Archäologie – Studia honoraria 18 (Rahden 2002) 129–138.

SCHOLZ, Reduktion
M. Scholz, Spätlimeszeitliche Reduktion versus mittelalterlicher Einbau in Limeskastellen. In: Kolloquium Arnsburg 135–145.

SOMMER, Zivilsiedlungen
C. S. Sommer, Die römischen Zivilsiedlungen in Südwestdeutschland. In: D. Planck (Hrsg.), Archäologie in Württemberg (Stuttgart 1988) 281–310.

THIEL, Funktion
A. Thiel, Zur Funktion der Kleinkastelle am Obergermanischen Limes. Jahrb. Heimat- u. Altver. Heidenheim 10, 2003/2004, 69–77.

THIEL, Jagsthausen
A. Thiel, Das römische Jagsthausen – Kastell, Vicus und Siedelstellen des Umlandes. Materialh. Archäologie in Baden-Württemberg 72 (Stuttgart 2005).

WAGNER, Fundstätten
E. Wagner, Fundstätten und Funde aus vorgeschichtlicher, römischer und alamannisch-fränkischer Zeit im Großherzogtum Baden 2 (Tübingen 1911).

WAHL u. a., Steinturm
J. Wahl/E. Schallmayer/J. Wahl, Untersuchungen an Wp. 4/5 – Steinturm. Fundberichte aus Hessen 15 (1975), 1977, 253–302.

WÜRTZ, Straßennetz
L. Würtz, Die geschichtliche Entwicklung des Straßennetzes in Baden-Württemberg. Archiv für die Geschichte des Straßenwesens Heft 1 (Bonn-Bad Godesberg 1970).

Abbildungsnachweis

Abb. 1 Nach Frank, Siedlungen Abb. 149 mit Modifikationen., Abb. 2 Reg. Präs. Stuttgart, LAD Luftbildarchiv L6522/014-01 (5249-29), Photo O. Braasch.; Abb. 3 Verfasser,
Abb. 4 Nach Frank, Siedlungen Abb. 149 mit Modifikationen.

ZWEI WIRTSCHAFTSBAUTEN IM LIMESKASTELL AALEN

Von Markus Scholz

Im Spätsommer 2005 wurde das Limesmuseum Aalen um eine weitere Attraktion bereichert: die Teilrekonstruktion einer Reiterbaracke im Maßstab 1:1 – das Vorbild hierfür lieferten die 2000–2003 im Vorgängerkastell Heidenheim ausgegrabenen Befunde[1] – sowie museumspädagogische Werkräume mit originalgetreuen Einrichtungen einer *fabrica*. Dass diese beinahe am authentischen Platz wieder errichtet wurde, konnte während der Planungsphase allerdings noch niemand ahnen.

Das rund 600 m² umfassende Baugrundstück wurde zwischen April und August 2004 planmäßig untersucht.[2] Verglichen mit den über 6 ha Innenfläche dieses größten Limeskastells kommt der neuen Grabungsfläche nur der sprichwörtliche Mosaiksteincharakter zu (Abb. 1), doch leitet sich aus ihrer Lage im äußersten südwestlichen Mittelstreifen des Kastells *(latus praetorii sinistrum)* die Fragestellung nach Ausdehnung und Funktion des dortigen langrechteckigen Steingebäudes ab (Abb. 2). D. Planck hatte 1979–81 die Außenmauern dieses stattlichen, gut 60 m (200 Fuß) langen Versorgungsbaus im Westen, Norden und Osten teilweise freigelegt und ihn aufgrund von Grundrissvergleichen als „Magazinbau vom Hoftyp" angesprochen.[3] Die Südseite jedoch blieb unerforscht unter einer Wiese konserviert, sodass die Nordost-Südwest-Breite des Gebäudes nicht bekannt war.

Das Aalener Kastell der *Ala II Flavia milliaria pia fidelis* und sein Vorgängerlager in Heidenheim stellen derzeit imperiumsweit die einzigen wenigstens teilweise erforschten Standorte dieser seltenen, 1000 Mann starken Reitereinheiten *(alae milliariae)* dar. Dass der analoge Kastellbereich in Heidenheim längst zerstört ist, steigert die Bedeutung des Aalener Aufschlusses. Außerdem galt es, die ehemalige Geländebeschaffenheit zu klären.

In dem nach Norden wie nach Westen abschüssigen Gelände wurden stark unterschiedliche Erhaltungszustände angetroffen. Während hangaufwärts in Richtung der *principia* ein erosionsbedingter Niveauverlust von mindestens 30 cm Boden gegenüber der Antike zu beklagen ist[4] – der römische Schichtrest am Ostrand der Grabung maß gerade noch 10–15 cm –, war in den tiefer gelegenen westlichen Teilflächen wider Erwarten sogar die jüngste römische Oberfläche noch erhalten, insbesondere im Bereich der *via sagularis*. Ein wesentlicher Grund dafür besteht in Geländeaufschüttungen aus der Bauzeit des Kastells, mittels derer man die tiefer gelegenen Randbereiche des Lagers teilweise terrassiert hatte, um das Geländegefälle auszugleichen

Abb. 1 Der Kastellplatz Aalen heute. Im Zentrum sind die konservierten Grundmauern der *principia* sowie das Limesmuseum erkennbar, rechts davon die Grabungsflächen 2004. Das Vorderlager ist seit mehr als 100 Jahren Friedhofsareal (Wäldchen), oberhalb der mittelalterlichen Kapelle lag das Haupttor *(porta principalis)*.

1 SCHOLZ, Reiterkastell; DERS., Mauerfall; DERS., Zwei Kastelle – eine starke Truppe. Arch. Deutschland 1/2006, 36–40.
2 SCHOLZ, Fabrica.
3 PLANCK, Limeskongress Aalen 254; KEMKES, Grenze Roms 199.
4 Zu den partiell empfindlichen Oberflächenverlusten im Bereich des Geländerückens um das Stabsgebäude herum vgl. PLANCK, Limeskongress Aalen 248.

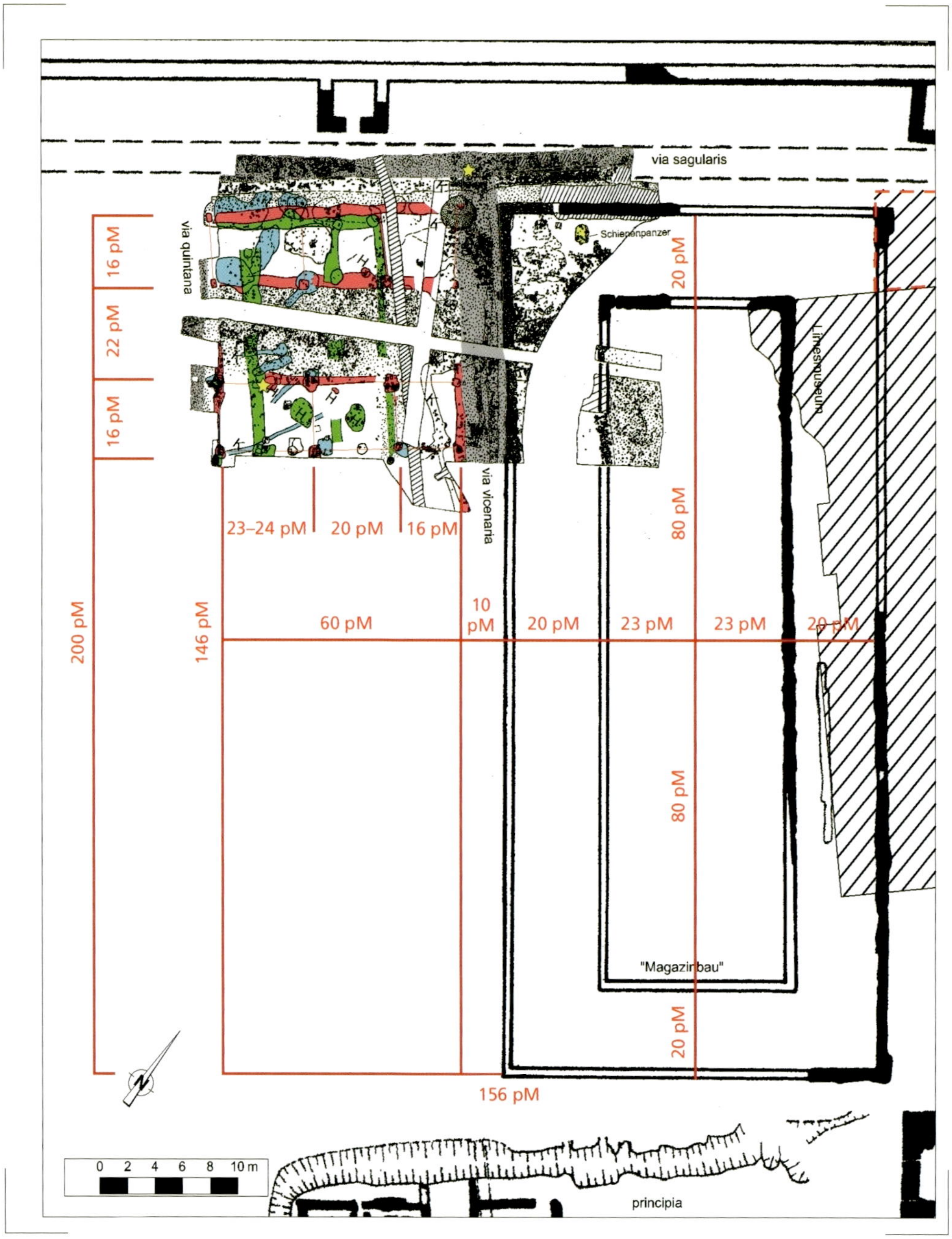

Abb. 2 Kastell Aalen. Gesamtplan der Grabung 2004 und deren Position im westlichen Mittellager. Holzbauphasen: Frühzeit um 160 n. Chr. (blau); spätes 2. Jh. bis frühes 3. Jahrhundert (rot); 1. Hälfte 3. Jahrhundert (grün); Straßen/Wege (grau); gelbe Sterne: Münzhorte. Maßangaben in röm. Fuß (pM).

(Abb.3). Diese Aufplanierungen haben sich im Lauf der Zeit etwas abgesenkt und somit die Erhaltung antiker Oberflächen begünstigt. Unter der *via sagularis* betrugen sie mehr als 1 m, bestehend aus braun verwittertem, aber auch aus tiefer anstehendem grauschieferigem Opalinuston, der z. B. beim Aushub der Kastellgräben anfiel. Darin eingeschlossen waren ortsfremde Plattenkalksteine (Bankkalke), bei denen es sich wohl um Bauschutt der Steingebäude bzw. der Kastellumwehrung handelt, aber fast keine Funde. Im Zeitrahmen der Grabung war es nicht möglich, diese Planierschicht vollständig abzutragen. Direkt unter ihr wurden jedoch mehrere unbefestigte, offensichtlich ephemer genutzte Brandstellen angetroffen, die ich mit einer Rodungsphase vor dem

Abb. 3 Kastell Aalen. Bereich des Holzgebäudes (mutmaßliche *fabrica*) mit steinverkeilten Pfostengruben der Bauphasen 2 und 3. Den Baugrund bildete ab der Mitte der oberen Fläche eine gründungszeitliche Planierschicht aus hellem Opalinuston. Bei den Ringnadeln liegen die Reste einer Feuerstelle der Bauphase 2.

Kastellbau in Verbindung bringen möchte, als das Gelände vermutlich von Sträuchern etc. entblößt werden musste. Fast ohne Zwischenschicht schloss sich darunter stellenweise ein dünner Siedlungshorizont der späten Bronze- bis frühen Eisenzeit an, der nur wenige Scherben und ein eisernes Tüllenbeil preisgab.

Die *via sagularis*

Der Westrand der Grabung verlief über der *via sagularis,* die aber nirgends in voller Breite aufgedeckt werden konnte. Der Unterbau der Lagerrandstraße bestand aus bis zu 80 cm starken Stein- und Kieslagen, deren unterste aus groben Kalksteinen und zahlreichen Pferdeknochen zusammengesetzt war. Aus dieser untersten Schicht des Wegekoffers ist der Fund eines runden Bronzebeschlags mit schachbrettartigen, feinen Millefiorieinlagen erwähnenswert.[5] Auf Höhe des Zwischenturms bestand der Unterbau aus Bauschutt, insbesondere aus Kalksteinsplittern, wie sie beim Zurechtschlagen von Handquadern anfallen, Bruchstückchen von Kalktuffsteinen, die am ehesten für Architekturteile (z. B. Fensterbögen) Verwendung fanden, Mörtel und ein zusammengefaltetes Bronzeblech mit Nagellöchern.

Die Laufoberfläche bildeten gesetzte und festgestampfte, ca. faustgroße Kiesel- und Kalkbruchsteine, die mit feinen Bachkieseln überschottert waren. In einer flachen Senke (Pfütze?) in ihrer Oberfläche kam der Inhalt einer kleinen Geldbörse mit vier aneinanderkorrodierten Münzen zum Vorschein (Abb. 4): Es handelt sich um einen völlig abgegriffenen As flavischer Zeit (wohl Vespasian), einen stark abgegriffenen Sesterz des Antoninus Pius, einen ebenso intensiv benutzten Dupondius des Marc Aurel sowie

Abb. 4 Kastell Aalen. Kleiner Münzhort (verlorene Börse) auf der Oberfläche der *via sagularis.*

um einen etwas abgegriffenen Denar des Severus Alexander einer „irregulären östlichen Ausgabe".[6] Unterhalb dieser obersten Wegebefestigung wurde ein leicht abgegriffener Denar des Caracalla entdeckt.[7] Der Wegebelag war also nach 205/07 n. Chr. noch einmal erneuert worden.

Zur Innenbebauung hin begrenzte ein knapp 1 m breiter und ca. 60 cm tiefer Kanal

5 Vgl. einen fast identischen Zierbeschlag: SÖLCH, Fleinheim 196 Abb. 8, 1. – Zur Herstellungstechnik: C. Flügel u. a., Römische Cingulumbeschläge mit Millefiorieinlagen. Arch. Korrbl. 34, 2004, 531–545.

6 KLEIN, Fundmünzen 278 f.

7 RIC 96 (205/07 n. Chr.); KLEIN, Fundmünzen 278 Abb. 257d.

Abb. 5 Kastell Aalen. Gerberei(?)-Gruben aus der Frühzeit des Kastells. Links im Profil Verfüllung des Kanals der *via sagularis*.

die *via sagularis* (Abb. 5 links), der durchschnittlich 1 m Abstand zu den anschließenden Versorgungsbauten hielt und somit diesen zugleich als „Traufgräbchen" dienen konnte. Eine Abdeckung ist vorauszusetzen, auch wenn sich keine Hinweise mehr auf deren Gestalt fanden.[8]

Der steinerne Versorgungsbau mit Innenhof

Im Gesamtplan (Abb. 2) ist die bisherige Version der Grundrissergänzung des Steinbaus korrigiert.[9] Dessen langrechteckige Grundfläche kann nunmehr auf 60 x 26,5 m im Außenmaß festgelegt werden. Das entspricht einem geplanten Achsmaß von 200 x 90 römischen Fuß (1 *pes Monetalis* = 0,295833 m).[10] Damit war das Bauwerk um 9,5 m schmaler als bisher vermutet.[11] Vier Raumkorridore gruppierten sich um einen 160 x 46 Fuß[12] messenden Innenhof.

Abb. 6 Kastell Aalen. Südwestliche Außenmauer des Magazinbaus mit abgestuftem Fundament.

Das 70 cm (ca. 2 Fuß) starke Fundament der südwestlichen Außenmauer war in Sequenzen von ca. 6 m (20 Fuß) zum Ausgleich des Gefälles nach Nordwesten hin abgetreppt, sodass es überall im gewachsenen Opalinuston gründete (Abb. 6). Im Bereich der Westecke waren über der Rollierung noch fünf gemauerte Handquaderlagen erhalten, im mittleren Absatz drei, wobei die jeweils unterste Lage aus größeren, bis zu 50 cm langen Bruchsteinen bestand, im östlichen Absatz nur noch die Rollierung. Alle erhaltenen Mauerlagen gehörten noch zum Fundament, ein Mauerrücksprung zum Aufgehenden fehlte. Der Hangdruck hatte die Mauer bis zu 15 cm aus der Flucht der Rollierung hangabwärts verschoben. Weiter östlich stießen Sondagen auf die Rollierungsreste der den Innenhof umgebenden Gebäudemauer, die ein deutlich flacher angelegtes Fundament aufwies als die südwestliche Außenmauer (Abb. 4). Daran schloss sich eine nur noch schütter erhaltene, flächige Steinung an, die wohl als Vorlage für eine Innenhofschotterung interpretiert werden darf (Abb. 4). Hier hatten Abböschungsmaßnahmen beim Bau des Limesmuseums merkliche Substanzschäden hinterlassen. Ob der Innenhof von einer *porticus* umstanden war, ließ sich erhaltungsbedingt nicht mehr klären.

Die Gebäudefront erstreckte sich parallel zur *via principalis,* worauf auch die verstärkten Fundamente der Nord- und Ostecke hinweisen, die bereits 1999 bzw. 1981 freigelegt worden waren. Die Nordecke, die am tiefs-

8 Im Kastell Heidenheim beispielsweise waren die Wände des Kanals der *via sagularis* mit Brettern befestigt, wie entsprechende randliche Erdverfärbungen verrieten.

9 Zum bisherigen Forschungsstand vgl. D. Planck, Aalen, Ostalbkreis. Archäologischer Plan des römischen Kastells (Stuttgart 1992); KEMKES, Grenze Roms 193–203.

10 Das gemessene Achsmaß der Breite beläuft sich auf 92 Fuß: 2 x 20 pM für die Innenräume, 46 pM für den Innenhof, 2 x 2 pM für die den Innenhof umgebenden Mauern, 2 x 1 pM für die halbe Breite der Außenmauern.

11 Ein Grund dafür könnte sein, dass die Grabenfüllung einer modernen Wasserleitung, die südwestlich des Steinbaus leicht schräg zu diesem verläuft (in Abb. 2 als Störung eingetragen), in einem älteren Luftbild als heller Streifen kontrastiert – den Mauerbefunden täuschend ähnlich. Sie enthielt in ihrer oberen Einfüllung Schotter. Vgl. O. Braasch, Luftbildarchäologie in Süddeutschland. Kl. Schr. röm. Besetzungsgesch. Südwestdeutschlands 30 (Stuttgart 1983) 94 Taf. 32.

12 46 Fuß ist ein z. B. vom Bad im Walheimer Kastell II her bekanntes Baumaß (KORTÜM U. LAUBER, Walheim 103).

Abb. 7 Kastell Aalen. Blick über die Grabungsflächen 2004 vom Dach des Limesmuseums. Im Vordergrund sind die Fundamente des Magazinbaus zu sehen, unten links Reste der Schotterung des Innenhofes, im Hintergrund liegen die Flächen im Bereich des Holzgebäudes.

ten gelegene Stelle des Bauwerks, gründete auf einem ursprünglich ca. 90 x 80 m x 20 cm mächtigen Steinsockel aus Lauchheimer Kalksandstein, die Ausbruchsgrube der Nordost-Mauer war 70–80 cm breit und noch bis zu 70 cm tief erhalten.[13]

An drei Seiten weisen die Raumkorridore eine innere Breite von 6 m (20 Fuß) auf, für den südöstlichen, an das Stabsgebäude angrenzenden Raumkorridor wird eine symmetrische Ergänzung vorgeschlagen, auch wenn dies nicht zwingend ist.[14] Der zumindest im Bereich der Westecke einst vorhandene Dielenfußboden war noch in römischer Zeit entfernt worden (s. u.). Von diesem zeugen parallele, rechtwinklig zu den Mauern verlaufende Balkengräbchen, die teilweise mit Schutt gefüllt und an manchen Stellen mit gesetzten Bankkalksteinen fixiert waren (Abb. 8). Sie ruhten bereits partiell in einer etwa ab Höhe der Raummitte aufliegenden Planierschicht, die Richtung Südosten zum Ausgleich des ehemaligen Hanggefälles mächtiger wurde. Sie stammte aus der Anfangszeit des Kastells und bestand aus umgelagertem Opalinuston mit zahlreichen Kalkbruchsteinen (s. o.). Eventuell vorhandene Zwischenwände von Räumen mussten obertägig aus Holz errichtet worden sein, da keine Wandfundamente entdeckt wurden. Möglicherweise war sogar eine reversible Raumeinteilung erwünscht.

Der Grundriss lässt sich einem wohlbekannten Typus unter den Wirtschaftsbauten zuweisen: Charakteristisch für die sog. „Magazine vom Hoftyp" sind Kammerreihen, die sich an drei oder vier Seiten um einen Innenhof gruppieren. Die mithin prominentesten Vergleiche finden sich im zivilen Bereich in Rom und Ostia sowie in Legionslagern.[15] K. Kortüm hat die einschlägigen militärischen Repräsentanten dieses Typs, für den auch der lateinische Begriff *horreum* belegt ist, außerhalb von Legionslagern zusammengestellt und diskutiert.[16] Die

Abb. 8 Kastell Aalen. Westliche Ecke des Magazinbaus mit Feuerstellen der „wilden *fabrica*" aus der Zeit um 250 n. Chr. Im Bereich der Messlatten teilweise erhaltene Abdrücke von Holzbalken als Unterbau eines Fußbodens. An der Mauer kleines Depot von Dachziegeln aus der Spätzeit des Kastells, rechts der Mauer Schotterung der *via vicenaria* und mit Bauschutt verfüllter Dränagekanal.

13 KRAUSE, Wasserversorgung.
14 An einen vergleichbaren Magazinbau (Größe ca. 50 x 20 m) im Legionslager Vindonissa gliederte sich an einer Schmalseite ein Baukomplex mit mehreren, verschieden großen Räumen an, in dem vielleicht die Logistikverwaltung untergebracht war (PETRIKOVITS, Innenbauten 84 Abb. 20, 5).
15 PETRIKOVITS, Innenbauten 84–87.
16 KORTÜM U. LAUBER, Walheim 105–108; 407 f. u. 411–413.

bekannten Beispiele weisen je nach antikem Bedarf sehr unterschiedliche Dimensionen und Kammereinteilungen auf. Möglicherweise handelte es sich um Mehrzweckbauten, deren konkrete Nutzung von Ort zu Ort variieren konnte – als reine Lagerhalle, Umschlagplatz oder teilweise auch für Werkstätten.[17] Mit dem Holzfußboden sind vermutlich auch aussagekräftige Gegenstände verschwunden, die als Funde detaillierte Auskunft über das ursprüngliche Funktionsspektrum des Aalener Beispiels hätten geben können. Unverkennbar sind diese Magazine Nachschubstationen und spezifischen Versorgungslagern wie z. B. Walheim II (Periode 2) zugeordnet, selten jedoch regulären Hilfstruppenkastellen wie in Aalen.[18] Jedenfalls fehlt es in den übrigen Limeskastellen bisher an Parallelbefunden.[19] Möglicherweise manifestiert sich hierin eine Besonderheit des „Kastelltyps *ala milliaria*" oder überhaupt von Reiterkastellen. Gut vergleichbar ist der Depotbau im *latus praetorii sinistrum* von Rottweil, Kastell III.[20] Dieses wurde jüngst als dem Kastell zugehörig erwiesen und war als Ausnahme unter den Innenbauten in Stein errichtet.[21] Die Truppenbelegung des Rottweiler Kastells III *(ala?)* harrt indes noch der Klärung.

Gerade angesichts der Seltenheit entsprechender Bauten in Auxiliarlagern wird man aber kaum fehl gehen, einen Zusammenhang mit der Pferdeversorgung der *ala milliaria* zu suchen. Sollte die Nachricht des Tacitus (Agricola 22, 2), dass die britannischen Militärlager Verpflegung für ein Jahr innerhalb ihrer Umwehrungen aufnehmen konnten, auch auf spätere Standlager übertragbar sein, wird die Notwendigkeit eines großen Magazins leicht verständlich, denn es wäre dann bei 1000 zu versorgenden Pferden Lagerraum für rund 744 t Futtergerste bereitzustellen. Diese eher knappe Berechnung setzt voraus, dass der Nahrungsmittelbedarf der Pferde zusätzlich im Sommer durch Weide, im Winter durch Heu gedeckt wurde.[22] Die Einlagerung von Heu und gegebenenfalls Einstreu (Stroh oder Laub) wäre noch wesentlich platzintensiver (ca. 820 t Heu für das Winterhalbjahr), auch wenn man in Rechnung stellt, dass die Stallbaracken selbst oder diverse Schuppen entlang der Umwehrung weiteren Stauraum boten. Nahrungsmittelvorräte für die Menschen (ca. 616 t Getreide pro Jahr) wurden vermutlich separat in den *horrea* am gegenüberliegenden, südöstlichen Ende des Mittellagers neben der *porta principalis dextra* aufbewahrt, wo die Ausgräber der RLK auf massive Mauerfundamente und größere Mengen verkohlten Getreides stießen.[23]

Es erscheint vorstellbar, dass der Aalener Versorgungsbau in vom Innenhof her zugängliche Kammern unterteilt war, sodass jeder der 24 *turmae* ein eigener Lagerraum zugewiesen werden konnte. Legt man als Raummaß 20 x 20 Fuß zugrunde, ließe sich das Magazin in 24 gleich große Kammern unterteilen. In Wahrheit müssen sie jedoch schmaler ausgefallen sein, da mindestens eine Toreinfahrt in den Innenhof zu veranschlagen ist. Deren Position ist nicht nachgewiesen, doch kommt dafür am ehesten der Mittelbereich des Fronttraktes in Frage, der vielleicht über Rampen von der *via principalis* her erschlossen war. Die Eckräume könn-

17 Für Werkstätten scheinen klare Belege, wie z. B. Werkabfälle, Schlacken oder Öfen, unter den bisher publizierten Beispielen bis auf Buciumi zu fehlen (KORTÜM U. LAUBER, Walheim 413; GUDEA, Buciumi 52).

18 Zu den Ausnahmen könnte das nordwestdakische Kohortenkastell Buciumi gehören: GUDEA, Buciumi 52 u. 59 Gebäude B5. Doch eröffnet für dieses Gebäude gerade auch wegen seiner Lage inmitten von Mannschaftsbaracken eines Kohortenlagers ein Befund aus Britannien vielleicht eine alternative Deutungsmöglichkeit: WILMOTT, Basilica.

19 Im Magnetogramm des Kastells Ruffenhofen ist die entsprechende linke Seite des Mittellagers aufgrund schlechter Erhaltungsbedingungen kaum beurteilbar: C. S. Sommer, Geophysik entschlüsselt Bayerns Kastelle. Arch. Deutschland 1/2006, 27. Vgl. aber auch die Deutung bei KORTÜM U. LAUBER, Walheim 412 mit Anm. 1489.

20 C. S. Sommer, Vom Kastell zur Stadt – Aspekte des Übergangs in *Lopodunum*/Ladenburg und *Arae Flaviae*/Rottweil. In: Limes XVI (Oxford 1997) 514 f.; K. Kortüm, MVNICIPIVM ARAE FLAVIAE. Archäologischer Plan des römischen Rottweil (Stuttgart 2004).

21 KORTÜM U. LAUBER, Walheim 407.

22 Zu den Angaben über Vorratsmengen vgl. M. Kemkes/J. Scheuerbrandt, Zwischen Patrouille und Parade. Die römische Reiterei am Limes. Schr. Limesmus. Aalen 51 (Stuttgart 1997) 19 f. – Moderne Pferdezucht geht sogar von 5 kg Gerste und 5 kg Heu pro Pferd und Tag aus (freundl. Mitt. J. Schwartz, Kipfenberg).

23 ORL B 66 (Aalen) 9.

ten auch von außen über die *viae sagularis sive vicenaria* zugänglich gewesen sein. Die aus den Abdrücken erschlossenen Auflagebalken ermöglichten die für Lagerzwecke nötige Luftzirkulation unter den mutmaßlichen Dielenböden.[24]

Nur der Vollständigkeit halber sei erwähnt, dass in Stein ausgebaute Lazarette *(valetudinaria)* grundsätzlich gleichartige Grundrisse aufweisen können.[25] Solange jedoch einschlägige Funde und typische Einrichtungen (Wasserbecken im Innenhof, separate Wasserversorgung, Latrine) fehlen, ergibt sich hieraus für das Aalener Gebäude keine vernünftige Deutungsalternative. Außerdem wäre der Bau selbst angesichts einer 1000 Mann starken Besatzung überdimensioniert.[26]

Gut nachvollziehen ließ sich hingegen die letzte Nutzung zumindest der Westecke des Steinbaus, für die der Holzfußboden hinderlich war: auf dem darunter befindlichen Erdboden (d. h. auf der Ausgleichsplanie der Bauzeit, s. o.) ließen sich mehrere hitzeverziegelte Brandstellen beobachten (Abb. 8), um die herum in einer dünnen, vom Steinbauschutt bedeckten Schicht Rückstände von Buntmetallverarbeitung streuten. Darunter befanden sich zahlreiche Gusströpfchen und tiegelgerecht zerkleinerte Altmetallschnipsel, die meist von kavalleriespezifischen Ausrüstungsstücken stammen, z. B. Blechfetzen von pressverzierten Paraderüstungen oder eine Besitzermarke mit Punzinschrift *t(urma) Firman(i) Conces(s)i* – „(Besitz des Soldaten) Concessus aus der Schwadron des Firmanus".[27] Auch zerborstenen (Kaiser?) Statuen lassen sich einzelne Bronzefragmente zuweisen. Zahlreiche angeschmolzene Teile bzw. metallreiche Schlacken dokumentieren, dass die Schmelzversuche nicht immer gelangen; überhaupt wirkten die Hinterlassenschaften dieser offenbar ephemeren Metallwerkstatt ziemlich behelfsmäßig. Eine Rechteckgrube von 0,9 x 1,3 m nahe der Westecke des Gebäudes barg zahlreiche zerkleinerte Eisenbleche und bronzene Verbindungsteile eines Schienenpanzers vom „Alba Iulia-Typ" (Abb. 9).[28] Die Röntgenaufnahmen der Blockbergung bestätigen ebenso wie die antik korrodierten Bruchkanten der beim Putzen des Planums geborgenen Fragmente (Abb. 9), dass die Rüstung in bereits zerlegtem Zustand als Altmetalldepot in einer Holzkiste (?) eingegraben wurde. Offenkundig hatte man es auf die bronzenen Verbindungs- und Zierstücke abgesehen. Weitere Einzelteile aus Eisen waren mit den Panzerbruchstücken vergesellschaftet, nämlich ein *stilus*, ein Schwertriemenhalter sowie einige Nägel. Ein nahezu prägefrischer Antoninian des Volusianus von 253 n. Chr.[29] aus dieser Werkstatt-Schicht legt nahe, diese jüngste

Abb. 9 Kastell Aalen. Schrottdepot mit Teilen eines Schienenpanzers nahe der Westecke des Magazinbaus. Aufgrund der rechteckigen Verfärbung könnte das Metall in einer Holzkiste deponiert worden sein.

24 Ansätze von Lüftungsschlitzen fanden sich im Fundament der südwestlichen Außenmauer nicht, sind dort aufgrund des Gefälles und der Dränage der *via vicenaria* auch kaum zu erwarten. Eher wären solche Lüftungsschlitze in den Innenhofmauern zu suchen, doch hat hier die miserable Fundamenterhaltung jede Nachweismöglichkeit verhindert.

25 STIGLITZ, Carnuntum 56. – Vgl. ferner das *valetudinarium* im *latus sinistrum* des Vexillationslagers Porolissum (N. Gudea, Der dakische Limes. Materialien zu seiner Geschichte. Jahrb. RGZM 44, 1997, 47) sowie die „hospitals" von Wallsend im mittleren 2. Jahrhundert (Britannia 30, 1999, 336) und Housesteads (D. J. Breeze, The Northern Frontiers of Roman Britain [London 1993] 148).

26 Das *valetudinarium* des Auxiliarlagers von Carnuntum weist für eine *ala quingenaria* gerade einmal ein Drittel seiner Größe auf (STIGLITZ, Carnuntum 56).

27 SCHOLZ, Fabrica 128 Abb. 109; M. Reuter/M. Scholz, Geritzt und Entziffert. Schriftzeugnisse der römischen Informationsgesellschaft. Schr. Limesmus. Aalen 57 (Stuttgart 2004) 4.

28 M. C. Bishop, *Lorica Segmentata* I: A Handbook of Articulated Roman Plate Armour. JRMES Monogr. 1 (London 2002) 62–74; ders., JRMES Monogr. 2, 109–113 (freundl. Hinweis A. Zimmermann, Rottenburg).

29 RIC 182; KLEIN, Fundmünzen 278 Abb. 2571.

nachweisbare Nutzung bzw. Zweckentfremdung des Magazinbaus als „wilde *fabrica*“ in die späteste Limeszeit zu datieren.[30] Damit gehört der Befund zu den letzten Zeugnissen römischen Lebens am Rätischen Limes. Eine nachrömische Datierung dieser Aktivitäten wäre zwar theoretisch nicht unmöglich, entbehrt jedoch jeder materiellen Grundlage. Im Fundbestand der gesamten Grabung konnte kein einziger völkerwanderungszeitlicher oder frühmittelalterlicher Fund identifiziert werden. Stratigrafisch steht fest, dass zumindest die Außenmauern des Magazins noch bestanden haben müssen.

Hölzerne Wirtschaftsbauten

Zwischen dem steinernen Magazin und der *via quintana* kamen überraschenderweise Holzbaustrukturen zum Vorschein, die vom o. g. Steinbau durch eine 3 m (10 Fuß) breite Gasse *(via vicenaria)* getrennt waren. Deren Aufbau war wesentlich weniger aufwendig als der der *via sagularis* (Abb. 8). Soweit vor allem im Einmündungsbereich zur *via sagularis* noch erhalten, bestand sie aus einer dünnen Bauschutt-Vorlage, die überkiest war. Insgesamt wirkte die Substanz des Wegekörpers heterogen mit verschiedenen Stein- und Kieskonzentrationen, die wiederholte Ausbesserungen anzeigen. In einer Oberflächensenke (Pfütze?) lagen mehrere rund 15 cm lange massive Balkennägel in ihrer einstigen Konstruktionsanordnung in situ (Abb. 10). Sie bezeugen verstürzte Gebäudetrümmer, die nicht mehr beseitigt wurden und deshalb an Ort und Stelle verrottet sind. Die höchste, direkt unter der Grasnabe angetroffene Kulturschicht bestand jedoch aus dem im Mittelalter oder in der Neuzeit durchwühlten Schutt des Magazinbaus. Zwar enthielt dieser etliche kleinteilige und bereits verwitterte Bruchstücke von Dachziegeln, doch reicht deren Menge bei weitem nicht aus, um davon auf eine Ziegelbedeckung des Magazins rückschließen zu dürfen. Unter diesem Steinbauschutt kamen auf der Oberfläche der *via vicenaria* – beide Schichten ließen sich allerdings nicht durchgängig konsequent voneinander trennen – viele Buntmetallfunde des oben beschriebenen Charakters zum Vorschein. Mit ca. 50–60 cm Abstand zur südwestlichen Außenmauer des Magazins verlief unter der *via vicenaria* ein zweiphasiger Entwässerungskanal, der überwiegend mit Steinbauschutt verfüllt war (Abb. 8). Über seine Abdeckung (Bretter oder bereits früher entfernte Steinplatten?) ließen sich keine Aussagen mehr treffen.

Die Auswertung der Grabung steht noch aus, sodass sich vorläufig nur drei Nutzungsphasen differenzieren lassen (Abb. 2). Der Nachweis von Holzbaustrukturen fiel nicht leicht, da sich im Opalinuston bzw. in den darüber liegenden Kulturschichten Befundgrenzen optisch schlecht abzeichneten. Schwellbalkengräbchen ließen sich nur schemenhaft nach mehrtägigem Wechsel von Befeuchtung und Austrocknung erkennen bzw. waren im südlichen und östlichen Gra-

30 Zur „regulären“ Lagerung von militäreigenem Altmetall vgl. SARNOWSKI, Novae.

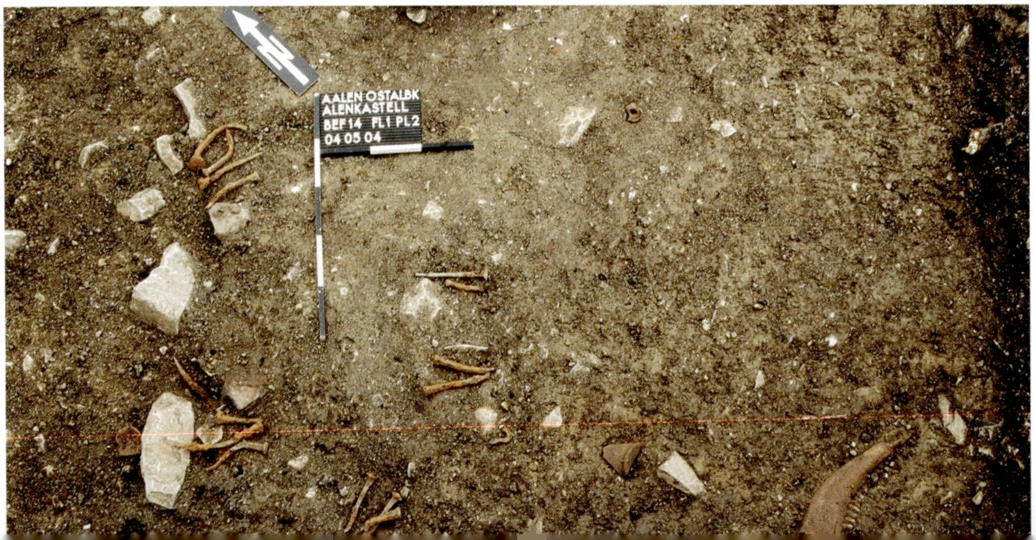

Abb. 10 Kastell Aalen. Nägel einer verstürzten Balkenkonstruktion in situ in einer Mulde der *via vicenaria.*

Abb. 11 Kastell Aalen. Pfostengruben der Bauphasen 1 (rechts mit Auflagestein für den Pfosten) und 2 (links mit Pfählung).

bungsareal ohnehin nur noch partiell erhalten (Abb. 3). Pfosten gaben sich öfter durch ihre Steinverkeilungen zu erkennen, jedoch nur tiefer im gewachsenen Boden als Erdverfärbungen (Abb. 3, 11). Viele Überschneidungen und Befundgrenzen waren insbesondere bei trockenem Bodenzustand nur schwer oder gar nicht zu erkennen. Hinzu kam, dass die Befunde nicht überall auf einheitlichen Niveaus lagen: Besonders im gut erhaltenen nördlichen Areal hatten sich die Holzbaubefunde sowie die dazugehörigen Kulturschichten mit der darunter liegenden Planierschicht unregelmäßig abgesenkt (s. o.). Das hat zwar grundsätzlich die Erhaltung begünstigt, aber die grabungstechnische Verfolgung der einzelnen Strukturen komplizierter gestaltet. All diese Schwierigkeiten führen zu unvollständigen Grundrissen, vor allem für die jüngste Holzbauphase (Abb. 2, grün). Von einer künftigen, detaillierten Auswertung unter Berücksichtigung aller Profildokumentationen darf jedoch eine Ergebnisverbesserung erwartet werden.

Der ältesten Phase (Abb. 2, blau) gehören verschiedene Dränagegräbchen und -kanäle (K), mindestens sechs runde oder quadratische Pfostengruben (unter den jüngeren Gräbchen gelegen) sowie drei ovale Gruben an der westlichen Grabungsgrenze an (Abb. 5). Vor allem die beiden Gruben bargen Keramikmaterial, das nahtlos an den jüngsten Horizont des Vorgängerkastells Heidenheim anschließt: Die Terra Sigillata entstammt – soweit bereits bestimmt – ostgallischer (Heiligenberg?) und früher Rheinzaberner Produktion, wobei die ausschließliche Tellerform noch die Drag. 18/31 ist.[31] Die Scherben von Küchengefäßen und Krügen weisen noch den für das Heidenheimer Material charakteristischen Biotitglimmer auf, sind also noch von Töpfereien an der Donau oder südlich davon nach Aalen geliefert worden. In jüngeren Strukturen ist der Anteil dieser Waren rückläufig, was wohl mit dem Aufbau örtlicher oder regionaler Töpfereien erklärbar ist, die fürderhin die Keramikversorgung des Kastells übernahmen.[32] Damit lassen sich diese Befunde in die Gründerjahre des Kastells um 160 n. Chr. oder kurz danach datieren. Aus der nachgesunkenen Kulturschicht über der Verfüllung der südlicheren der beiden Gruben stammt ein etwas abgegriffener Denar des Septimius Severus.[33]

31 Zum Sigillataspektrum des Kastells Aalen vgl. HARTMANN, Stabsgebäude. Mittelgallische Waren sind nur noch als Einzelstücke nach Aalen gelangt, Heiligenberger Geschirre scheinen noch in geringer Menge geliefert worden zu sein (ebd. 674 u. 703).

32 Mögliche Lokalisierung einer Töpferei: M. Luik, Der Kastellvicus von Aalen. Fundber. Baden-Württemberg 19/1, 1994, 309 Nr. 34.

33 RIC 295 (202–210 n. Chr.); KLEIN, Fundmünzen 278 Abb. 257b.

Die Funktion dieser Gruben bleibt noch zu klären. Auffällig waren grünliche Verfärbungen entlang ihrer Konturen sowie vor allem an der Grenze zum gewachsenen Opalinuston, die möglicherweise auf organische Flüssigkeiten zurückgehen ähnlich wie bei den Jaucherinnen in den Stallbaracken des Heidenheimer Vorgängerlagers. Wohl mit Rücksicht auf den schwer durchlässigen Tonboden hat man die Gruben an ihren tiefsten Stellen mit einer Art von Überlaufrinnen ausgestattet (Abb. 5), die in den Kanal der *via sagularis* entwässerten. Vorläufig sei hier eine Interpretation dieser Befunde als Gerbereigruben zur Diskussion vorgeschlagen. Gemäß ihrer ovalen Kontur könnten sie beispielsweise Holzbottiche mit Urin aufgenommen haben.[34] Von der ältesten Holzbauphase waren nur sechs Pfostengruben erhalten, Balkengräbchen ließen sich ihr nicht zuweisen.

Noch im 2. Jahrhundert wurde ein neuer Holz-Fachwerkbau errichtet (Abb. 2, rot), der aufgrund der Überschneidung von Pfosten die vorherige Gebäudestruktur zumindest teilweise wieder aufnahm. Mit dem Neubau ging das Ende der mutmaßlichen Gerberei *(officina coriariorum)* einher – jedenfalls wurden die beiden o. g. Gruben verfüllt. Dieser Neubau bestand aus zwei rund 17,2 m langen (beabsichtigt: wohl 60 Fuß) und 4,7 m (16 Fuß) breiten Trakten mit je drei unterschiedlich dimensionierten Räumen von 16, 20 und 23 Fuß Breite. Zwischen den Pfosten verliefen Schwellbalkengräbchen. Ein geschotterter Innenhof oder eine Einfahrt von 22 Fuß Breite trennte die beiden Raumtrakte. Da weder ein Wasserbecken noch Dränagegräbchen gefunden wurde, darf man vermuten, dass auch dieser Zwischenbereich überdacht war. Darauf deuten ferner Reste von Balkengräbchen als Abgrenzungen zu den *viae quintana et vicenaria* hin. Als Rekonstruktion bietet sich ein basilikaartiger Aufbau an.

An den Innenseiten der dem Innenhof/Einfahrt zugewandten Wandgräbchen ließen sich Reste von drei Herdstellen (H) nachweisen. Sie waren bereits in der Antike entfernt worden, doch bezeugten noch Konzentrationen von Brandlehm, einseitig angebrannte Ziegelbruchstücke und Holzkohle ihre einstige Existenz.

Die Funktion des Holzbaus ist aufgrund der Tatsache, dass er noch in römischer Zeit niedergelegt wurde, nicht mehr sicher zu bestimmen. Formell ähnlich, jedoch kleiner (11,7 x 10,8 m) ist der Grundriss von Bau 6 im Numeruskastell Hesselbach, Periode 2, den D. Baatz als Haus des *praepositus* angesprochen hat[35]. Diese Deutung wurde auf den gleichartigen Pfostenbau F-II im Numeruskastell *Sablonetum/Ellingen* übertragen[36]. Beiden Grundrissen ist jedoch ein schmaler Mittelkorridor gemeinsam, während das Aalener Gebäude vielmehr eine Einfahrt zur *via quintana* aufweist.[37] Die zugehörige Planierschicht barg im Gegensatz zu dem jüngeren Holzgebäude an derselben Stelle (s. u.) (Grob-)Keramik, jedoch kaum Terra Sigillata oder anderes Tafelgeschirr. Dieser Sachverhalt spricht eher gegen eine Bewohnung des Gebäudes. Auch der dann zu unterstellende Nutzungswechsel des Platzes im Mittellager von einem Wirtschafts- zu einem Wohnbau wäre zwar nicht ohne Beispiel, aber unüblich.[38] Das Scherbenmaterial datiert – soweit gesichtet – kaum später als bis um 200 n. Chr. Einer Deutung als *fabrica,* was für die älteren und jüngeren Strukturen an dieser Stelle mit einiger Sicherheit zutrifft, steht der Grundriss nicht im Wege: „die Gestalt eines langen, rechteckigen Bauwerks mit Mittelkorridor oder Mittelschiff, an dem seitlich Räume unterschiedlicher Größe liegen konnten“[39], ist in verschiedenen Abwandlungen aus Legions- und Hilfstruppenlagern

34 Vgl. DESCHLER-ERB, Gerbereien.
35 BAATZ, Hesselbach 45 f.
36 W. Zanier, Das römische Kastell Ellingen. Limesforsch. 23 (Mainz 1992) 82–86. Vgl. ferner die sog. Sonderunterkunft im Kastell Oberstimm (JOHNSON, Kastelle 213).
37 Noch ungeklärt ist die Nutzung ähnlicher Gebäudestrukturen im Kastell V von Rottweil: KORTÜM, Rottweil 98. Für eine Diskussion über diese Befunde danke ich K. Kortüm, Esslingen.
38 Grundsätzliche Umstrukturierungen der Innenbebauung von Kastellen sind – abgesehen von der spätesten Limeszeit – zwar belegt, aber eher ungewöhnlich, vgl. z. B. KORTÜM u. LAUBER, Walheim, Periode I–II oder HEISING, Geschichte. Hier ist jedoch die lange Bestandsdauer des Legionslagers zu berücksichtigen.
39 JOHNSON, Kastelle 204; PETRIKOVITS, Innenbauten 90.

bekannt. Am südöstlichen Rand der Grabung scheint ein gewisser Abschluss des Holzbaus erreicht zu sein, denn zahlreiche Zwischenpfosten deuten hier eine wiederholt umgestaltete, aber offenbar durch alle Epochen hindurch beibehaltene „Baunaht“ an. Der Gesamtkomplex dürfte sich aber weiter nach Südosten Richtung Stabsgebäude erstreckt haben (evtl. in Gestalt eines Hofareals?), falls die Interpretation als Lagerwerkstatt zutrifft (Abb. 12).

Später, wohl um 200 n. Chr. oder während des 1. Drittels des 3. Jahrhunderts[40], wurde hier ein neues Holzgebäude mit verändertem Grundriss errichtet (Abb. 2, grün). Es bestand aus drei korridorartig langgestreckten Räumen in Ost-West-Richtung, wofür man den vormaligen Innenhof/Einfahrt überbaute. Der mittlere Korridor war breiter dimensioniert als die beiden äußeren, sodass die Grundstruktur des Vorgängerbaus gewahrt blieb, jedoch in verkleinerter und gegenüber dem Grundriss der Vorgängerphase (rot) um 180 Grad gedrehter Version. Eine jüngere Überbauung der beiden nordöstlichen Räume (rote Phase) ließ sich jedenfalls nicht feststellen. Zwischenwände wurden nicht entdeckt, doch muss einschränkend betont werden, dass die Strukturspuren dieses Gebäudes besonders schwer zu erkennen waren bzw. vielleicht überhaupt nur teilweise erkannt wurden oder – im Falle des südöstlichen Bereichs – schlecht erhalten waren. Auf jeden Fall reichten die Pfosten, die dieser Bauphase zugewiesen werden konnten, weit weniger tief als die der vorangegangenen (roten) Bauphase. Diesmal befanden sich Reste von Feuerstellen im mittleren und nordöstlichen Raumkorridor. Nahe dem südwestlichen Wandgräbchen des mittleren Raumes war ein kleiner Münzhort von 7–8 abgegriffenen Aesmünzen des 2. Jahrhunderts versteckt.[41] Bezüglich Grundriss und Größe weist diese jüngste Bauphase starke Ähnlichkeiten mit einem Bau in der Südwestecke des Kastells Eining auf, der ebenfalls als Standort einer *fabrica* diskutiert wird.[42]

Ob dieses Gebäude bis zum Ende des Kastells bestand, ist fraglich, denn die Baubefunde kamen erst unter einer (in nachrömischer Zeit partiell gestörten) Planie aus kleinteilig zersplittertem, teilweise verbranntem Kalksteinbruch zum Vorschein, in der viele durchgeglühte Nägel gefunden wurden sowie ein angeschmolzener Denar des Severus Alexander, der ein post quem-Datum bereitstellt[43]. Dieser Brandschutt enthielt jedoch auffällig wenig Holzkohle und keinerlei verziegelten Fachwerklehm. Könnte man sich das Fehlen von Holzkohle noch durch ein vollständiges Verglühen der betroffenen Bauhölzer erklären bzw. durch eine spätere Verfeuerung verkohlter Balkenreste, so vermisst man aber doch verziegelten Hüttenlehm, von dem sich zweifellos hätten Reste erhalten müssen, wenn das abgebrannte Gebäude aus Fachwerk bestanden hätte. Auch andere Brandspuren fehlen. Zwar gab es auf der Oberfläche der Planie nahe der *via vicenaria* einzelne brandgerötete „Flecken“, die nicht als etwaige Feuerstellen in den jüngeren Gebäudegrundriss passen, doch scheinen sie eher von kurzzeitigen „Lagerfeuern“ zu stammen, die später auf dem einplanierten Schutt gebrannt haben.

Abb. 12 Das Kastell Aalen um 200 n. Chr. Links des Stabsgebäudes die hier besprochenen Wirtschaftsbauten.

40 Auch im Stabsgebäude war es nach 227 n. Chr. noch zu Umbauten gekommen: PLANCK, Vergleich 49.
41 Bisher bestimmt: As Hadrian, HS und As Antoninus Pius, Dp. Marc Aurel, As Faustina minor.
42 GSCHWIND, Eining 56 f.
43 KLEIN, Fundmünzen 278 Abb. 257 k.

Abb. 13 Kastell Aalen. Hälfte eines bronzenen Delfinhenkels mit Befestigungssplint vermutlich von einer Holztruhe. Aus dem Bereich der *fabrica,* Phase 3.

In der Gesamtbeurteilung scheint der hier einplanierte Brandschutt von einem Stein-, und nicht von einem Holzgebäude zu stammen, wobei die durchgeglühten Nägel vielleicht einer Dachkonstruktion zuzuordnen sind. Vermutlich lag der Brandherd also außerhalb der Grabungsflächen und wurde hierher verbracht. In Frage kämen die *principia*, deren Zerstörung durch ein Feuer im 2. Drittel des 3. Jahrhunderts nachgewiesen ist, ohne dass Hinweise auf einen anschließenden Wiederaufbau entdeckt werden konnten[44].

Sowohl knapp unter als auch in dieser Planierschicht wurden wiederum zahlreiche Reste von Buntmetallverarbeitung entdeckt (Abb. 13), darunter auch ein unförmiger, ca. 1 kg schwerer Barren blasenreicher Bleibronze[45]. Sie legen die Interpretation zumindest des jüngeren Holzbaus als *fabrica* nahe.

44 PLANCK, Limeskongress Aalen 254.
45 Bei der FEM Schwäbisch Gmünd wurden sechs Metallanalysen von der Oberfläche des Barrens durchgeführt, die eine sehr heterogene Legierung aus Kupfer, Zinn und Blei anzeigen. Der Bleianteil schwankt in den Proben zwischen 13 und 80 %. Für die Analyse des Barrens sowie einiger Fundmünzen der Ausgrabung danke ich Dr. M. Baumgärtner.
46 KLEIN, Fundmünzen 278 Abb. 257c und e sowie eine gegossene (anhand von Gussgraten ersichtlich), erhaltungsbedingt (noch) unbestimmte Münze aus Kupferlegierung in Denargröße.

Werkzeuge oder Schmelztiegel-Bruchstücke wurden übrigens nicht gefunden oder im Fundmaterial noch nicht identifiziert. Auffällig ist die relativ hohe Zahl hier gefundener Münzen, unter denen sich auch drei gefälschte Denare befinden[46]. Dass diese etwa vor Ort hergestellt wurden, ließ sich indes nicht beweisen.

Ein Szenario aus der Mitte des 3. Jahrhunderts

Von besonderem Interesse sind die Spuren der jüngsten Kastellzeit, da sie auf tiefgreifende Veränderungen in der Lagerstruktur hinweisen. Folgendes Szenario könnte sich zugetragen haben: An der Stelle der abgebrannten oder – wahrscheinlicher – schon zuvor abgerissenen Lagerwerkstatt *(fabrica)* wurde Brandschutt einplaniert. Dieser könnte vom Stabsgebäude oder aus dessen Umgebung stammen. Auf der Oberfläche des einplanierten Brandschutts unterhielt man kurzzeitig „Lagerfeuer"; offenbar wurde hier auch Buntmetall eingeschmolzen. Der steinerne Magazinbau hatte seine Bedeutung als Lagerhalle inzwischen zumindest teilweise eingebüßt. Möglicherweise war die Truppenstärke der *ala II Flavia milliaria* zu diesem

Zeitpunkt bereits stark abgesunken. Im Bereich der Nordwestecke des Magazins entfernte man den Holzfußboden, um auf der Erde primitive Feuerstellen zum Einschmelzen von Buntmetall zu errichten. Die *fabrica* scheint also zuletzt in das offenbar teilweise leer stehende Steingebäude umgezogen zu sein.

Daran knüpfen sich weitere Fragen: Bestand die letzte Besatzung überhaupt noch aus Reitern oder – wie vielleicht auch im Kastell Niederbieber[47] – aus einer Abteilung Infanterie, worauf der kaputte Schienenpanzer hinweisen könnte? 253/54 n. Chr. waren Schicksalsjahre der Provinz Raetia: Nachdem der hier zum Kaiser ausgerufene Valerianus 253 n. Chr. bedeutende Kontingente der Grenztruppen Rätiens und der germanischen Provinzen abgezogen hatte, scheinen plündernde Germanen die ungeschützte Grenzregion verwüstet zu haben.[48] Kam es auch im Kastell Aalen zu Kämpfen? Zu dieser Hypothese führen über ein Dutzend grob geschmiedete Geschossspitzen, die überall in den jüngsten Schichten streuten und deren Spitzen teilweise Verbiegungen oder Stauchungen aufweisen. Ob und wie lange das Kastell Aalen danach noch fortbestand, wissen wir nicht.

47 NUBER, Verlust 102.
48 Zuletzt: NUBER, Staatskrise 446. – Zu Zerstörungen am Rätischen Limes 254 n. Chr.: GREINER, Rainau-Buch 84 f. Das Holzdatum 254 n. Chr. steht allerdings unter Vorbehalt.

Dr. Markus Scholz, Römisch-Germanisches Zentralmuseum, Ernst-Ludwig-Platz 2, 55116 Mainz, E-Mail: markus.scholz@rgzm.de

Literaturverzeichnis

BAATZ, Hesselbach
D. Baatz, Kastell Hesselbach und andere Forschungen am Odenwaldlimes. Limesforsch. 12 (Berlin 1973).

DESCHLER-ERB, Gerbereien
S. Deschler-Erb, Nichts für feine Nasen. Die Arbeit römischer Gerbereien in den Nordwestprovinzen wird von Archäologen und Archäozoologen gemeinsam rekonstruiert. Antike Welt 6/2005, 69–73.

GREINER, Rainau-Buch
B. Greiner, Der Kastellvicus von Rainau-Buch: Siedlungsgeschichte und Korrektur dendrochronologischer Daten. In: L. Wamser/B. Steidl (Hrsg.), Neue Forschungen zur römischen Besiedlung zwischen Oberrhein und Enns (Remshalden 2002) 84 f.

GSCHWIND, Eining
M. Gschwind, ABVSINA. Das römische Auxiliarkastell Eining an der Donau vom 1. bis 5. Jahrhundert n. Chr. Münchner Beitr. Vor- u. Frühgesch. 53 (München 2004).

GUDEA, Buciumi
N. Gudea, Das Römerkastell von Buciumi. Führer arch. Denkmäler in Dacia Porolissensis 2 (Zalau 1997).

HARTMANN, Stabsgebäude
H. H. Hartmann, Terra sigillata aus dem Stabsgebäude des Kastells Aalen. Fundber. Baden-Württemberg 20, 1995, 667–715.

HEISING, Geschichte
A. Heising, Eine wechselvolle Geschichte: Bäckerei, fabrica und Baracken des Mainzer Legionslagers. Arch. Rheinland-Pfalz 2002, 68–70.

JOHNSON, Kastelle
A. Johnson, Römische Kastelle des 1. und 2. Jahrhunderts n. Chr. in Britannien und in den germanischen Provinzen des Römerreiches (Mainz 1987, 1990).

KEMKES u. a., Grenze Roms
M. Kemkes/J. Scheuerbrandt/N. Willburger, Am Rande des Imperiums. Der Limes – Grenze Roms zu den Barbaren (Stuttgart 2002).

KLEIN, Fundmünzen
U. Klein, Fundmünzen aus Württemberg. Arch. Ausgr. Baden-Württemberg 2004, 277–284.

KORTÜM, Rottweil
K. Kortüm, Die Kastelle IV und V sowie weitere Untersuchungen zur Frühzeit von Rottweil. Arch. Ausgr. Baden-Württemberg 2003, 96–100.

KORTÜM u. LAUBER, Walheim
K. Kortüm/J. Lauber, Walheim I. Das Kastell II und die nachfolgende Besiedlung. Forsch. u. Ber. Vor- u. Frühgesch. Baden-Württemberg 95 (Stuttgart 2004).

KRAUSE, Wasserversorgung
R. Krause, Zur Wasserversorgung des Reiterkastells in Aalen, Ostalbkreis. Arch. Ausgr. Baden-Württemberg 1999, 91–93.

NUBER, Staatskrise
H. U. Nuber, Staatskrise im 3. Jahrhundert. Die Aufgabe der rechtsrheinischen Gebiete. In: Imperium Romanum. Ausstellungskatalog Stuttgart 2005, 442–451.

NUBER, Verlust
H. U. Nuber, Der Verlust der obergermanisch-raetischen Limesgebiete und die Grenzsicherung bis zum Ende des 3. Jahrhunderts. In: F. Vallet/M. Kazanski (edd.), L'Armée Romaine et les Barbares du IIIe au VIIe Siècle (Saint-Germain-en-Laye 1993) 101–108.

PETRIKOVITS, Innenbauten
H. v. Petrikovits, Die Innenbauten römischer Legionslager während der Prinzipatszeit (Opladen 1975).

PLANCK, Limeskongress Aalen
D. Planck, Untersuchungen im Alenkastell Aalen, Ostalbkreis. In: Studien zu den Militärgrenzen Roms III. Forsch. u. Ber. Vor- u. Frühgesch. Baden-Württemberg 20 (Stuttgart 1986) 247–255.

PLANCK, Vergleich
D. Planck, Die römischen Kastelle Heidenheim und Aalen – ein Vergleich. In: H. Weimert (Hrsg.), Zivile und militärische Strukturen im Nordwesten der römischen Provinz Raetien. 3. Heidenheimer Archäologie-Colloquium 1987 (Heidenheim 1988) 33–54.

SARNOWSKI, Novae
T. Sarnowski, Bronzefunde aus dem Stabsgebäude in Novae und Altmetalldepots in den römischen Kastellen und Legionslagern. Germania 63/2, 1985, 521–540.

SCHOLZ, Fabrica
M. Scholz, Eine fabrica im Limeskastell Aalen. Arch. Ausgr. Baden-Württemberg 2004, 125–129.

SCHOLZ, Mauerfall
M. Scholz, Ein Mauerfall: zur Westumwehrung des Reiterkastells Heidenheim. Arch. Ausgr. Baden-Württemberg 2003 (Stuttgart 2004) 93–96.

SCHOLZ, Reiterkastell
M. Scholz, Das Reiterkastell Heidenheim und die vor- und frühgeschichtlichen Siedlungen auf seinem Areal – Vorbericht der Ausgrabungen 2002–2003. Heidenheimer Jahrb. 2003/04, 96–130.

SÖLCH, Fleinheim
R. Sölch, Eine Villa rustica bei Fleinheim, Gde. Nattheim, Kreis Heidenheim. Fundber. Baden-Württemberg 18, 1993, 183–233.

STIGLITZ, Carnuntum
H. Stiglitz, Das Auxiliarkastell Carnuntum 1. Forschungen 1977–1988 (Wien 1997).

WILMOTT, Basilica
T. Wilmott, A new building type in an auxiliary fort: the Birdoswald basilica and its discovery. Limes XVI (Oxford 1997) 581–586.

Abbildungsnachweis

Abb. 1 LAD Esslingen, O. Braasch., Abb. 2 Stadtmessungsamt Aalen: D. Schuehle/M. Scholz., Abb. 4 – 9, 11 M. Scholz., Abb. 10 D. Rothacher, Digitale Archäologie, Freiburg, Abb. 12 u. 13 LAD Esslingen, Y. Mühleis.

ZUR BESATZUNG DES KASTELLS RUFFENHOFEN

Von C. Sebastian Sommer

Das fast quadratische raetische Kastell Ruffenhofen liegt ungefähr 2 km östlich des Limes auf einer schwach ausgeprägten Geländezunge auf etwa 460 m Höhe bis zu 35 m über dem hier relativ flach ausgeprägten Tal der nördlich vorbeifließenden Wörnitz. Vom Kastellgelände aus ergibt sich ein einzigartiger Blick nach Westen und Nordwesten auf das Gelände, wo einst der Limes weit ausschwingend um den prominent und eindrucksvoll in nordöstlicher Richtung liegenden Hesselberg führte (maximale Höhe 689 m). Einsehbar war der Bereich der Strekke 13 „mindestens von Wp. 8 ab im Westen bis Wp. 26 jenseits der Ecke bei Dühren im Norden“.[1] Für den mittleren Teil war dies im Sommer 2005 klar nachvollziehbar, als durch den Zweckverband „Römerpark Ruffenhofen“ an den nachgewiesenen oder vermuteten Turmstellen weiß eingeschlagene Heuballen aufgestellt wurden.[2]

Forschungsstand

Seit dem 19. Jahrhundert ist der Platz als römisch bekannt. 1892 legte die Reichslimeskommission unter dem Streckenkommissar W. Kohl mit wenigen Grabungsschnitten die ungefähre Größe des Kastells und die Lage der Umwehrungsmauer, eines (innersten) Grabens sowie der Tor-, Eck- und einiger Seitentürme des mit der Nummer 68 versehenen Kastells fest, konnte aber in der bereits 1896 erschienenen Publikation kaum darüber hinaus gehende Aussagen treffen.[3] Nachdem in den folgenden Jahrzehnten keine Untersuchungen stattfanden, fällt die Beschreibung des Kastellplatzes bei H. Schönberger entsprechend lapidar aus: „Steinkastell von 3,7 ha. Ob ihm ein älterer Holzbau vorausging, ist unbekannt, ebenso das Gründungsdatum. Die in jüngerer Zeit angenommene Datierung in den Anfang des 2. Jhs. (wohl in Bezug auf D. Baatz) ist aus Mangel an Funden nicht zu erhärten. Besatzung unbekannt. Die Annahme von A. Aign, Ostbair. Grenzmarken, Passauer Jahrb. Gesch. u. Volkskde. 17, 1975, 127 f., dass die *Coh. IX Batavorum milliaria equ.* unter Antoninus Pius nach Ruffenhofen kam, ist „extrem unsicher“ (so K. Dietz, Chiron 13, 1985, 533 Anm. 207). Das Kastell hat bis in die Mitte des 3. Jhs. bestanden. Jedenfalls reicht die Münzreihe bis zu einem Antoninian des Philippus I. von 244/247.“[4]

Bis vor Kurzem hat sich an dem geringen Wissensstand kaum etwas geändert, sodass in Bezug auf die Besatzung in den zusammenfassenden Arbeiten wegen der Größe des Kastells neben dem Ansatz des ORL[5] einer *Ala quingenaria* auch eine *Cohors milliaria,* wohl die *Cohors IX Batavorum milliaria equitata,* vermutet wird.[6] Auch über die Gründung des Kastells gibt es keine Sicherheit, wobei die Autoren meist von einem Beginn unter Trajan ausgehen.[7] Bestätigung findet der Ansatz bisher lediglich andeutungsweise in einer ersten Durchsicht des Fundmaterials durch C. M. Hüssen, der relativ viel südgallische Terra Sigillata gesehen hat.[8] Auch nach den

1 F. WINKELMANN/K. STADE (Bearb.), Strecke 13. ORL A VI (Berlin/Leipzig 1935) 35.
2 Zum „Römerpark“ vgl. M. PAUSCH/E. WEINLICH, Römerpark Ruffenhofen: Ein neuer archäologischer Park im Aufbau. Arch. Jahr Bayern 2003, 163–165.
3 W. KOHL, Das Kastell Ruffenhofen. ORL B 68 (Berlin/Leipzig 1896/1929).
4 SCHÖNBERGER, Truppenlager 471 (D 103a).
5 ORL, Strecke 13 (1935) 35.
6 BAATZ, Limes 274; auf die erste Auflage Bezug nehmend auch ULBERT U. FISCHER, Limes 58–61; HÜSSEN, Breitung 194; TH. FISCHER, Ruffenhofen. Gde. Weiltingen, Lkr. Ansbach, Mfr. In: CZYSZ u. a., Römer BY; B. RABOLD/E. SCHALLMAYER/A. THIEL, Der Limes. Die Deutsche Limesstraße vom Rhein bis zur Donau (Stuttgart 2000) 113 f.; WOLFF, Heer 165 f.; SCHÖNBERGER, Truppenlager, D 103 a; mit den zusätzlichen Vorschlägen der Cohors III Batavorum milliaria für den Anfangszeitraum (siehe auch ebenda 170 ff.) und der Cohors IV Gallorum für das spätere 2. und das 3. Jahrhundert (siehe hierzu weiter unten).
7 Wie Anm. 6.
8 Freundl. Mitt. C.-M. Hüssen, Römisch-Germanische Kommission, Forschungsstelle Ingolstadt. Diesbezüglich wäre es eine reizvolle Arbeit, das im Rahmen der Tätigkeit des Zweckverbands „Römerpark Ruffenhofen“ durch E. Weinlich von den verschiedenen Privatsammlern zusammengetragene Fundmaterial auszuwerten und zu dem aus den benachbarten Kastellen in Bezug zu setzen.

Abb. 1 Kastell Ruffenhofen von Südwesten. An drei Seiten gut erkennbar sind die vier Gräben, die Mauer mit Toren und Türmen. Im Zentrum des Bildes die *principia* und rechts davon der Speicherbau. In der rechten oberen, der östlichen Kastellecke einige die Baracken begrenzende lineare Befunde und mehrere Estrichflächen.

Fundmünzen dürfte Ruffenhofen in der Interpretation von K. Kortüm spättrajanisch anzusetzen sein.[9]

Neue Untersuchungen

In Bezug auf die Besatzung kann nun eine Präzisierung vorgenommen werden. In Luftbildern der 1990er-Jahre (Abb. 1), vor allem aber in den durch H. Becker in den letzten Jahren durchgeführten geophysikalischen Messungen (Abb. 2) lässt sich nämlich der Kastellgrundriss relativ gut erkennen.[10] Danach befand sich innerhalb der Umwehrung aus Mauer mit Toren, Eck- und Zwischentürmen sowie insgesamt vier Gräben mit einer Gesamtausdehnung von ca. 30 m eine Vielzahl von klar festzulegenden Gebäuden. Prominent sind dabei die *principia* mit einer ca. 16 x 53 m messenden Vorhalle über der *via principalis,* das mutmaßliche *praetorium* rechts daneben, gefolgt von dem schon von der Reichslimeskommission festgestellten Speicher. Links neben den *principia* deutet sich ein stark gegliederter Baukörper an, möglicherweise ein nur noch in Teilen erhaltenes *valetudinarium.*[11] Für die Frage nach der Besatzung ist aber von besonderer Bedeutung, dass sich etliche Baracken sicher erkennen lassen[12].

Von den jetzt mit geophysikalischen Methoden zerstörungsfrei nachgewiesenen Baracken befinden sich vier in der *praetentura.* Sie füllen den vorhandenen Raum praktisch vollständig aus. Eine weitere nach dem Magnetogramm mehr oder weniger identische Baracke befand sich in der linken hinteren *retentura.* Unklar ist, ob einst eine weitere solche Baracke nördlich davon und zwei entsprechende spiegelbildlich dazu in der rechten *retentura* in dem hier jeweils vorhandenen Platz lagen. Die aus dem Magnetogramm entstandene Unsicherheit wurde, anders als erwartet, noch verstärkt durch die 2004/5 im Kastellinneren ebenfalls von H. Becker vorgenommene Geoelektrik,[13] da auch nach diesen Messungen nicht entschieden werden kann, ob es sich bei den betreffenden Flächen um antike Freiräume oder um Fehlstellen im Befund handelt. Einerseits sprechen „wolkige" Strukturen im Bereich der hintersten rechten Retentura für Störungen dort. Die Wahrscheinlichkeit ist groß, dass diese Anomalien als Ergebnis eines neuzeitlichen Bodenaustauschs (Steinbruch) zu werten sind, von dem Ortsansässige als vage

9 KORTÜM, Datierung 44. Problematisch erscheint allerdings seine Zuweisung des Kastells Ruffenhofen zu einer Gruppe Heidenheim, Oberdorf, Munningen, Unterschwaningen, Gnotzheim, Theilenhofen, Weißenburg. Zumindest für Theilenhofen deutet mittlerweile GRÖNKE, Fibeln 112 f. eine etwas spätere Anfangsdatierung an. Für eine eigenständige Datierung reicht der bisher bekannte Fundmünzenbestand aus Ruffenhofen nicht aus.

10 An dieser Stelle möchte ich ganz herzlich meinem Kollegen H. Becker im Bayerischen Landesamt für Denkmalpflege, München, danken. Auf seinen aus eigener Initiative seit 1998 vorgenommenen geomagnetischen Messungen in Ruffenhofen fußt die Aussage dieses Aufsatzes weitgehend. Becker stellte die in Zusammenarbeit mit J. Lichtenauer erarbeitete Abb. 2 zur Verfügung und gab darüber hinaus zahlreiche Anregungen in vielen diesbezüglichen Gesprächen. Ein interpretierender Gesamtplan von Kastell und -vicus auf der Grundlage von Luftbild, Magnetometer- und mittlerweile auch Widerstandsprospektion ist in Arbeit und wird in Kürze von H. Becker publiziert.

11 Hierzu ausführlicher erstmals BECKER U. A., Prospektion. – Zu den Messungen und ihren Ergebnissen vgl. auch BECKER, Magnetic Prospecting; ders., Kastell Ruffenhofen: Prospektion und Rekonstruktion einer Gräberstraße. Arch. Jahr Bayern 2001 (Stuttgart 2002) 90–92.

12 Zu dem ebenfalls im Magnetogramm weitgehend vollständig vorliegenden Kastellvicus soll hier nicht weiter Stellung genommen werden. Vgl. SOMMER, Marketendersiedlung mit leider sehr schlechten Abbildungen und gelegentlichen – vom Autor verschuldeten – unpräzisen, hier nun korrigierten, Angaben im Text.

13 H. Becker, unpubliziert. Auch für diesbezügliche Diskussion möchte ich herzlich danken.

Erinnerung berichteten.[14] Andererseits zeigt sich oberhalb der nachgewiesenen Baracke links ein eher ruhiger Hintergrund vor den m. E. jüngeren linearen schiefwinkligen Strukturen ab, der für einen Freiraum sprechen könnte. Allerdings „bricht“ der nördlich anschließende Gebäuderest links der *principia* (oben als mögliches *valetudinarium* bezeichnet) im Magnetogramm nach Westen ohne klare Befundgrenze völlig „unnatürlich“ ab, d. h., hier ist trotz eines „ruhigen Hintergrunds“ von einer Fehlstelle zumindest im magnetisch Nachweisbaren auszugehen. H. Becker nahm hierfür seinerzeit Erosion in Anspruch, wie sie 2005 auch im Bereich der westlich anschließenden Befestigung, insbesondere an den äußeren Gräben nachgewiesen wurde.[15] Da für eine größere Fehlstelle mit ähnlichem geophysikalischem Erscheinungsbild im südlichen Kastellvicus wahrscheinlich ebenfalls eine ältere Gesteinsentnahme verantwortlich ist,[16] können die Befunde jedoch nicht zweifelsfrei interpretiert werden.

Dementsprechend ist nicht festzulegen, ob das Kastell Ruffenhofen einst 5, 6, 7 oder gar 8 Baracken besaß, auch wenn aufgrund des Platzangebots letzterer Anzahl die größte Wahrscheinlichkeit zumindest in der Grundplanung des in den geophysikalischen Messungen und den Luftbildern erkennbaren Kastells zukommt.[17] Da die *retentura* praktisch ebenso tief ist wie die *praetentura*, könnten sich auch hier 4 Baracken in einem dem der *praetentura* identischen Layout befunden haben (in diesem Sinne wurde das Kastell auch bisher provisorisch rekonstruiert[18]).

Inneneinteilung der Baracken

Innerhalb des nach ORL 190 x 197 m (3,76 ha) und nach Becker 187 x 194 m (3,63 ha)[19] großen Kastells Ruffenhofen sind also durch die Geophysik fünf Barackenkomplexe (von maximal acht) nachgewiesen (Abb. 2). Auch wenn durch „Unschärfen“ in den Anomalien in keiner der Baracken jeweils Anfang und Ende genau festzulegen ist, kann ihre Länge doch jeweils mit ca. 75 m einigermaßen genau bestimmt werden. Festzustellen sind bei allen fünf Komplexen je vier in Querrichtung hintereinander liegende Raumfluchten mit beidseitig vorgelagerten anderen Bereichen, die wohl als Portiken interpretiert werden dürfen. Bei den Baracken handelt es sich also jeweils um Doppelbaracken.

Wegen der Unsicherheiten im Detail, insbesondere bei den Endbereichen, ist die Zahl der senkrechten Raumfluchten nicht ganz sicher auszuzählen; ich denke, wir können mit H. Becker neben den Kopfbauten

Abb. 2 Kastell Ruffenhofen und unmittelbare Umgebung im Magnetogramm. Gitterabstand 40 m, gleiche Ausrichtung wie in Abb. 1. Cäsium-Magnetometrie 1998–2003, Scintrex Smartmag SM4G-Spezial, Dynamik ±7,0 nT (Kastell) und ±3,5 nT in 256 Graustufen.

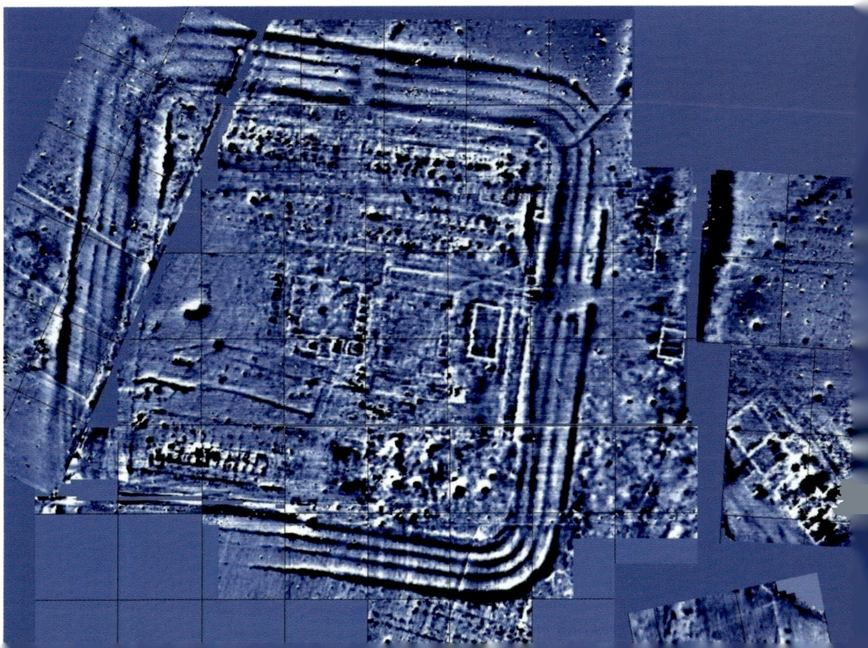

14 Freundliche Mitteilung E. Weinlich.
15 BECKER U. A., Prospektion 58. – Zur Umwehrung vgl. PAUSCH U. WEINLICH, Forschungsgrabung.
16 ORL B 68, 6.
17 Für die von H. Becker mündlich und in BECKER U.A., Prospektion, auf der Basis der innerhalb des Kastells im zuletzt diskutierten Bereich schräg verlaufenden Gräbchenstrukturen und des vor der Südecke außerhalb des Kastells liegenden riesigen mutmaßlichen Speicherbaus vorgebrachten Vermutungen eines älteren Holzerdekastells mit anderer Ausrichtung kann ich keine ausreichenden Hinweise erkennen. Weder liegen die angesprochenen Strukturen in identischen Richtungen, noch ist eine römische Zeitstellung der Gräbchen wahrscheinlich, noch muss die (scheinbare) Überlagerung des Großbaus mit dem äußersten Kastellgraben eine Ungleichzeitigkeit mit dem erkennbaren Kastell bedingen. Vor allem aber halte ich es für praktisch ausgeschlossen, dass sich ältere, anders orientierte Kastellgräben weder in der ansonsten mit ausgezeichneten Ergebnissen versehenen Geomagnetik noch in der ebenso positiv zu bewertenden Geoelektrik abgezeichnet haben. Auch der 2005 im Nordwesten durch die Umwehrung gelegte Grabungsschnitt (vgl. PAUSCH U. WEINLICH, Forschungsgrabung) ergab keine Hinweise auf eine ältere Anlage mit anderer Ausrichtung. Die Frage einer älteren Holzumwehrung auf den der Steinmauer entsprechenden Linien spielt hier diesbezüglich keine Rolle.
18 BECKER, Magnetic Prospecting; H. BECKER/C. S. SOMMER, Limes – so weit das Auge reicht. Ruffenhofen und sein virtuelles Kastell. Staatsanzeiger Baden-Württemberg (Hrsg.), Der Limes (Stuttgart 2003) 38–39.
19 BECKER, Magnetic Prospecting 58.

von mindestens zwölf Contubernien ausgehen.[20]

Darüber hinaus gewinnt man den Eindruck, dass sich in den jeweils nach außen gewandten Räumen quer zur Gebäudeachse liegende längliche Strukturen befanden, die gegenüber eher punktuellen Anomalien in den innen liegenden Räumen leicht versetzt wirken und, zumindest in der *praetentura*, auch eine anders gerichtete Magnetisierung aufweisen.[21] Auch wenn sie nicht immer mit Sicherheit von den Querwänden der Baracken zu unterscheiden sind, möchte ich sie doch – trotz fehlendem bestätigendem Grabungsbefund – als Jaucherinnen in Pferdeställen interpretieren. Die innen liegenden starken Anomalien dürften die Positionen von Feuerstellen angeben. Demnach handelt es sich bei den Ruffenhofener Baracken aller Wahrscheinlichkeit nach um heute so genannte Stallbaracken von Reitersoldaten mit der Möglichkeit der Unterbringung der Pferde in den vorderen und der Soldaten in den hinteren Räumen.[22]

Auf den ersten Blick nicht eindeutig ist die Lage der Kopfbauten. Es hat den Anschein, dass zur Mittelachse hin ein oder zwei Contubernien ohne Jaucherinnen lagen, die eigentlichen Kopfbauten sich dagegen grundsätzlich eher an den nach außen gerichteten Bereichen befanden. In der östlichen *praetentura* lassen sich jedoch lediglich in den jeweils nach Süden gerichteten Barackenteilen die für Kopfbauten typischen Verbreiterungen über einen ausbuchtenden linearen Befund vermutlich über drei „Contubernien" und das Ausbleiben der Doppelstruktur „Jaucherinne/Herdstelle" sicher ausmachen. In der westlichen *praetentura* ist der relevante Bereich durch einen modernen Feldweg gestört. Zum Befund im Nordosten könnte man mit gutem Willen die Doppelbaracke im Südwesten entsprechend spiegelbildlich interpretieren, also mit einem „echten" Kopfbau nur in der äußeren nach Norden gerichteten Barackenhälfte (Abb. 2). In allen drei vollständigen Doppelbaracken zeigt der jeweils komplementäre Barackenteil entgegen den Erwartungen keine Entsprechung, wenn auch keine Fortsetzung der Jaucherinnen erkennbar ist. Zumindest über den Bereich der letzten zwei „Contubernien" lässt sich hier eine Andersartigkeit erkennen.

Unklar ist dagegen die Interpretation relativ scharf begrenzter geradliniger Befunde an bzw. um die Baracken im Nordosten. Von der Art ihrer Magnetisierung deuten sie Mauern an. Nicht sicher ist jedoch, ob sie identisch mit linearen Anomalien an ähnlicher Position im Magnetogramm sind. Es könnte sich einerseits um Mauern oder Fundamente von Wänden der Baracken handeln, andererseits um steingesetzte Drainagen.

Eindeutig sind jedoch in den beiden in der *praetentura* ausgemachten Kopfbauten, vielleicht auch noch in den nördlich davon liegenden Bereichen der „Andersartigkeit", versetzte rechteckige bzw. quadratische Anomalien im Luftbild (Abb. 1) und im Resistogramm, die unschwer als Estriche zu interpretieren sind. Dies ist durchaus als qualitative Aufwertung dieser Bereiche entsprechend ihrer Funktion als Wohnräume anzusehen.[23]

Soweit erkennbar sind die Stallbaracken von Ruffenhofen in Größe und interner Gliederung weitgehend identisch mit den Baracken im Lager Heidenheim.[24] Auch dort scheinen zur Mittelachse hin Sonderräume und in der ursprünglichen Anlage nur in

20 BECKER, Magnetic Prospecting 19.
21 Vgl. dazu das Magnetogramm der Baracken in der Retentura des Kastells Buch (V. D. OSTEN-WOLDENBURG, Entwicklungen 30 f. mit Abb. 14 f. mit graduell anderer Interpretation; SOMMER, Horses, Abb. 8) und in Bezug auf den Versatz vielleicht jüngst Llanfor in Wales (Britannia 34, 2003, 296 mit Abb. 3).
22 SOMMER, Horses 158 ff., ders., Stallbaracken. – Mittlerweile liegen weitere eindeutige Belege für diesen Barackentyp aus Wallsend und South Shields (HODGSON, Kongress Amman und jetzt ausführlich DERS., Wallsend) sowie Krefeld-Gellep vor (FAHR U. REICHMANN, Gelduba) bzw. können in verschiedenen Orten vermutet werden (vgl. den ausführlichen Katalog von Plätzen mit Jaucherinnen und Stallbaracken bei HODGSON, Kongress Amman 72–80), dazu m. E. noch Llanfor (Britannia 34, 2003, 296 mit Abb. 3).
23 Diese Estriche sind wohl den in Weißenburg entdeckten Befunden prinzipiell nicht unähnlich (GRÖNKE, Weißenburg 78–87), auch wenn ich weder der rekonstruierten versetzten Lage der Baracken noch den ebd. 87–95 angestellten Überlegungen zur Pferdehaltung folgen kann.
24 SCHOLZ, Offiziersquartiere; ders., Reiterkastell 100 ff.; zuletzt ders., Truppe.

jeder zweiten Baracke „echte" Kopfbauten existiert zu haben. Für den Komplementärbereich deutet sich zwar für die Baracken III und I über ein bzw. zwei Contubernien eine „Andersartigkeit" an, nicht jedoch für die Baracke V. Dementsprechend finden sich in Heidenheim Baracken mit 12–15 durch Jaucherinnen definierte Contubernien.[25] Lediglich die für Heidenheim so charakteristischen länglich ovalen Gruben in bzw. vor den Portiken fehlen in Ruffenhofen, es sei denn, sie verbergen sich hinter den hier als Portikuspfosten angesehenen punktförmigen Anomalien.

Auch in ihrem Abstand untereinander gleichen sich die Doppelbaracken von Ruffenhofen und Heidenheim. Eine Überlagerung der Messergebnisse von Ruffenhofen lässt sich ohne weitere Manipulationen mit den Plänen von Heidenheim vornehmen. Ich möchte soweit gehen, die Baracken der beiden Plätze als nach dem gleichen Schema erstellt zu bezeichnen. Nachdem als Besatzung für Heidenheim die *Ala II Flavia p. f. milliaria* praktisch nicht anzuzweifeln ist, dürfte damit als Besatzung für (die in der geophysikalischen Prospektion nachgewiesenen Baracken in) Ruffenhofen ebenfalls eine *ala* feststehen. Überlegungen, für Ruffenhofen eine *cohors*, z. B. die *Cohors IX Batavorum milliaria equitata exploratorum* oder zeitweise die *Cohors III Batavorum milliaria* bzw. die *Cohors IV Gallorum,* anzunehmen, entbehren also jeglicher Grundlage.[26]

Vermutlich sind die Baracken jeweils ähnlich aufgebaut gewesen. Verwiesen sei auf die anregenden Überlegungen von M. Scholz zu Heidenheim. Gegen seine auf konsequente Konstruktion basierenden fast schon gigantisch anmutenden Querschnitte mit Firsthöhen von ca. 9 m habe ich nichts einzuwenden, es sei denn, dass dabei und bei dem unlängst im Limesmuseum Aalen ausgeführten Teilmodell im Maßstab 1:1 kein Platz für Heu und Stroh in der Umgebung der Ställe vorgesehen ist.[27] Die Kastelle Ruffenhofen und Heidenheim sind jedoch nicht nur über die Länge, die Struktur und die inneren Verschiedenheiten ihrer Baracken miteinander verbunden. Auch die Breite der Kastelle ist mit ca. 190 m mehr oder weniger identisch, auch wenn sich ihre Längen und damit ihre Flächen deutlich unterscheiden. Es ist dies ein gutes Beispiel für die offensichtliche Abhängigkeit von Barackenlänge und – bei einer Anordnung der Baracken per scamna, also senkrecht zur Längsachse – Breite des zugehörigen Kastells. Mit ca. 39 % ergibt sich auch das von D. P. Davison errechnete Verhältnis von ca. 38 % Barackenlänge zu Kastellbreite.[28]

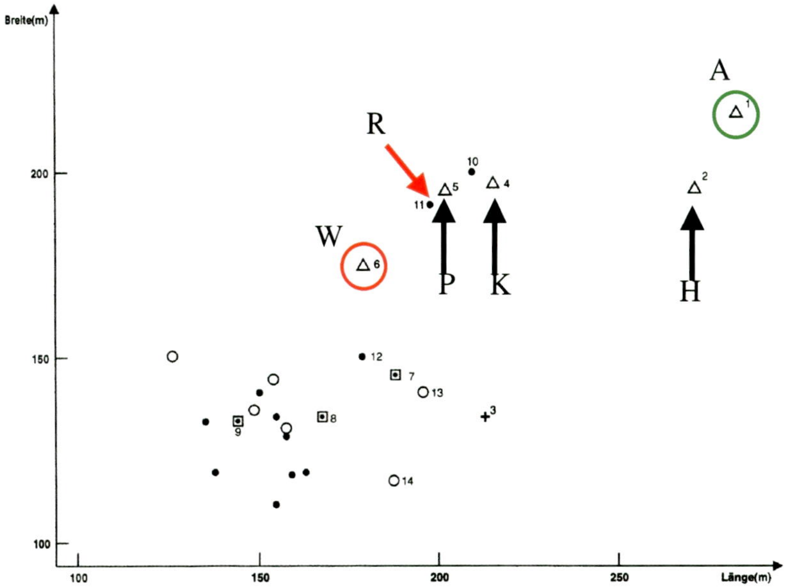

Abb. 3 Verhältnis der Längen und Breiten der größeren Auxiliarkastelle in Raetien in Bezug auf ihre mutmaßlichen Erstbesatzung – Punkt: Erstbesatzung unbekannt; Kreis: *cohors equitata;* Quadrat mit Punkt: *cohors quingenaria equitata c. R.;* Kreuz: *cohors milliaria;* Dreieck: *ala.* – 1 Aalen, 2 Heidenheim, 3 Weißenburg-Breitung, 4 Kösching, 5 Pförring, 6 Weißenburg, 7 Pfünz, 8 Künzing, 9 Moos, 10 Unterkirchberg, 11 Ruffenhofen, 12 Munningen, 13 Theilenhofen, 14 Dambach.

Regionaler Vergleich

Dies fordert einen Blick auf die anderen Kastelle in Raetien. Beim Auftrag des Verhältnisses von Kastelllänge und -breite (Abb. 3)[29] fällt eine Gruppe fast quadratischer Kastelle mit ca. 4 ha Fläche auf (Kösching, Pförring, Ruffenhofen und Unterkirchberg). Wegen der deutlich älteren Zeitstellung und einer wahrscheinlich völlig anderen Binnengliederung kann das Kastell Unterkirchberg, obwohl es als Reiterlager interpretiert wird, wohl aus der weiteren Diskussion gelassen

25 Diesbezüglich etwas vage SCHOLZ, Offiziersquartiere 106 „... je 24 Stuben" und ders., Truppe 38 „... nur zwölf Stuben" (im Sinne von mindestens).
26 In diesem Sinne zuletzt WOLFF, Heer 165 f.
27 SCHOLZ, Reiterkastell 104 mit Abb. 6 bzw. grundsätzlich alternativ SOMMER, Stallbaracken Abb. 2. – Zu grundsätzlichen Fragen der „Museumsinstallation" in Aalen siehe auch THIEL, Präsentation 40 ff. mit Abb. S. 40.
28 DAVISON, Barracks 104 f. mit Abb. 74.
29 SOMMER, Horses Abb. 3.

werden.[30] Wie schon angedeutet, gehört dagegen Heidenheim insofern zu dieser Gruppe, als es seine größere Fläche lediglich durch eine Verlängerung um einige Barackenbreiten erreicht. Auffällig ist, dass die Vergrößerung des Nachfolgekastells für Heidenheim, nämlich Aalen, nicht durch eine weitere Verlängerung, sondern eine Verbreiterung um mehr als 20 m geschieht. Ob sich dadurch die Barackenstruktur oder -größe gegenüber Heidenheim ändert, lässt sich beim heutigen Forschungsstand nicht sagen.[31] Über die Breitenanalyse möchte man daher für die Kastelle Kösching und Pförring nicht nur, wie bisher, ebenfalls eine *ala* als Besatzung annehmen, sondern auch Baracken vom Typ Heidenheim/Ruffenhofen. Nach den neuesten Befunden deutet sich dies auch tatsächlich an, fanden sich doch in Kösching in einem allerdings zur Mittelachse gerichteten Kopfbau Jaucherinnen und vor allem davor regelmäßig angeordnete Gruben, die in ihrer Anordnung denen von Heidenheim sehr ähneln.[32] Als Besatzung wird hier die *Ala I Augusta Thracum* und wohl spätestens ab hadrianischer Zeit die *Ala I Flavia Gemelliana* angenommen.[33] Für Pförring wird von der *Ala I singularium* p. f. c. R. als Besatzung ausgegangen.[34]

Demgemäß müssen wir für Raetien, sagen wir im zweiten Viertel des 2. Jahrhunderts n. Chr., von vier Kastellen mit Alen als Besatzungen mit vermutlich einheitlicher Barackengröße und -struktur vom Typ Heidenheim/Ruffenhofen ausgehen, nämlich in Heidenheim, Ruffenhofen, Kösching und Pförring. Dazu kommt noch das Kastell Weißenburg, für das für diese Zeit ebenfalls eine *ala*, die *Ala I Hispanorum Auriana,* als Besatzung belegt ist.[35] Allerdings gehört es mit seinen deutlich geringeren Ausmaßen, nicht nur in der Länge, sondern vor allem in der Breite (Abb. 3), wohl nicht zu unserer Gruppe der Kastelle mit Baracken vom Typ Heidenheim/Ruffenhofen.

Zurzeit kennen wir für den fraglichen Zeitraum, aber auch für die Zeit danach, jedoch nur vier Alen für Raetien, nämlich die *Ala I Hispanorum Auriana,* die *Ala singularium* c. R. p. f., die *Ala Flavia Gemelliana* und die *Ala II Flavia milliaria* p. f. Dies bedeutet, dass für die fünf praktisch zweifelsfrei mit Alen zu besetzenden Kastelle eine bislang unbekannte Truppe gesucht werden muss (was nach der Dichte der aus Raetien benannten Militärdiplome eher unwahrscheinlich ist[36]). Alternativ könnte diskutiert werden, ob eine der bekannten Alen geteilt gewesen ist[37] bzw. ob einer der bisher für die nachgewiesenen Alen als sicher angenommenen Standorte zeitweise (langfristig) von einer anderen Truppe besetzt[38] oder für den für eine *ala* in Ruffenhofen in Frage kommenden Zeitraum truppenfrei gewesen war.[39]

Es ist hier nicht der Raum diese Diskussion weiter zu führen, noch fühlt sich der Autor kompetent dazu. Festzuhalten ist jedoch, dass aus archäologischen Gründen alles für eine *ala* als Besatzung Ruffenhofens spricht. Diese *ala* hatte eine Turmenstruktur

30 Zuletzt M. MEYER, Illerkirchberg/Unterkirchberg. In: PLANCK, Römer BW 134 f. – Nicht ganz außer Acht gelassen werden sollte jedoch die (theoretische) Möglichkeit, dass Unterkirchberg als Vorläufer des Kastells Günzburg anzusehen ist. Zu Günzburg W. CZYSZ, Gontia. Günzburg in der Römerzeit (Friedberg 2002) bes. 45–60.

31 Zuletzt D. PLANCK, Aalen, in PLANCK, Römer BW 9–18 sowie SCHOLZ, Truppe. Falls es sich bei dem teilweise erfassten Gebäude nordöstlich der *principia* (ebd. Abb. S. 13) um einen Teil einer Baracke handeln sollte, wäre dies wahrscheinlich.

32 C.–M. HÜSSEN/N. MEHLER, Kösching – Neues zum Kastell Germaniacum und zur mittelalterlichen Befestigung der Marienkirche. Arch. Jahr. Bayern 2004, 84–86 mit Abb. 87.

33 Zuletzt TH. FISCHER, Kösching, Lkr. Eichstätt, Obb. In: CZYSZ U. A., Römer BY 469; ORL B 74; SCHÖNBERGER, Truppenlager, C 71; ULBERT U. FISCHER, Limes 113 f. Der letzte sichere Nachweis für eine Truppe dort ist die Bauinschrift aus dem Jahr 141 n. Chr. (CIL III 5906 und 11907 = Vollmer, IBR 258 [irrig auf die *Ala I Flavia* c. R. ergänzt]).

34 Zuletzt KH. DIETZ, Pförring, Lkr. Eichstätt, Obb. In: CZYSZ U. A., Römer BY 499 f.; ORL B 75; SCHÖNBERGER, Truppenlager, D 109; ULBERT U. FISCHER, Limes 110–113.

35 H.-J. KELLNER, Weißenburg i.Bay. Lkr. Weißenburg-Gunzenhausen Eichstätt, Mfr. In: CZYSZ U.A., Römer BY 534-536; ORL B 72; SCHÖNBERGER, Truppenlager, D 107; ULBERT U. FISCHER, Limes 81-83.

36 WOLFF, Heer, es sei denn, es handelt sich um eine in den Diplomen nicht erfasste reine Bürgertruppe (ebenda 163 f.).

37 Nachdem für alle Standorte (ausgenommen Kösching) aus dem Luftbild, der Geophysik oder durch Grabungen Principia nachgewiesen sind, müsste eine solche Teilung eine Verselbstständigung beider Teile bedeutet haben.

38 Es sei auf die Diskussion um den temporären Abzug der *Ala I Hispanorum Auriana* aus Weißenburg, die Problematik um das Kastell Weißenburg-Breitung und die Stationierung der *Cohors VIIII Batavorum milliaria equitata* verwiesen (zuletzt WOLFF, Heer 165 ff.). Beachte aber auch den Weihestein IBR 262 eines *Praefectus Cohortis* aus Ettling nahe Pförring und die Grabinschrift IBR 264 eines ehemaligen *decurios* der *Ala Auriana* in Pförring.

ähnlich der der *Ala II Flavia milliaria* in Heidenheim, wenn sie auch sicher kleiner war. Nachdem die Gesamtzahl der Turmen (wie auch deren Größe) in Heidenheim wegen des auffälligen Fehlens eines Kopfbaus mindestens in jeder zweiten Baracke völlig unklar ist, lässt sich auch für Ruffenhofen aus den bekannten, vergleichbar strukturierten Baracken weder eine relevante Aussage für die dortige Truppe noch die Antwort auf die Frage nach den möglichen Freiräumen in der *retentura* ableiten. Damit kann auch nicht sicher ausgeschlossen werden, dass es sich bei der Reitereinheit in Ruffenhofen um eine von einem anderen Standort abkommandierte dauerhaft und selbstständig agierende Einheit handelte.

Schlussbemerkung

Abschließend hingewiesen sei jedoch noch auf den Tatbestand, dass es innerhalb der nördlichen Provinzen des Römischen Reiches anscheinend unabhängig von der Klassifizierung *quingenar* oder *milliar* offensichtlich Alen mit verschieden großen Baracken (und damit Turmen) gab.[40] Auf der einen Seite steht die hier herausgearbeitete Gruppe mit Stallbaracken vom Typ Heidenheim/Ruffenhofen mit einer Länge von ca. 75 m und 12 oder mehr Contubernien. Mit Dalswinton II und Newstead I in Britannien bzw. Okarben, Heddernheim, vielleicht Niederbieber und eventuell dem sehr frühen Rheingönheim in Obergermanien könnte dieser Typ auch außerhalb Raetiens vorkommen. Bedacht werden muss jedoch, dass diese Baracken zumindest in der Länge nicht unähnlich sind den Baracken der Legionslager bzw. einiger mutmaßlich von Legionären besetzter Kastelle wie Rottweil I und III.[41] Daher kann auch nicht sicher ohne weitere Hinweise aus der Breite der Kastelle (um 190 m) auf die Art der Besatzung geschlossen werden.[42] Allerdings zeigen die Legionsbaracken generell einen relativ größeren Anteil der Kopfbauten an der Gesamtlänge (ca. 25–33 %, auch in Rottweil III, gegenüber ca. 20–25 % beim Typ Heidenheim/Ruffenhofen).[43]

Auf der anderen Seite stehen diejenigen Alen, deren Turmen in Baracken mit Längen zwischen ca. 55 und 60 m und einer unter 10 liegenden Contubernienzahl untergebracht waren[44]. Diese Baracken sind immer noch signifikant länger als die von *Cohorten* und über das Vorkommen von Jaucherinnen eindeutig als Stallbaracken definiert, stellen aber einen ganz anderen Typ dar. Ob hierbei in jeder der Einzelbaracken ein Kopfbau existierte und ob daran die Baracken der Reiter in *cohortes equitatae* anzuschließen sind, sei im Moment dahingestellt. Die früher gestellte Frage, ob der Hintergrund dieser Zweiteilung der Stallbaracken die Klassifizierung einer Truppe als *milliar* oder *quingenar* widerspiegelt[45], wird man nach dem hier Herausgearbeiteten wohl nicht bzw. eher negativ beantworten können.

C. Sebastian Sommer, Bayerisches
Landesamt für Denkmalpflege,
Hofgraben 4, 80539 München,
E-Mail: sebastian.sommer@blfd.bayern.de

39 Meines Erachtens ist in diesem Zusammenhang ein besonderes Augenmerk auf Kösching zu werfen. Wegen der Lage des Kastells im zivilen Hinterland ca. 12 Kilometer hinter dem Limes und einer Nassenfels (im Nordwesten) entsprechenden Position im Nordosten des Ingolstädter Beckens ist zu prüfen, ob dieser Standort (entsprechend Nassenfels) spätestens mit der Formalisierung des Limes durch die Palisade ca. 160 n. Chr. oder allerspätestens durch die raetische Mauer im späteren 2. Jahrhundert n. Chr. aufgegeben wurde und in der Folge eine rein zivile Entwicklung durchlaufen hat. Über diese Spekulation wäre die Ala I Flavia Gemelliana als Besatzung für die nachgewiesenen Baracken in Ruffenhofen anzunehmen (so schon ORL A VI, 35). Da sie aber noch um 141 n. Chr. in Kösching belegt ist, würde dies jedoch bedeuten, dass es in Ruffenhofen eine ältere, anders angelegte Phase gegeben haben müsste, die sich jedoch weder im Magneto- noch im Resistogramm noch in der Grabung abgezeichnet hätte und von den starken Anomalien der jüngeren Phase überlagert wäre (vgl. hierzu meine ablehnende Haltung oben Anm. 17).

40 Vgl. SOMMER, Horses 156 ff. und Abb. 1–3.

41 DAVISON, Barracks 17–52. Zuletzt C. S. SOMMER/K. KORTÜM, Rottweil. In: PLANCK, Römer BW 292–301, bes. 293–296 mit Abb. S. 293 und 294 (Letztere mit falschem Maßstab).

42 Vgl. auch die Überlegungen zu den Baracken in Rottweil III als mögliche Stallbaracken (zuletzt HODGSON, Wallsend 73).

43 DAVISON, Barracks 30–32 mit Abb. 7–7.7 und bes. 21–23.

44 Vgl. SOMMER, Horses 156 ff. Zu den kürzeren Stallbaracken dürften auch die erst vor kurzem im Kastell Llanfor in Wales im Magnetogramm so klar erkennbaren Baracken mit einer Länge von 58 m und den jeweils versetzten Queranomalien gehören (Britannia 34, 2003, 296 mit Abb. 3).

45 SOMMER, Horses 157.

Literaturverzeichnis

BAATZ, Limes
D. Baatz, Der römische Limes (Berlin 4. Aufl. 2000).

BECKER, Magnetic Prospecting
H. Becker, From Magnetic Prospecting to Virtual Archaeology. In: H. Becker/J. W. E. Faßbinder (Hrsg.), Magnetic Prospecting in Archaeological Sites. ICOMOS Monuments and Sites 6 (München 2001) 6–13.

BECKER u. a., Prospektion
H. Becker/H.-D. Deinhardt/H. Thoma, Prospektion des Kastells Ruffenhofen mit Luftbild und Geophysik. Arch. Jahr Bayern 1999 (Stuttgart 2000) 56–59.

CZYSZ u. a., Römer BY
W. Czysz/Kh. Dietz/Th. Fischer/H.-J. Kellner, Die Römer in Bayern (Stuttgart 1995).

DAVISON, Barracks
D. P. Davison, The Barracks of the Roman Army from the 1st to 3rd Centuries A. D. BAR Intern. Ser. 472 (Oxford 1989).

FAHR U. REICHMANN, Gelduba
R. Fahr/Ch. Reichmann, Die Kasernen des Kastells Gelduba (Krefeld-Gellep) in frühflavischer Zeit. Überlegungen zur Garnison. Germania 80, 2002, 475–489.

GRÖNKE, Fibeln
E. Grönke, Die Fibeln vom Gebiet der römischen Kastelle und des Vicus von Theilenhofen, Lkr. Weißenburg-Gunzenhausen, Bayer. Vorgeschbl. 70, 2005, 103–132.

GRÖNKE, Weißenburg
E. Grönke, Das römische Alenkastell Biricianae in Weißenburg i. Bay. Die Grabungen von 1890 bis 1990. Limesforsch. 25 (Mainz 1997).

HODGSON, Kongress Amman
N. Hodgson, 'Where did they put the horses?' revisited: the recent discovery of cavalry barracks in the Roman forts at Wallsend and South Shields on Hadrian's Wall. In: Ph. Freeman/J. Bennett/Z. T. Fiema/B. Hoffmann (Hrsg.), Limes XVIII. Proceedings of the XVIIIth International Congress of Roman Frontier Studies held in Amman, Jordan (September 2000). BAR Intern. Series 1084, 887–894.

HODGSON, Wallsend
N. Hodgson, The Roman Fort at Wallsend (Segedunum). Excavations in 1997–8. Tyne and Wear Museums Arch. Monogr. 2 (Newcastle upon Tyne 2003).

HÜSSEN, Breitung
C.–M. Hüssen, Das Holzkastell auf der „Breitung" in Weißenburg in Bayern. In: V. A. Maxfield/M. J. Dobson (Hrsg.), Roman Frontier Studies 1989. Proceedings of the XVth. International Congress of Roman Frontier Studies (Exeter 1991) 191–195.

KORTÜM, Datierung
K. Kortüm, Zur Datierung der römischen Militäranlagen im obergermanisch-rätischen Limesgebiet. Saalburg-Jb. 49, 1998, 5–65.

PAUSCH u. WEINLICH, Forschungsgrabung
M. Pausch/E. Weinlich, Forschungs- und Lehrgrabung im Römerkastell Ruffenhofen. Arch. Jahr Bayern 2005 (Stuttgart 2006) 91–93.

PLANCK, Römer BW
D. Planck (Hrsg.), Die Römer in Baden-Württemberg (Stuttgart 2. Aufl. 2005).

SCHÖNBERGER, Truppenlager
H. Schönberger, Die römischen Truppenlager der frühen und mittleren Kaiserzeit zwischen Nordsee und Inn. Ber. RGK 66, 1985, 321–497.

SCHOLZ, Offiziersquartiere
M. Scholz, Offiziersquartiere und andere Befunde im Alenkastell Heidenheim. Arch. Ausgr. Baden-Württemberg 2002 (Stuttgart 2003) 97–101.

neben Stein- auch Holzbauten, wie ein wohl zweiphasiger Befund mit den entsprechenden Ausrichtungen und Streifenfundamenten nahelegt. Die bisherigen Auswertungen bestätigen, dass sich auch im Süd- und Ost- bzw. Nordostvicus Steinbauten befinden, was besonders durch die Nachweise zweier Hypokaustanlagen bestätigt wird (Abb. 2). Der im Ostvicus gesicherte Befund zeigt einen außerordentlich schlechten Erhaltungszustand, weshalb die ursprüngliche Existenz weiterer heizbarer Gebäudeteile durchaus als gegeben anzunehmen ist.

Bruchstücke aus Gneis und Glimmerschiefer stellen zweifellos Fundamentreste dar. Vom Aufgehenden sind in einigen Gruben reichlich Hüttenlehmreste mit Abdrücken vorhanden, daneben auch Putzreste. Somit waren die Häuser als Lehmfachwerkbauten konstruiert, die (zumindest teilweise) ein Steinfundament haben konnten. Mauer- und Dachziegel kommen sehr selten vor, dagegen findet sich eine ganze Reihe von Wandverkleidungsziegel, die nahelegen, dass bestimmte Raumteile besser ausgestattet waren. Über Größe und Architektur der Häuser lässt sich nur wenig ermitteln. In Künzing sind Reihenhäuser wie auch Einzelhäuser nachzuweisen, gelegentlich eng stehend, mit wohl nur einer gemeinsamen Wand. Eine zur Lagerachse schräg orientierte, gestaffelte Anordnung gehört zum allgemeinen Bautypus, wobei die Schrägabweichung in Künzing nicht so scharf ist, wie gelegentlich an anderen Orten zu beobachten. Dieses Merkmal dürfte jedoch als lokale Eigenheit aufzufassen sein, die eher gegen eine einheitliche Vermessung von Lagerdörfern etwa durch Militärarchitekten spricht.

Mithräum

Sichere archäologische Hinweise auf eigentlich zu erwartende Kultgebäude gab es in Künzing bis 1998 nicht. Allerdings sollten die vor dem Zweiten Weltkrieg etwa 100 m westlich der Nordwestecke des Kastells entdeckten kleinen steinernen Grundrisse[7] in dieser Hinsicht überprüft werden. Darüber hinaus sind keine weiteren einschlägigen Befunde bekannt, und nur ganz wenige Funde, wie etwa kleine Bruchstücke von Schlangentöpfen, weisen auf kultische Praktiken hin. Das generelle Fehlen von Steindenkmälern mit Inschriften tut ein Übriges, um Kulthandlungen nicht sichtbar werden zu lassen. Daran ändert auch die Entdeckung einer kleinen *ara* im Ostvicus nichts, die eher im häuslichen Bereich Verwendung fand.[8]

Im Herbst 1998 gelang es erstmals, den Grundriss eines Heiligtums festzustellen. Der Befund gab zunächst erhebliche Rätsel auf und zeigte erst im Laufe der Ausgrabung klarere Konturen, die schließlich an ein Mithrasheiligtum denken ließen. Die anfängliche Unsicherheit bei der Interpretation des Grundrisses lag vor allem in der Seltenheit baulich nachgewiesener Mithräen in der Provinz Rätien begründet, war doch bis dahin nur ein einziges Mithräum in Königsbrunn bei Augsburg bekannt,[9] das aber erst nach einigen Jahren als solches interpretiert wurde und bis heute nicht umfassend publiziert ist.[10] Inzwischen befindet es sich innerhalb eines Schutzbaues und bietet dem Besucher Instruktionen zu römischen Mysterienkulten.[11] Aus diesem Grund stellt die Künzinger Entdeckung, die ja an einem nicht unbedingt bedeutenden Kastellstand-

7 Erstmals kartiert bei P. REINECKE, Neue Funde aus dem raetischen Grenzkastell Quintana. Germania 14, 1930, 2–11 hier 6 Abb. 3, ein Steinbau wird erwähnt auf S. 9; erneut abgebildet bei SCHÖNBERGER, Künzing 9. Aus unbekanntem Grund ist nur ein einziger Grundriss in den Plan eingetragen, obwohl der Entdecker Hanns Neubauer doch die Fundamentreste zweier Gebäude feststellte. Die beiden 1976 entdeckten Steingrundrisse (RIECKHOFF-PAULI, Künzing 83–86 Abb. 4) befinden sich in unmittelbarer Nachbarschaft. Ob es sich hier um eine normale Vicusbebauung handelt oder ob vielleicht doch die Möglichkeit besteht, Kultbauten annehmen zu können, bedarf noch der Diskussion, auch wenn die 1976 und teilweise schon 1928 erfolgten Beobachtungen von Resten ehemaliger Hypokaustpfeiler dagegen sprechen. Auch bei der erstmals summarisch und in sehr knapper Form vorgelegten Beschreibung des Vicus bei R. GANSLMEIER/K. SCHMOTZ, Das mittelkaiserzeitliche Kastell Künzing. Arch. Denkmäler Landkreis Deggendorf 8 (Deggendorf 1993; ²1997) 23 wird eine kultische Deutung nicht in Erwägung gezogen.

8 Deggendorfer Geschbl. 12, 1991, 113–114 Abb. 5.

9 OVERBECK, Königsbrunn

10 W. CZYSZ/K. DIETZ/TH. FISCHER/H.-J. KELLNER, Die Römer in Bayern (Stuttgart 1995) 468.

11 W. CZYSZ, Mithras unter Dach und Fach. Stadt Königsbrunn, Landkreis Augsburg, Schwaben. Arch. Jahr Bayern 2002 (2003) 150–151.

ort gelang, eine kleine Sensation dar, denn selbst in den römischen Zentren wie Augsburg, Kempten oder Regensburg konnten bis heute keine Mithrasheiligtümer durch Baubefunde nachgewiesen werden. Bei den durch Jochen Garbsch vor gut 20 Jahren kartierten Fundstellen handelt es sich ausschließlich um indirekte Nachweise mittels Inschriften oder Altarbruchstücken.[12]

Die Aufarbeitung und umfassende Vorlage des Mithräums wird noch eine gewisse Zeit erfordern, die wichtigsten Informationen sind über einen ausführlichen Vorbericht zugänglich.[13]

Das Künzinger Mithräum (Abb. 1, M) befindet sich etwa 190 m östlich des äußeren Wehrgrabens des Kohortenkastells. Zwischen der Ostgrenze der hier von Nord nach Süd verlaufenden Vicusbebauung liegt nur ein wenige Meter messender Abstand, während in Richtung Norden immerhin eine Lücke von etwa 50 m zur intensiven Bebauung besteht. Daran ändern auch die wenigen Befunde nichts, die locker gestreut bis auf etwa 6 m an das Heiligtum heran reichen. In Richtung Osten sind nur in geringem Umfang Siedlungsbefunde vorhanden, was sich durch die Existenz des Brandgräberfriedhofes (Abb. 1, G) erklären lässt, der einen Abstand von etwa 30 m zum Heiligtum hält. Im Süden sind nur ganz geringe Bebauungsspuren vorhanden. Südlich des Gräberfeldes fallen die 1999 entdeckten fünf „Bestattungen“ von Pferden, Maultieren und einem Ochsen auf. Eine weitere Tier-„Bestattung“ liegt 24 m südsüdwestlich des Mithräums am Rand des Vicus.[14]

Das Mithräum liegt also randlich bzw. in einem gewissen Abstand zur Bebauung des Ostvicus, östlich davon erstreckt sich das bereits erwähnte, 1976 in kleineren Ausschnitten untersuchte Brandgräberfeld.[15] Die damalige pessimistische Einschätzung der Ausgräberin bezüglich des Erhaltungszustandes bestätigte sich zwar in gewissem Umfang, doch erbrachte unsere Flächengrabung zu den bisher bekannten neun Gräbern bzw. Grabresten immerhin etwa 21 weitere schlicht ausgestattete Brandschüttungs- und Urnengräber, von denen sich Hinweise auf die Ausdehnung des Gräberfelds gewinnen lassen. Da die 1998/99 entdeckten Brandgräber bevorzugt innerhalb hallstattzeitlicher Kreisgräben zum Vorschein kamen, also tiefer in den Boden gelangt und deshalb weniger Gefährdung durch Bodenerosion und den Maschineneinsatz der Landwirtschaft ausgesetzt waren, müssen wir mit einem größeren zusammenhängenden Gräberfeldareal rechnen, dessen Struktur allerdings kaum noch erkennbar ist. Da bisher noch keine Bearbeitung der Grabfunde möglich war, lässt sich über ihre Zeitstellung[16] im Augenblick keine Aussage treffen.

Bei dem Künzinger Heiligtum handelt es sich um einen fast genau Ost-West ausgerichteten zweiperiodigen Holzbau mit dem Zugang im Osten, zu dem sich, 5 m östlich vorgelagert, zwei nebeneinander liegende und von der Verfüllung (inhomogen schwarzbraun bis schwarz-humos mit Holzkohle) sowie dem Fundmaterial (Knochen von Schaf/Ziege und jungem Schwein, Mörtelreste, Granit/Gneisbrocken, Keramik) her eindeutig zugehörige Gruben gesellten. Diese Gruben zeichneten sich innerhalb einer größeren dunkelbraunen Fläche erst in einem zweiten Planum ab. Ein drittes Planum, in dem die beiden langgestreckten und miteinander verbundenen Gruben (1,8 x 0,85 und 1,8 x 1,4 m) noch etwas besser abzugrenzen waren, ermöglichte die Anlage von Profilen. Beide Befunde zeigten relativ steil abfallende Wände und erreichten eine Tiefe von etwa 0,9 m. Sie zählen wahrscheinlich zur Gruppe der in einigen Fällen beobachteten „Kultgruben“ wie etwa im schweizerischen Martigny[17] oder im badischen Wiesloch.[18]

12 GARBSCH, Pons Aeni 452–453 Abb. 33.
13 SCHMOTZ, Mithrastempel Künzing; ders., Mithrastempel Niederbayern.
14 A. VON DEN DRIESCH/I. CARTAJENA, Geopfert oder verscharrt? Tierskelette aus dem römischen Künzing. In: K. SCHMOTZ (Hrsg.), Vorträge des 19. Niederbayerischen Archäologentages (Rahden/Westf. 2001) 81–107.
15 RIECKHOFF-PAULI, Künzing 85 Abb. 5; 114–119.
16 Die 1976 geborgenen Grabfunde werden in den Zeitraum zwischen dem Beginn des 2. Jahrhunderts und dem frühen 3. Jahrhundert datiert; vgl. ebd. 121.
17 F. WIBLÉ, Le mithraeum de Forum Claudii Vallensium/Martigny (Valais). Arch. Schweiz 18, 1995, 2–15, hier 4 u. fig. 4.
18 A. HENSEN, Das Mithräum im Vicus von Wiesloch. Arch. Nachr. Baden 51/52, 1994, 30–37, hier 36.

Ältere Bauphase

Das erste in Künzing errichtete Mithräum ist ein Pfostenbau mit einer Gesamtlänge (incl. *exedra*) von 8,9 m und einer Breite von 6–6,2 m (Abb. 3). Der nur noch wenige Zentimeter tief erhaltene Mittelgang weist eine Länge von 7,8 m und eine Breite von 2,75 m auf. Die Breite der Podien, gemessen zwischen Mittelgang und Außenpfosten, beträgt im Norden wie im Süden 1,6 bis 1,7 m, wobei die größere Distanz am Westende festzustellen ist.

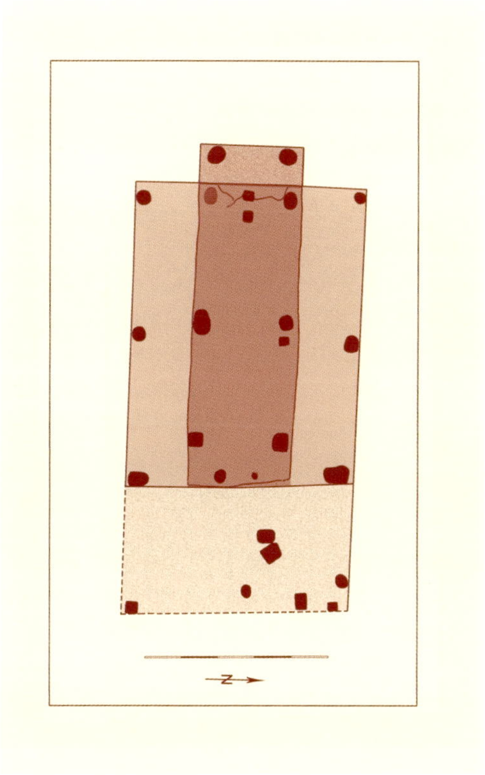

Abb. 3 Künzing. Ältere Bauphase des Mithräums in Pfostenbauweise. Die innere Umrahmung markiert den Verlauf des Mittelganges, die äußere die Gebäudebegrenzung.

Die Außenwände werden von jeweils drei unterschiedlich tief eingegrabenen Pfosten getragen; ihre Tiefe unter Planum 3 beträgt zwischen 58 und 18 cm. Da am Fundort überall dieselben Erhaltungsbedingungen herrschen, sind die unterschiedlichen Pfostentiefen eindeutig auf die Erbauer zurückzuführen. Querschnitt und Form der Pfostengruben variieren zwischen rund, etwa oval und langgestreckt, wobei die größten an der Nordost- und Südostecke liegen und möglicherweise Doppelpfosten aufnehmen konnten. Dem westlichen Ende des Mittelgangs vorgelagert befinden sich in einem Abstand von etwa 75 cm zwei etwa gleich große Pfostengruben, die auf eine rechteckige *exedra* schließen lassen.

Innerhalb des Mittelgangs sind an dessen Nordseite vier Pfostengruben vorhanden, von denen die westliche nur geringen Abstand zur dortigen Ecke hält, die östliche dagegen etwa 75 cm vom Ostende abgerückt ist. Ungefähr in der Mitte befinden sich zwei Pfostenspuren in unmittelbarer Nachbarschaft zueinander. Sie können kaum gleichzeitig bestanden haben, da an der südlich gegenüberliegenden Seite nur eine einzige Verfärbung angetroffen wurde. Möglicherweise zeugt dieser Befund von einer Ausbesserungsmaßnahme. An der Südseite des Mittelganges sind lediglich zwei Pfostenstellungen nachgewiesen. Ein eigentlich zu erwartender Pfosten in der Südwestecke fehlt und kann auch nicht übersehen worden sein. Etwa in der Mitte der westlichen Stirnseite des Mittelganges befinden sich zwei annähernd rechteckige Pfostengruben in einem Abstand von 55 cm (von Mitte zu Mitte gemessen). Auch hier bleibt fraglich, ob sie gleichzeitig genutzt wurden. Am östlichen Ende des Mittelganges befinden sich zwei sehr unterschiedlich dimensionierte Pfostenspuren, die wahrscheinlich Türpfosten aufnahmen und einen Zugang von nur 70 cm Breite offen ließen. Wie bei den Pfostengruben an den Außenwänden sind auch bei denen innerhalb des Mittelganges sehr unterschiedliche Tiefen festzustellen, die zwischen 24 und 64 cm variieren. Betrachtet man allein die tragenden Pfosten, so verringern sich die Unterschiede auf die Spanne zwischen 42 und 64 cm.

Aufgrund dieser Befundsituation ist davon auszugehen, dass es sich bei der älteren Bauphase um einen einfachen Pfostenbau mit Satteldach handelte, der, westlich an den Mittelgang anschließend, eine kleine rechteckige *exedra* besaß. Die östliche Giebelseite verläuft, bezogen auf die Mittelachse, leicht schräg. Ob die Außenwände verbrettert waren oder aus einem lehmverputzten

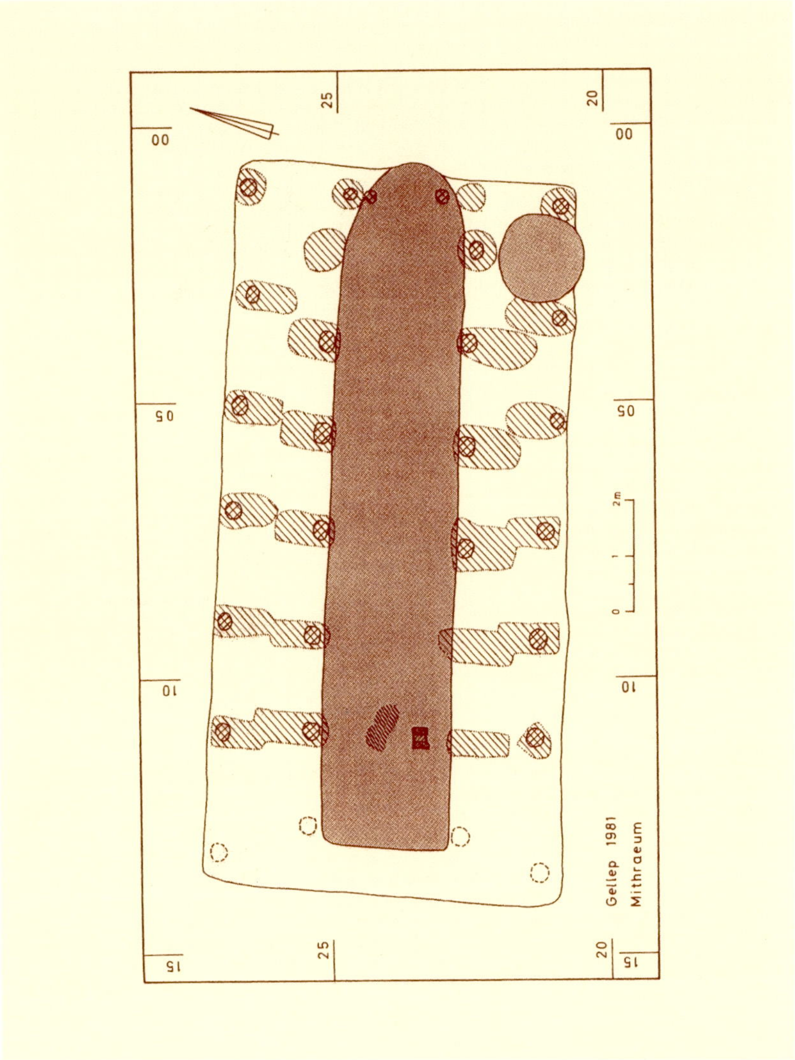

Abb. 4 Krefeld-Gellep. Grundriss des in Pfostenbauweise errichteten Holzmithräums.

Rutengeflecht gebildet wurden, lässt sich nicht überprüfen. Das Dach dieses Pfostenbaus zieht mit einiger Wahrscheinlichkeit um etwa 3 m nach Osten über das Gebäude hinaus und bildet dort, von möglicherweise drei Stützen getragen, eine kleine Vorhalle. Der äußere Eindruck ist jedenfalls wenig attraktiv und dürfte sich vom profanen Baubestand des Ostvicus nicht abgehoben haben.

Ist das Äußere des Heiligtums noch einigermaßen klar zu rekonstruieren, so geben die Befunde innerhalb des eingetieften Mittelgangs größere Probleme auf. Zunächst ist festzustellen, dass die dort nachgewiesenen Pfosten sämtlich in den Mittelgang hineingesetzt sind und so die nutzbare lichte Weite auf 1,80 m verringern. Aus welchen Gründen diese eigenartige Konstruktion vorgenommen wurde, bleibt das Geheimnis der römischen Architekten. Der einzige vergleichbare Befund aus dem – allerdings in seinen Ausmaßen größeren und mit mehr Pfosten ausgestatteten – Mithräum von Krefeld-Gellep (Abb. 4)[19] zeigt nämlich außerhalb des Mittelganges gesetzte Pfosten,[20] die dessen gesamte Breite nutzbar lassen. Sie dienen auch als Stabilisatoren für die von Brettern gebildeten Seitenwände des Mittelganges, die an den Pfosten festgenagelt sind (Abb. 5).[21] In unserem Fall muss die Stabilisierung der Seitenwände genau umgekehrt erfolgt sein, nämlich durch einfach an die Pfosten angelehnte Bretter, die vom Erddruck an diese gepresst wurden. Aussagen über die Tiefe des Mittelganges lassen sich nicht machen, konnten doch nur die letzten Reste davon gesichert werden, und die Überbauung durch eine zweite Phase tat ein Übriges. Als Anhalt für die Tiefe des Mittelganges kann wiederum nur Krefeld-Gellep herangezogen werden, wo die dortigen besseren Erhaltungsbedingungen eine Höhe von lediglich 50 cm beweisen.[22] Übernimmt man dieses Maß für Künzing, so bedeutet dies, dass nicht nur der Mittelgang, sondern auch die Podien in den Boden eingetieft waren.

19 PIRLING, Niederrhein.
20 PIRLING, Niederrhein 37 Abb. 24 b.
21 PIRLING, Niederrhein 37 Abb. 24 c.
22 PIRLING, Niederrhein 32.

Abb. 5 Krefeld-Gellep. Rekonstruierter Querschnitt durch das Holzmithräum.

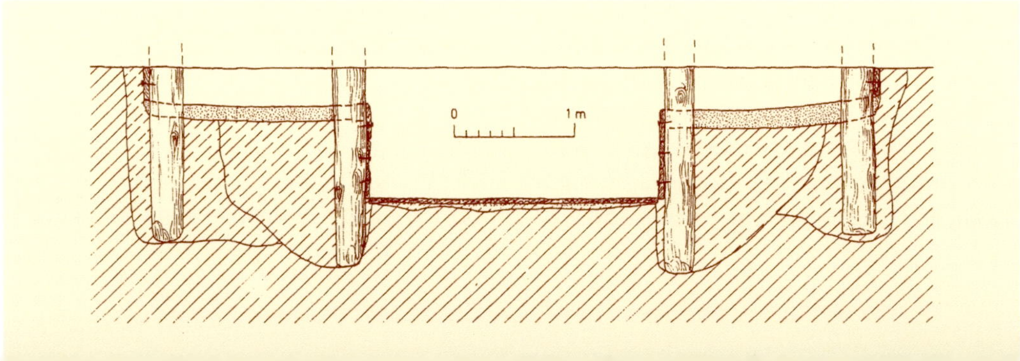

Ob die Pfosten an der Innenseite des Mittelgangs lediglich zur Stabilisierung der Seitenwände dienten oder ob sie bis in die Dachkonstruktion hinaufgeführt waren, lässt sich nicht entscheiden. In der isometrischen Ansicht des Gelleper Mithräums (Abb. 6) tragen die Innenpfosten jedenfalls einen Balken, auf dem die Dachsparren liegen, also eine Verstärkung des Dachs gewährleisten. Überhaupt scheint die Konstruktion in Gellep, bedingt durch wesentlich enger stehende Pfosten, massiver zu sein als in Künzing. Nachdem auch dort – wie in Künzing – keine Fluchten zwischen den Pfosten der Außenwände und denen am Rand des Mittelgangs – eine Ausnahme macht nur die erste „Binderebene" beim Westgiebel – bestehen, scheinen beide Pfostensysteme nicht miteinander in Verbindung zu stehen. Bedingt durch die geringe Raumspannweite von maximal 5,8 m Achsweite oder ca. 5,5 m lichter Weite, sind Zwischenstützen zur Beherrschung der Statik nicht erforderlich.[23] Dies dürfte auch in Krefeld-Gellep mit einer Raumspannweite von etwa 6 m ähnlich zu sehen sein.

Dass die beiden Pfosten an der östlichen Stirnseite als Markierung einer Tür anzusehen sind, lässt sich nicht bezweifeln. Etwas schwieriger dagegen ist die Situation im Westen. Dort sind nämlich zwei in der Hauptachse des Gebäudes stehende Pfosten nachgewiesen, deren gleichzeitige Nutzung allerdings nicht zu beweisen ist. Diese Stützen müssen nicht unbedingt mit der Dachkonstruktion in Verbindung stehen, sondern können durchaus zur Befestigung eines Kultbilds gedient haben, das sich innerhalb eines rechteckigen Anbaus, der *exedra,* befand. Es besteht aber auch die Möglichkeit, dass das Kultbild vor diesem Anbau stand.

Bedingt durch die Errichtung des Neubaus genau am selben Platz war es nicht möglich, der älteren Bauphase Fundmaterial zuzuweisen, weshalb wir deren Zeitstellung nicht erfahren können. Nur die in der jüngeren Bauphase als Substruktionen verwendeten Tuffaltärchen dürften von der ursprünglichen Ausstattung stammen.

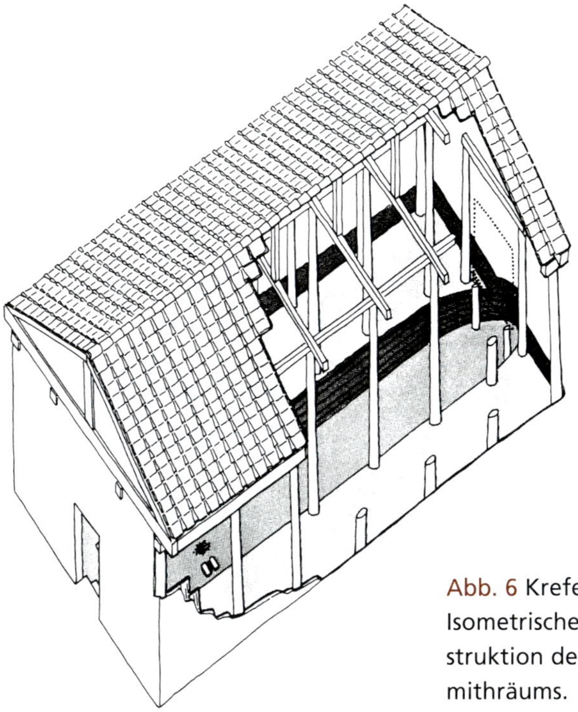

Abb. 6 Krefeld-Gellep. Isometrische Rekonstruktion des Holzmithräums.

In dem bescheidenen Gebäude kann nur eine kleine Gruppe von Männern an den Zeremonien teilgenommen haben. Legt man die von Jochen Garbsch für Pons Aeni getroffenen Annahmen zum Raumbedarf[24] der auf den seitlichen Podien lagernden sowie im Mittelgang stehenden Personen zugrunde, so können in Künzing allenfalls etwa 17 Personen – je sechs auf den Podien und fünf im Mittelgang – einigermaßen bequem Platz gefunden haben.

Jüngere Bauphase

Das ältere Mithräum muss durch ein Schadenfeuer zugrunde gegangen sein, da alle steinernen Architekturteile der jüngeren Bauphase auf planiertem Brandschutt lagen. Der Neubau wurde genau an derselben Stelle errichtet und etwas größer dimensioniert (Abb. 7–8). Der um fast genau 2 m auf etwa 10 m verlängerte Mittelgang weist mit 2,8–2,9 m eine geringfügig größere Breite auf als bei der älteren Bauphase. Das Gebäude (Abb. 9) wurde auf 11,8 m verlängert, wodurch die zuvor aus der westlichen Gie-

23 Für Diskussion und Rekonstruktionsvorschläge bedanke ich mich bei Dipl. Ing. Wolfgang Schmidt, Königsbrunn.
24 GARBSCH, Pons Aeni 451 nimmt für eine Podienlänge von 10 m je 7 bis 9 Teilnehmer, für den Mittelgang 10 bis 20 Teilnehmer an.

Abb. 7 Künzing. Jüngere Bauphase des Mithräums in *planum* 2 gegen Westen.

Abb. 8 Künzing. Jüngere Bauphase des Mithräums in Planum 2.

Abb. 7

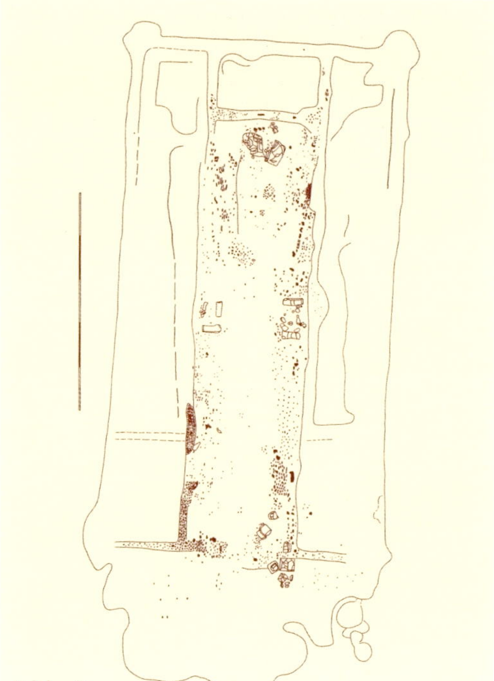

Abb. 8

belwand herausragende *exedra* integriert werden konnte und damit eine gerade Giebelwand entstand. Die Breite erreichte mit 6,4 m eine geringfügig größere Abmessung, und die Podien erfuhren mit 1,7 bis 1,9 m einen ebenfalls nur wenig auffallenden Zuwachs. Ein überdachter Vorraum wie bei der älteren Bauphase war nicht nachzuweisen.

In diesem Gebäude können etwa 23 Personen Platz gefunden haben, was auf eine Vergrößerung der Kultgemeinde hindeutet. Diese Vergrößerung war aber nicht so erheblich, dass ein neues Mithräum hätte errichtet werden müssen, geht man doch von Gemeindestärken mit 20–40 Mitgliedern aus.[25]

Eine entscheidende Änderung erfuhr die Konstruktion des Gebäudes durch den Übergang von der Pfosten- zur Schwellbalkenbauweise. Diese Änderung der Bauweise hatte auf jeden Fall zur Folge, dass jetzt ein qualitativ besseres und wohl auch repräsentativeres Heiligtum entstand. Die Außenwände waren in Fachwerktechnik errichtet. Auch der Innenraum dürfte jetzt ansprechender gestaltet gewesen sein. Die an der Nordseite des Mittelgangs gefundenen Reste von Lehmziegeln deuten darauf hin, dass dessen Seitenwände mit dieser in Künzing bis dahin unbekannten Technik stabilisiert waren. Aus welchem Grund an der Nordwest- und Südwestecke auffallende Ausbuchtungen vorhanden sind, bleibt unklar. Vielleicht wurden hier die Schwellbalken etwas großzügig überlappt. Jedenfalls sind dort keine Pfostenstellungen zu finden.

Eine Vielzahl von Verputzstücken mit Farbresten, die besonders an der westlichen Stirnseite des Mittelgangs auftraten, lassen an ein gemaltes Kultbild denken, das in der kleinen *exedra* von 1,3 x 2,3 m Größe angebracht war.

Zur Ausstattung gehörten neben dem Kultbild mehrere Weihealtäre. Davon zeugen die sekundär verwendeten Tuffaltärchen, die etwa in der Mitte der Längsseiten des Mittelgangs zusammen mit anderen unbearbeiteten Steinen lagen (Abb. 9, 2–3) und höchst-

25 GARBSCH, Pons Aeni 450–451; R. MERKELBACH, Mithras (Königstein 1984) 185. In Virunum lässt eine 1992 entdeckte Bronzetafel mit den Namen der Gemeindemitglieder mindestens 50, maximal 93 Kultmitglieder erschließen: G. PICCOTTINI, Mithrastempel in Virunum. Aus Forschung und Kunst 28 (Klagenfurt 1994) 49 ff. Vgl. auch A. HENSEN, Tempel des Mithras in Südwestdeutschland. Ein Überblick. In: K. SCHMOTZ (Hrsg.), Vorträge des 18. Niederbayerischen Archäologentages (Rahden/Westf. 2000) 93–110 hier 96–97.

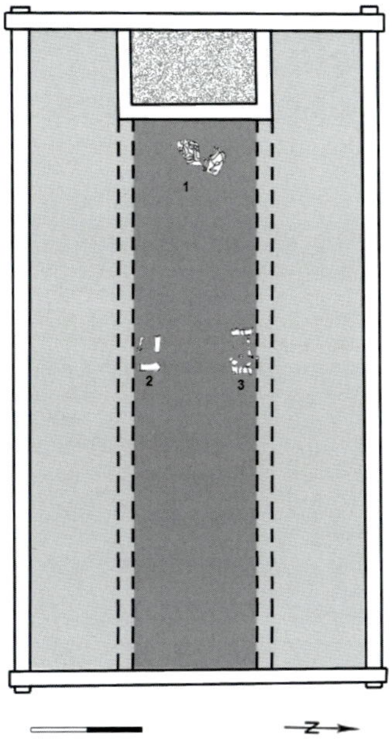

Abb. 9 Künzing. Jüngere Bauphase des Mithräums, vereinfachte Grundrissrekonstruktion. 1 Fundlage zweier Weihesteine, einer davon mit Inschrift; 2 u. 3 Substruktionen für weitere Weihesteine. Die Abgrenzung des Mittelgangs bestand möglicherweise aus Lehmziegeln, die der *exedra* aus Holz.

wahrscheinlich als Substruktionen für größere Altäre dienten (Abb. 10). Diese unterschiedlich ausgeformten Tuffaltärchen mit einer Höhe bis zu 45 cm waren ursprünglich mit Stuck überzogen und möglicherweise bemalt. Wohin die am östlichen Ende des Gebäudes gefundenen Kalksteinfragmente, darunter eine Basis sowie das Bruchstück eines Säulenschaftes, gehörten, bleibt unbekannt.

Die bemerkenswertesten Steindenkmäler der jüngeren Bauphase lagen unmittelbar vor dem anzunehmenden Kultbild (Abb. 9, 1). Es handelt sich um zwei teils zerschlagene, teils durch Frostrisse gesprengte und auf planiertem Brandschutt liegende Altäre aus Kalkstein und Granit provinzieller Machart. Der Kalksteinaltar, von dem noch eine ganze Reihe offenbar bewusst abgeschlagener, jedoch nicht anpassender Teile aus dem näheren Umfeld stammen, zeigt als Bekrönung ein Gesims mit profiliertem Polster.

War bei der Seltenheit von Steindenkmälern an der osträtischen Donau bereits das Vorkommen mehrerer Altäre eine große Überraschung, so stellte der glückliche Fund einer vollständig erhaltenen Inschrift auf dem vorhin erwähnten Altar aus Granit sozusagen die Krönung dar. Auf dem weitgehend erhaltenen Weihealtar (Abb. 11) von 55 cm Höhe und profiliertem Sockel bzw. Oberteil ist folgende Inschrift zu lesen:[26]

I(nvicto) M(ithrae)/V(alerius) Magio/ vet(eranus) (h)on(esta) m(issione)/d(imissus) v(otum) s(olvit) l(ibens) l(aetus) m(erito), übersetzt etwa: „Dem unbesiegten Mithras (hat) Valerius Magio, Veteran mit ehrenhafter Entlassung entlassen, das Gelübde gerne, mit Freude und nach Verdienst (d. h. entsprechend der Leistung der Gottheit) erfüllt".

In großem Umfang vorhandene Hüttenlehmstücke bzw. verziegelte Lehmbrocken ohne Strukturen sowie Holzkohle und Brandspuren an steinernen Architekturteilen weisen darauf hin, dass auch das jüngere Mithräum durch Feuer zugrunde ging. Aufgrund der gerade an den steinernen Architekturteilen sowie an den Weihesteinen zusätzlich zu beobachtenden Gewalteinwirkungen dürfte der Untergang des Heiligtums mit Plünderungen in Verbindung stehen.

Fundmaterial

Aus den hier kurz beschriebenen Baubefunden stammt eine größere Menge an Fundmaterial wie Keramik, Eisen und etwa 35 kg Tierknochen. Hinzu kommen noch 15 Münzen. Unter der Masse des Baueisens fallen drei im unmittelbaren Bereich der *exedra* gefundene Gegenstände auf, nämlich ein Schwertbruchstück, ein Messer und eine Pfeilspitze. Das etwa zur Hälfte erhaltene Schwert mit einer Gesamtlänge von noch 41,5 cm und seiner 23 cm langen Griffangel kann nicht als Waffe gedient haben und

26 Abgebildet bei SCHMOTZ, Mithrastempel Künzing 133, Abb. 14; ders., Mithrastempel Niederbayern 95 Abb. 79, neuerdings auch in GANSLMEIER U. SCHMOTZ, Kastell Künzing 4. Die Lesung und Interpretation der Inschrift verdanke ich Prof. Dr. H. Wolff von der Universität Passau.

Abb. 10 Künzing. Jüngere Bauphase des Mithräums. Substruktion aus Tuffaltärchen an der Nordseite des Mittelgangs.

Abb. 11 Künzing. Jüngere Bauphase des Mithräums. Weihealtar mit Inschrift.

passt ebensowenig in das übliche Schema wie das Messer mit seiner überbreiten Klinge. Allem Anschein nach haben wir hier Gegenstände vor uns, die während der geheimnisvollen und literarisch nicht überlieferten Kulthandlungen in dem nur spärlich durch Öllämpchen beleuchteten Raum benutzt wurden. Es ist durchaus möglich, dass zumindest das Kurzschwert zur Tötung kleinerer Opfertiere Verwendung fand, bei denen es sich in erheblichem Umfang um junge Schweine, daneben auch um Schafe oder Ziegen und Hühner handelte.[27] Hier liegt ein einzigartiger Bestand an Tierknochen vor, wie er bisher von keinem Mithräum bekannt wurde. Die Tötung der kleinen Tiere, die bei den kultischen Mahlzeiten verzehrt wurden, dürfte als Ersatz für das dem Mithraskult zugrunde liegende Stieropfer anzusehen sein.

Keramik[28]

Als eigentliche Kultgefäße sind durch Form und Dekor mindestens vier Kratere mit plastischen Schlangenauflagen nachgewiesen. Die Schlangen sind zwischen den beiden Henkeln angebracht, und ihre Köpfe ragen wie üblich über den Gefäßrand empor. Während die Schlangenkörper unverziert sind, weisen Augen, Nasenlöcher und Maul Einstiche bzw. -kerbungen auf. Die Künzinger Kratere haben am Rand – wie andere Kultgefäße auch – eingestochene Löcher, die ins Gefäßinnere führen. Zu den Kultgefäßen dürften auch die Fragmente von zwei weiteren Krateren zählen.

Die Masse der aufgefundenen Keramik stellt die vorwiegend aus Rheinzabern importierte Terra Sigillata. Einige Stücke stammen aus den Betrieben in Westerndorf. An verzierter Sigillata fanden sich nur einige Fragmente einer Schüssel Drag. 37 mit undeutlichem Eierstab ähnlich Ricken-Fischer E 46 sowie ein Wandstück Drag. 37 mit dem Rest eines Palmwedels.

Der große Komplex der glatten Sigillata wird eindeutig von den Bechern dominiert, Teller finden sich in wesentlich geringerer Zahl. Bei letzteren sind die Formen Drag. 31 bzw. Niederbieber 1 b/c, Drag. 32 sowie Lud. Tb vertreten. Ein Teller Drag. 31 trägt den Stempel SACIRO F des Sacirius aus Westerndorf.

Bei den Bechern begegnen die Formen Drag. 33, Lud. Vd, Vf und Vk. Die weitaus meisten Becher sind ohne Dekor, selten Fragmente mit Glasschliffdekor, darunter die Form Lud. VSd nachzuweisen. Erwähnenswert sind die Henkel eines Kraters mit Barbotineauflagen. Ansonsten kommt dieser Dekor, abgesehen von zwei Randfragmenten eines Bechers Lud. VMc, so gut wie nicht vor.

Das Trinkgeschirr überwiegt auch klar im Bestand der übrigen Keramik. Die rheinische Glanztonware ist mit kugeligen und hohen Bechern der Form Niederbieber 33a sowie einem hohen Faltenbecher der Form Niederbieber 33c vertreten. An Rätischer Ware fanden sich Becher der Formen Drexel 2a/b und 3. Schließlich sind noch wenige Fragmente von schwarz bzw. rot engobierten Bechern anzuführen.

27 A. VON DEN DRIESCH/N. PÖLLATH, Tierknochen aus dem Mithrastempel von Künzing, Lkr. Deggendorf. In: K. SCHMOTZ (Hrsg.), Vorträge des 18. Niederbayerischen Archäologentages (Rahden/Westf. 2000) 145–162.
28 Durchsicht und Beschreibung der Keramik werden Dr. J. Prammer, Gäubodenmuseum Straubing, verdankt.

Unter den Lampen kommen am häufigsten Firmalampen regionaler Produktion vom Typ Loeschcke X vor, die sowohl mit langer als auch kurzer Schnauze auftreten. Zwei Lampen mit langer Schnauze und zwei bzw. drei Knubben auf der Schulter sind fast vollständig erhalten. Des weiteren ist ein großes Fragment einer Firmalampe mit Maske im Spiegel zu nennen. Insgesamt haben sich Bruchstücke von mindestens 12 Firmalampen erhalten, von denen vier Bodenstempel aufweisen. An Signaturen finden sich FORTIS (2x), CRESCES und QNC. An weiteren Lampenformen sind die zumeist sehr kleinen Fragmente von drei sog. rätischen Bildlampen, zwei Tiegellampen und einer einfachen, handgeformten Lampe vertreten.

Einzelne Stücke des Keramikkomplexes können noch ins ausgehende 2. Jahrhundert gesetzt werden. Die Masse der Keramik datiert in die erste Hälfte des 3. Jahrhunderts. Eine weitergehende Präzisierung ist vor einer gründlichen Durcharbeitung des Materials jedoch nicht möglich.

Münzen

Die von Bernward Ziegaus, Archäologische Staatssammlung München, vorgenommene Bearbeitung der 15 Münzen (8 Sesterzen, 3 Asse, 2 Denare, 1 Dupondius und 1 Follis) ergab, dass es sich um überwiegend das ganze 2. Jahrhundert abdeckende Prägungen (Traianus, Hadrianus, Antoninus Pius, Marcus Aurelius, Commodus, Septimius Severus) handelt. „Ausreißer" sind lediglich eine Prägung von Marcus Antonius (32/31 v. Chr.) und Diocletianus (294/295). Nur der wenig in Umlauf gewesene, aus dem Abstich über Planum 1 stammende Follis liegt zeitlich weit nach dem Untergang des Mithräums und auch des gesamten mittelkaiserzeitlichen Standortes.

Diese hier nur in knapper Form dargestellten numismatischen Ergebnisse präzisieren die über die Keramik ermittelte Nutzungsdauer des Künzinger Mithräums nicht, da sie sich problemlos in den von der Keramik vorgegebenen Zeitrahmen einfügen.

Fazit

Mit der Entdeckung eines Mithräums reiht sich der kleine Truppenstandort Künzing in die große Mithrasgemeinde des römischen Reiches ein. Damit zeigt sich exemplarisch, dass selbst in weniger bedeutenden Standorten kleine Kultgemeinden existierten, deren Angehörige wahrscheinlich aus dem Soldatenstand kamen. Sie pflegten ihren geheimnisvollen, nicht der großen Öffentlichkeit zugänglichen Kult direkt neben der Zivilsiedlung, bis wahrscheinlich um oder bald nach der Mitte des 3. Jahrhunderts bei einem germanischen Einfall Kastell und Zivilsiedlung durch Brandschatzung und Plünderung zugrunde gingen. Die für Zerstörungen an Mithräen gerne verantwortlich gemachten Christen haben sich in Künzing sicher nicht betätigt, da wir hier erst für das ausgehende 4. und das 5. Jahrhundert mit einer christlichen Gemeinde rechnen können.[29]

Die Darstellung des Mithräums nimmt im 2001 eröffneten Künzinger Museum einen wichtigen Platz in der römischen Abteilung ein.[30]

Amphitheater

Im Herbst des Jahres 2003 gelang völlig überraschend die Entdeckung eines Amphitheaters in Holzbauweise, zu dem vorerst zwei Überblicke publiziert sind, die einen frühen Kenntnisstand darstellen.[31] Es liegt ganz im Süden der Grabungsfläche (Abb. 1, A) in Verlängerung des Nord-Süd verlaufenden Vicus und war bis dahin in keinem der aus dem Ostvicus stammenden Luftbilder zu erkennen. Als sich zeigte, dass nicht nur im Bereich der Arena, sondern auch in der Umgebung eine humose Überdeckung mit einer Mächtigkeit von über einem halben Meter vorhanden war, erklärte sich dieses Phänomen. Offensichtlich fand hier in römischer und nachrömischer Zeit

29 GANSLMEIER U. SCHMOTZ, Kastell Künzing 34–35.
30 E. BAYER-NIEMEIER, Museum Quintana – Archäologie in Künzing. Landkreis Deggendorf, Niederbayern. Arch. Jahr Bayern 2001 (2002) 174–177; dies. (Hrsg.), Museum Quintana. Archäologie in Künzing. Führer durch alle Abteilungen (Künzing 2004) 48–52.
31 SCHMOTZ, Amphitheater I, ders., Amphitheater II.

Abb. 12 Künzing. Amphitheater, Luftbild vom 14. Oktober 2003.

kein so intensiver Erosionsvorgang statt wie weiter nördlich. Dennoch ist auch hier mit erheblichen Oberflächenverlusten zu rechnen, die durchaus einen halben Meter betragen haben können.

Unklar ist derzeit, ob sich der im Bereich des Amphitheaters aussetzende Vicus noch weiter nach Süden erstreckt. Oberflächenfunde und eine im Herbst 2001 in der Nähe angelegte Baggersondage zur Klärung des Fundortes eines von Raubgräbern entwendeten und an die Archäologische Staatssammlung verkauften römischen Schatzfundes[32] lieferten Hinweise auf eine Fortsetzung. Da aber zum westlich davon gelegenen Südvicus zumindest keine deutliche Verbindung nachgewiesen ist, bedarf die Situation der Überprüfung. Eine Magnetometerprospektion könnte hier durchaus weiterhelfen.

Abb. 13 Künzing. Profil einer Pfostengrube der äußeren Tribünenkonstruktion mit Pfostenstandspur.

Das Zentrum des Amphitheaters liegt etwa 120 m ostsüdöstlich der Südostecke des äußeren Kastellgrabens. In Planum 1 zeigt es sich als schwarzes Oval mit den Abmessungen von etwa 31 x 36 m, begleitet durch zwei Reihen von Pfostengruben, von denen die äußere auffallend groß dimensioniert ist (Abb. 12). Die runden bis ovalen Pfostengruben zeigen im Planum eine Ausdehnung von 1–1,2 m, in den Profilen eine Tiefe von bis zu 1 m; ihre Wände sind entweder senkrecht oder konisch nach unten zulaufend angelegt. Nur ausnahmsweise waren Verfärbungen der ehemaligen Pfosten festzustellen (Abb. 13). Daraus ist zu schließen, dass eine größere Zahl davon nach Aufgabe des Amphitheaters vollständig entfernt wurde und nur ein Teil der Hölzer im Boden verrottete. Wahrscheinlich holten sich die Bewohner der Vici nach Aufgabe des Amphitheaters noch verwendbares Holz, doch dürfte der Aufwand, vor allem für die Gewinnung der Stützpfosten nicht unerheblich gewesen sein, wenn man von der Ablagerung des Aushubmaterials unterhalb der Tribüne ausgeht.

Parallel zur äußeren Pfostenreihe verläuft in einem Abstand von etwa 0,7 m nach innen abgesetzt eine weitere, auffallend schwächer dimensionierte Pfostenreihe, die in den Profilen als nur noch wenig unter Planum 1 reichend festgestellt werden konnte. An einigen Stellen fehlen sie sogar völlig. In diesem Zusammenhang ist zu berücksichtigen, dass Planum 1 etwa 1 m unter dem römischen Laufhorizont liegt, die inneren Pfosten ursprünglich also etwa halb so tief eingegraben waren wie die äußeren.

Beim Abtragen des Oberbodens sowohl mit dem Bagger als auch bei der darauf folgenden Anlage des Planums von Hand fiel bereits auf, dass die von der Arena eingenommene Fläche viel Siedlungsabfall enthielt, besonders Tierknochen. Im nordwestlichen Quadranten, auf den wir unsere Arbei-

32 L. WAMSER (Hrsg.), Die Römer zwischen Alpen und Nordmeer. Zivilisatorisches Erbe einer europäischen Militärmacht. Schriftenr. Arch. Staatsslg. 1 (Mainz 2000) 349–350 Kat. Nr. 68.

ten konzentrierten, zeigten sich überdies die Knochen einiger Kleintiere im Verband. Die Arena fand also nach ihrer Aufgabe als Müllgrube Verwendung, was bedeutet, dass sie bereits während der mittleren Kaiserzeit nicht mehr genutzt war, denn die Abfälle konnten nur aus dem benachbarten Vicus kommen. Auch zwei Überschneidungen von Siedlungsobjekten mit großen Pfostengruben, die im Osten der Arena zu beobachten waren, bestätigen dies. Es handelt sich um eine Kellergrube und um einen Brunnen, die jeweils eine Pfostengrube störten, leider aber nur unzureichendes Fundmaterial lieferten, sodass deren Zeitstellung nicht zu klären war. Überbauungen in größerem Umfang ließen sich aber nicht feststellen, die gesamte Arena blieb frei von späteren Bodeneingriffen. Das bedeutet, dass die allmählich zu einer gering ausgeprägten Senke reduzierte ehemalige Arena immer außerhalb der Vicusbebauung blieb. Wann sie dann endgültig planiert und in die landwirtschaftliche Nutzung einbezogen wurde, bleibt vorläufig ungeklärt. Vielleicht geschah dies erst im Mittelalter, als größere Flächen unter den Pflug kamen und der wahrscheinlich noch im Gelände sichtbare, die Arena umziehende Aushub einer rationellen Bewirtschaftung im Weg stand. Dadurch verschwand die großflächigste Einrichtung des Künzinger Vicus so gründlich, dass erst eine umfangreiche archäologische Untersuchung sie wieder ans Tageslicht brachte.

Der westlich einer Nord-Süd ausgerichteten Mittelachse (A–B) angelegte 2,5 m breite Schnitt vom Rand bis zum Zentrum der Arena zeigte einheitlich schwarz-humoses Sediment ohne Hinweise auf Verfüllungsvorgänge. Das ungegliederte Sediment war durchsetzt mit Tierknochen, Keramik, wenig Holzkohle, verziegelten Lehmbröckchen und Löss. In den Längsprofilen zeigte sich nicht die erwartete durchgehend waagrechte Sohle der Arena, sondern vom Rand her über eine Länge von etwa 6 m ein allmähliches Absinken um etwa 1 m, ehe sie leicht unregelmäßig, aber im Prinzip waagrecht bis zur Mitte der Arena weiterlief (Abb. 14–15). Der Befund zeigt also eine Mulde, doch bleibt vorerst fraglich, ob es sich bei ihr um den ursprünglichen Zustand handelt oder ob sie erst im Lauf der Nutzung entstand. In der Kontaktzone zwischen dem anstehenden Löss und der Verfüllung der Arena erwarteten wir eine Sandschicht, die zur Verbesserung der Bodenverhältnisse eingebracht worden sein sollte, doch auch sie fehlte ebenso wie Hinweise auf Entwässerungseinrichtungen.

Bemerkenswert war die Entdeckung mehrerer unregelmäßiger Eintiefungen unterhalb der Sohle, die in den Profilen deutlich zu erkennen sind und ebenfalls Siedlungsabfall enthielten. Nach Aufgabe der Arena müssen also gezielt Löcher gegraben worden sein, um dort Müll zu entsorgen. Vielleicht machte man sich anfangs noch die Mühe, die übel riechenden Abfälle abzudecken, was später aber nicht mehr der Fall war. Sogar ein halbes Pferd fand sich am Rand der Arena knapp unter Planum 1, und hohe Phosphatwerte lassen auf die Anwesenheit von Schweinen, evtl. auch Hunden in der Müllgrube schließen.

Abb. 14

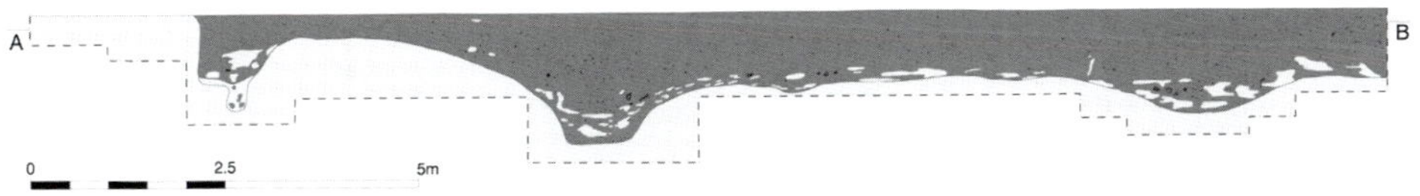

Abb. 15

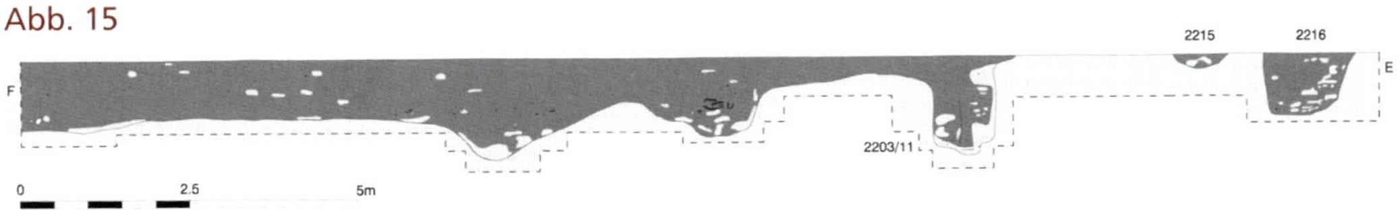

Abb. 14 Künzing. Nord-Süd verlaufendes Profil in der Mitte der Arena. Links Begrenzung durch eine Pfostengrube; zwei von der Sohle aus eingetiefte Gruben.

Abb. 15 Künzing. Schräg durch Arena und alle drei Pfostenreihen verlaufendes Profil. Innerhalb der Arena sind zwei von der Sohle aus eingetiefte Gruben zu erkennen; 2203/11 Pfostengrube am Rand der Arena; 2215 gering ausgeprägter Pfostengrubenrest; 2216 Pfostengrube der äußeren Tribünenrekonstruktion.

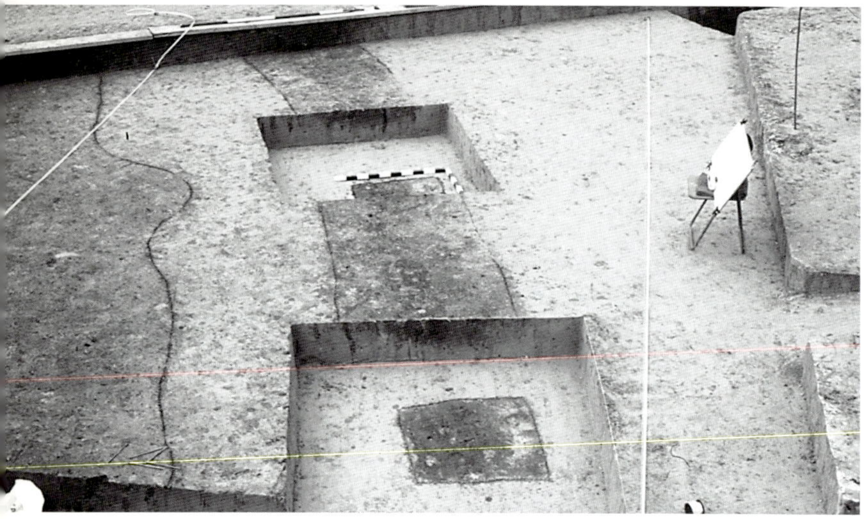

Abb. 16 Künzing. Den Arenarand begleitendes Gräbchen (Planum 2) mit rechteckigen Pfostengruben (Planum 3).

In den Profilen und Plana zeigte sich, dass ein ca. 1 m breites Gräbchen, das nur noch etwa 30–40 cm unter Planum 1 reichte, den Rand der Arena umzog. Innerhalb dieses Gräbchens befanden sich weitere, auf dem Niveau von Planum 3 gut erkennbare Pfostengruben in einem Abstand von etwa 3,2–3,4 m zueinander, die die Hölzer für die Begrenzung der Arena aufnahmen (Abb. 16). Mehrere dieser Hölzer waren in den Pfostengruben vergangen und zeichneten sich in den Profilen deutlich ab. Aus den Befunden ließen sich Hinweise auf Kanthölzer mit einer Seitenlänge von etwa 30 cm gewinnen. Zwischen den senkrechten Hölzern muss in der Horizontalen eine Verbretterung angebracht gewesen sein, die sowohl die Arena begrenzte als auch ein Abrutschen des hinterfüllten Erdreichs verhinderte. Darüber hinaus wird sie die Brüstung des untersten Besucherrangs getragen und einen wichtigen Beitrag zur statischen Sicherung der Tribüne geleistet haben.

Das von der Mittelachse nach Westen in Planum 2 zu verfolgende Gräbchen war zunächst sehr exakt angelegt, verlief sich aber dann im Randbereich der Arena und war – nach den 2004 gewonnenen Erkenntnissen – im Bereich des westlichen Tores bis auf geringe Reste verschwunden. An mehreren ausgewählten Stellen wurden zusätzlich Teilflächen untersucht (Abb. 17), wodurch der Verlauf dieses Gräbchens um die gesamte Arena gesichert ist, ebenfalls die regelhafte Anordnung der Pfostengruben.

Der durchschnittlich bei 5,3 m liegende Abstand zwischen innerer und äußerer Pfostenreihe lässt zusammen mit einer wesentlich geringer eingetieften Stütze, die etwa 1 m von der äußeren Stütze nach innen versetzt liegt, auf eine Tribüne mit drei Stufen und einem Umgang schließen, die etwa 500 Zuschauer fassen konnte.[33]

33 Die ursprünglich angenommenen 800 Zuschauer leiteten sich aus einer inzwischen überholten Erstrekonstruktion ab: SCHMOTZ, Amphitheater I 162.

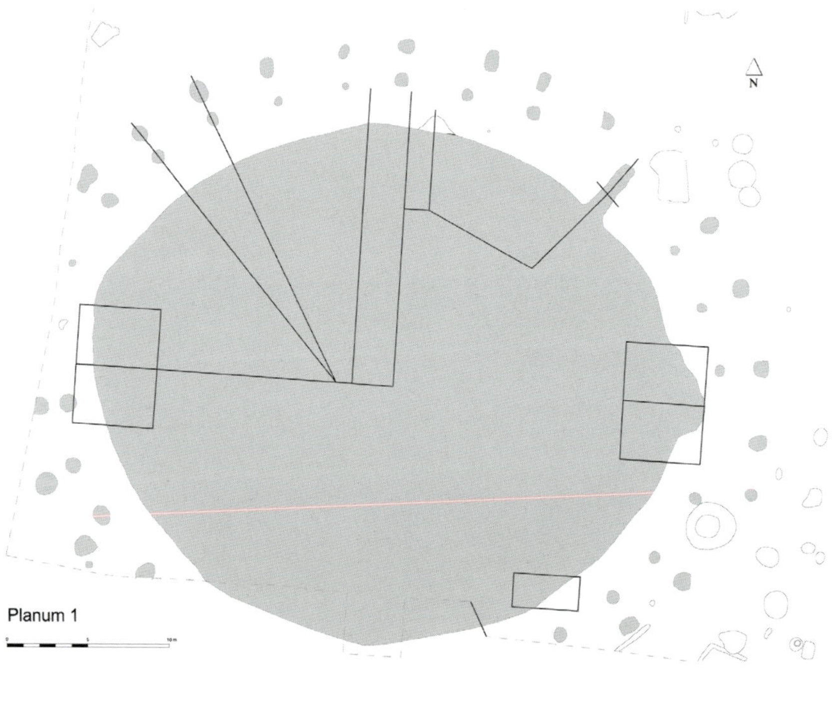

Abb. 17 Künzing. Arena Planum 1 mit Eintrag aller angelegten Profile und Flächen. Vollständig untersucht ist nur das nordwestliche Viertel. Alle anderen Flächen wurden nur so weit geöffnet, wie es für die Kenntnis der Gesamtkonstruktion erforderlich war.

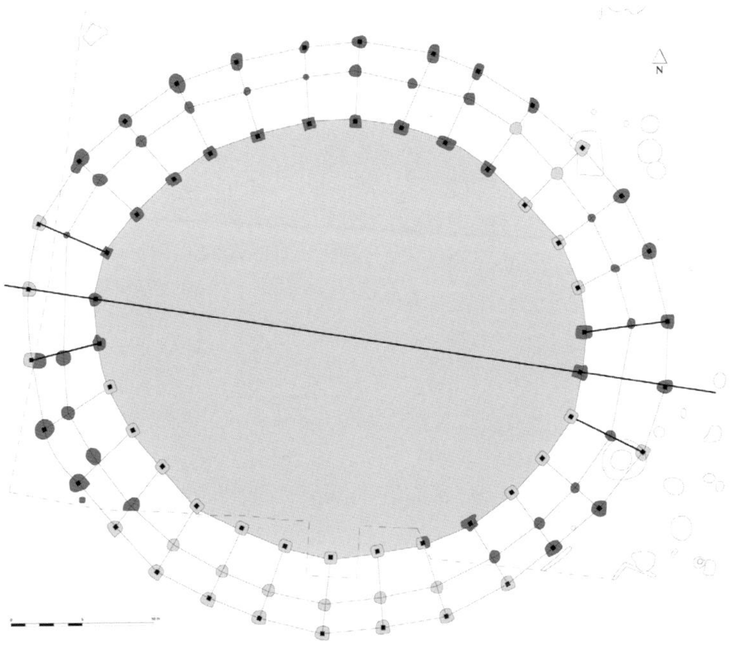

Abb. 18 Künzing. Gesamtgrundriss des Amphitheaters. Dunkel dargestellt sind die untersuchten Pfostengruben, hell die ergänzten.

Da keinerlei Hinweise auf bauliche Veränderungen bzw. Erneuerungen festzustellen waren, ist davon auszugehen, dass es sich um eine einperiodige Anlage handelt. Die sowohl im Osten als auch im Westen vorhandenen Tore sind im Grabungsbefund nicht als eigenständige Konstruktionen zu fassen. Es dürften sich deshalb nur Öffnungen in der Tribüne befunden haben, die mit hölzernen Toren zu verschließen waren.

Nach Abschluss der Untersuchungen im Jahre 2004, die etwa 30 % des gesamten Objekts freilegten, wissen wir, dass es sich um eine Arena mit 34,6 x 29,6 m Ausdehnung und damit einer Fläche von etwa 720 m^2 handelt. Die Tribünenkonstruktion besteht aus drei Pfostenreihen, wobei die innere gleichzeitig die Arenabegrenzung bildet. Die äußere und innere Reihe bestand aus je 30 Pfosten, die mittlere aus 28, weil sie in den beiden Torbereichen fehlen (Abb. 18). Der Aushub der ursprünglich etwa 2 m eingetieften Arena dürfte innerhalb der Tribünenkonstruktion gelagert worden sein, wie es gesichert in Dambach der Fall war.

Neben den üblichen Siedlungsmaterialien kamen über Planum 1 aber auch darunter innerhalb des westlichen Eingangs im ersten Augenblick sehr unscheinbar wirkende, dafür aber um so brisantere Funde zutage. Es handelte sich um kleinere Teile einer wohl lebensgroßen Bronzefigur, die eigentlich nur von einer Kaiserstatue stammen konnten.

Bei der ursprünglich als Reste einer über dem Eingang stehenden Bronzefigur angesehenen Entdeckung handelt es sich um eine Panzerstatue, von der Teile einer Ägis und eine figürliche Szene mit dem Kampf eines Greifen gegen einen Arimaspen am bemerkenswertesten sind.[34] Der Standort dürfte aber nicht realistisch sein, denn aus dem Kastellbereich stammen weitere (unpublizierte) Fragmente, deren Zugehörigkeit zwar nicht gesichert ist, aber mit der Zerstörung des Lagers und anschließenden Plünderungen in Verbindung stehen.[35] Es mag reiner Zufall sein, dass die im Amphitheater entdeckten Teile ausgerechnet im westlichen Zugangsbereich zu liegen kamen. Da aufgrund der aus der Arena stammenden Keramik, von der allerdings vorerst nur ein sehr geringer Teil ausgewertet ist, von einem Nutzungsende bereits nach der Mitte des 2. Jahr-

34 Frdl. Mitt. Prof. Dr. Th. Fischer, Universität Köln.
35 Frdl. Mitt. Dr. B. Steidl, Archäologische Staatssammlung München.

hunderts auszugehen ist, ist es unwahrscheinlich, dass eine über dem westlichen Zugang aufgestellte Figur zerstört wurde, also noch während der vollen Funktion des Militärstandorts.

Die bisher aus dem Fundmaterial abzuleitenden Daten deuten auf eine nur wenige Jahrzehnte umfassende Nutzungsdauer der Holzarena.[36]

Mit der Entdeckung des Künzinger Amphitheaters gelang ein wichtiger Schritt zur Ergänzung des Wissens um öffentliche Einrichtungen auch bei weniger bedeutenden Militärlagern. Zu der in einem Wald beim Kastell Dambach in Mittelfranken noch oberirdisch erhaltenen Anlage gesellt sich nun in Bayern diese zweite, an der Oberfläche nicht mehr erkennbare. Bei der Seltenheit hölzerner Amphitheater in den Nordprovinzen war es ein großer Glücksfall für die Forschung, erstmals überhaupt eine einphasige, nur in Holz konstruierte Anlage untersuchen zu können. Dank der Einsicht der politisch Verantwortlichen am Ort wird der Befund nicht überbaut, kann in ein erweitertes Museumskonzept eingefügt werden und steht für künftige Forschungen in ausreichendem Umfang zur Verfügung, da erhebliche Teile der Arena noch unversehrt im Boden ruhen.

Die Grabungsergebnisse in Künzing zeigen, dass nur großflächige Untersuchungen dazu führen, zusammenhängende Siedlungsstrukturen zu erhalten und darüber hinaus ganz unerwartete Erkenntnisse zu „Sondereinrichtungen" zu gewinnen, deren Existenz an einem kleinen Kastellstandort kaum jemand für möglich gehalten hat. Wir werden Mithräen und Amphitheater zwar nicht als Standardausstattungen von Kastellvici annehmen können, dass sie aber häufiger begegnen zeigen nicht zuletzt die Amphitheater-Standorte Dambach, Zugmantel und Arnsburg.[37]

36 Für die Durchsicht eines kleineren Teils des Fundmaterials habe ich ebenfalls Dr. Steidl zu danken.
37 S. BENDER, Amphitheater und Kampfspiele am Limes in Hessen. Denkmalpflege und Kulturgeschichte Hessen 3, 2005, 29–32.

Dr. Karl Schmotz, Kreisarchäologie, Landratsamt Deggendorf, Herrenstrasse 18, 94469 Deggendorf, E-Mail: schmotzk@lra-deg.bayern.de

Literaturverzeichnis

GANSLMEIER, Inventarisation
R. Ganslmeier, Die Zivilsiedlung des römischen Truppenstandortes QVINTANIS. Erste Ergebnisse der Inventarisation von Grabungen der Kreisarchäologie Deggendorf im Vicus von Künzing. In: K. Schmotz (Hrsg.), Vorträge des 13. Niederbayerischen Archäologentages (Espelkamp 1995) 115–149.

GANSLMEIER u. SCHMOTZ, Kastell Künzing
R. Ganslmeier/K. Schmotz, Das mittelkaiserzeitliche Kastell Künzing. Arch. Denkmäler Landkreis Deggendorf 8 (Deggendorf 32003).

GARBSCH, Pons Aeni
J. Garbsch, Das Mithraeum von Pons Aeni. Bayer. Vorgeschbl. 50, 1985, 355–462.

OVERBECK, Königsbrunn
B. Overbeck, Münzfunde aus der römischen Villa von Königsbrunn, Ldkr. Augsburg. Ein Beitrag zur Geschichte des Augsburger Umlands in spätrömischer Zeit. In: J. Bellot/W. Czysz/G. Krahe (Hrsg.), Forschungen zur provinzialrömischen Archäologie in Bayerisch-Schwaben. Schwäb. Geschichtsqu. u. Forsch. 14 (Augsburg 1985) 281–300.

PIRLING, Niederrhein
R. Pirling, Römer und Franken am Niederrhein. Katalog-Handbuch des Landschaftsmuseums Burg Linn in Krefeld (Mainz 1986) 32–37.

RIECKHOFF-PAULI, Künzing
S. Rieckhoff-Pauli, Römische Siedlungs- und Grabfunde aus Künzing, Ldkr. Deggendorf, Niederbayern. Ergebnisse der Ausgrabung 1976. Bayer. Vorgeschbl. 44, 1979, 79–122.

SCHMOTZ, Amphitheater I
K. Schmotz, Erste Arbeitsergebnisse zum Amphitheater von Künzing, Lkr. Deggendorf. In: Ders. (Hrsg.), Vorträge des 23. Niederbayerischen Archäologentages (Rahden/Westf. 2005) 149–166.

SCHMOTZ, Amphitheater II
K. Schmotz, Das hölzerne Amphitheater von Künzing, Lkr. Deggendorf. Kenntnisstand und erste Rekonstruktionsansätze nach Abschluss der Geländearbeiten im Jahr 2004. In Ders. (Hrsg.), Vorträge des 24. Niederbayerischen Archäologentages (Rahden/Westf. 2006) 95–118.

SCHMOTZ, Grabfunde
K. Schmotz, Eisenzeitliche Grabfunde aus Künzing. Neue Erkenntnisse zur Belegung des großen urnenfelder- und hallstattzeitlichen Bestattungsplatzes. In: Ders. (Hrsg.), Vorträge des 17. Niederbayerischen Archäologentages (Rahden/Westf. 1999) 129–148.

SCHMOTZ, Mithrastempel Künzing
K. Schmotz, Der Mithrastempel von Künzing, Lkr. Deggendorf – Ein Vorbericht. In: Ders. (Hrsg.), Vorträge des 18. Niederbayerischen Archäologentages (Rahden/Westf. 2000) 111–143.

SCHMOTZ, Mithrastempel Niederbayern
K. Schmotz, Ein Mithrasheiligtum in Niederbayern. Gemeinde Künzing, Landkreis Deggendorf, Niederbayern. Arch. Jahr Bayern 1998 (1999) 94–96.

SCHÖNBERGER, Künzing
H. Schönberger, Kastell Künzing-Quintana. Die Grabungen von 1958 bis 1966. Limesforschungen 13 (Berlin 1975).

SCHOPPER, Gräberfeld
F. Schopper, Das urnenfelder- und hallstattzeitliche Gräberfeld von Künzing, Lkr. Deggendorf, Niederbayern. Mat. Bronzezeit Bayern 1 (Regensburg 1995).

Abbildungsnachweis

Abb. 1 nach SCHMOTZ, Amphitheater I Abb. 1, modifiziert.; Abb. 2 nach Deggendorfer Geschbl. 27, 2005, 17 Abb. 10.; Abb. 3 nach SCHMOTZ, Mithrastempel Künzing 126 Abb. 10, überarbeitet.; Abb. 4–6 nach PIRLING, Niederrhein 36 f. m. Abb. 13, 24b u. 24c.; Abb. 7 u. 8 nach SCHMOTZ, Mithrastempel Künzing 116 f. Abb. 1 f.; Abb. 9 nach BAYER-NIEMEIER (Hrsg.), Museum Quintana. Archäologie in Künzing. Führer durch alle Abteilungen (Künzing 2004) 48–52, bes. 49 Abb. 73, modifiziert.; Abb. 10 nach SCHMOTZ, Mithrastempel Künzing 121 Abb. 6., Abb. 11 nach GANSLMEIER U. SCHMOTZ, Kastell Künzing 4 Abb. 12.; Abb. 12–16 nach SCHMOTZ, Amphitheater I 152 ff. Abb. 3, 7–9, 14.; Abb. 17 u. 18 Fa. ArcTron/K. Schmotz.